STEVIE SCHMIEDEL

Jedem Zauber wohnt ein radikaler Anfang inne

Warum uns ein bisschen Genderwahn guttut

 KÖSEL

Penguin Random House Verlagsgruppe FSC® N001967

Copyright © 2023 Kösel-Verlag, München,
in der Penguin Random House Verlagsgruppe GmbH,
Neumarkter Str. 28, 81673 München
»Die Zeiten gendern sich« ist eine eingetragene Wort-Bildmarke
und rechtlich geschützt.
Dieses Werk gibt die Meinung der Autorin wieder,
nicht der Organisation Pinkstinks
Umschlag: ZERO Media GmbH, München
Umschlagmotiv: FinePic®, München
Satz: Uhl + Massopust, Aalen
Druck und Bindung: GGP Media GmbH, Pößneck
Printed in Germany
ISBN 978-3-466-37302-4

www.koesel.de

Inhalt

Einleitung

Was ist heute eigentlich los mit dir, Feminismus?

Mal im Ernst: Der heutige Feminismus ist ein einziges Gemetzel. Rechts und links gibt es scharfe Worte, Freundschaftskündigungen, Abgrenzungen und Grabenkämpfe. Muss das sein? »Seufz«, denke ich mir, anscheinend ja, leider. Denn bei Auseinandersetzungen innerhalb der Frauenbewegung geht es vor allem um unsere eigene Identität, unsere Identität als Frauen. Die Frage, wer wir sind, wie wir leben wollen und was »uns Frauen« ausmacht oder ausmachen sollte, bestimmt oft unsere Meinung darüber, was feministisch also – *für uns Frauen* – ist, und was nicht. Damit wird verständlich: Was die eine als Errungenschaft für Frauen empfindet, mag eine andere als Zumutung ansehen.

Vor allem ältere Frauen, deren Kinder langsam erwachsen werden oder es schon sind, schauen manchmal ratlos auf die vielen Entwicklungen. »Ganz ehrlich«, denkt die eine, »ich habe immer als Ärztin gearbeitet und mein eigenes Geld verdient. Ich habe mich aber nie diskriminiert gefühlt, weil es nicht ›Ärzt*innenkammer‹ heißt. Was soll dieser Gendersprache-Blödsinn neuerdings?« Die Nächste fragt sich: »Ich bin immer gegen sexualisierte Gewalt auf die Straße gegangen. Aber mit #MeToo gehen die zu weit: Männer dürfen gar nichts mehr sagen! Das ist mir jetzt echt zu doll.« Und auch Frauen, die eher traditionelle Rollenmuster leben, sehen manches skeptisch. »Na super«, meint die eine oder andere, »früher waren wir mindestens drei Jahre zu Hause bei den Kindern – jetzt stressen sich die jungen Frauen ab und geben ihre Säuglinge schon nach sechs Monaten in die Kita. Ist das so schlau? Ich war gerne Hausfrau, heute ist das verpönt!«

Sie finden sicher noch sehr viel mehr Themen, über die sich ältere und jüngere Frauen heute streiten. Ob eine Frau beispielsweise die ungehinderte Ausübung von Sexarbeit unterstützt, hängt oft mit ihrem Alter oder ihrer Sozialisierung zusammen. Frauen finden eher, dass Sexarbeit ein Beruf wie jeder andere ist, wenn sie Sexualität nicht nur als etwas sehr Privates empfinden, sondern auch als Dienstleistung denken können. Wer mit Lifestyle-Magazin-Titeln à la »Ich bin eine Sexarbeiterin, na und?« oder »One-Night-Stand leicht gemacht« groß geworden ist, hat oft ein anderes Verhältnis zu Sexualität als jene, die sich nie vorstellen könnten, mit einem Fremden intim zu sein. Hier geht es nicht um ein Urteil darüber, was nun die »richtige« Einstellung zu Sexualität ist. Die unterschiedlichen Sichtweisen wirken sich aber oft auf die Bewertung aus, ob Sexarbeit per se Gewalt an Frauen sei oder nicht.

Ebenso zerkriegen sich Feministinnen heute gerne über die Frage, ob Muslimas Kopftuch tragen sollten. Ist dieser islamische Brauch ein Instrument der Unterdrückung und Gewalt – oder der religiösen Freiheit und Selbstbestimmung? Die Antwort ist oft abhängig davon, ob man selbst Hijab-Trägerin ist oder Freundinnen hat, die ihr Kopftuch lieben, oder ob man Kontakt zu einer oder mehreren Frauen hat, die als Mädchen gezwungen wurden, Kopftuch zu tragen. Und sie hat damit tun, wie viel und mit welcher Literatur man sich mit der eigenen Rolle als weiße Frau, die über als »migrantisch« gelesene Frauen urteilt, beschäftigt hat. Auch hier sind oft Altersunterschiede zu erkennen. Häufig sind es Frauen einer jüngeren Generation, die sich dagegen ausprechen, Kopftücher in bestimmten Institutionen zu verbieten, weil sie das als rassistisch und übergriffig wahrnehmen. Selbstredend empfinden sie ihren Feminismus als den »richtigeren« und grenzen sich oft gegen die von ihnen als »alt-feministisch« bezeichnete Generation ab.

Die Positionen zwischen den beiden Generationen könnten heute unterschiedlicher kaum sein. Je mehr wir uns uneins sind, desto stärker verhärten sich indes die Fronten. »Seufz«, denke ich mir da wieder, denn irgendwie scheint sich in dieser Art, die Auseinandersetzung zu führen, nicht viel zu bewegen. Dabei wollen wir das doch alle – etwas bewegen, für uns Frauen und für uns alle als Gesellschaft. Gibt es nicht einen Weg, auf dem wir gemeinsam vorankommen können? Einen Weg, raus aus dem »Ich weiß alles besser«, das es uns so schwer macht, miteinander ins Gespräch zu kommen?

Wir Alten wissen es besser! Ist das so?

Ich frage mich, was mit mir passiert ist, seit ich als junge Studentin bedingungslos feierte, dass Menschen Geschlechtergrenzen überschreiten. Ich las die revolutionäre Genderphilosophin Judith Butler, schrieb meine Doktorarbeit über sie und erklärte darin, dass Geschlecht unordentlicher und komplizierter ist, als in Klischees und Büchern wie *Männer sind vom Mars, Frauen von der Venus* gern behauptet wird. Heute, über zwanzig Jahre später, sehe ich manches anders. Ich bin kritischer. Ich feiere nicht mehr alles, worauf ich einmal schwor, und manchmal recke ich bockig mein Kinn gen Himmel, polarisiere und übertreibe ins Konservative, weil ich von manchen heutigen Positionen sehr genervt bin. Um es klar zu sagen: von feministischen, linken Positionen. Von *derselben* feministischen Linken, die ich gegen meine Eltern einst vehement verteidigte. Überhaupt geht mir »woke«, die aktuelle Bezeichnung für politisch-korrekt, manchmal unfassbar auf den Zeiger.

Wenn mir bei einer Konferenz oder Veranstaltung, auf der ich rede, mal wieder gesagt wird, dass beim Mittagssnack »natürlich alles vegan« ist, sage ich meist kühl: »Oh, schade!«, und bekunde fast kindisch, dass ich viel und gerne Fleisch esse. Biofleisch! Aber eben dennoch CO_2-pupsende und oft niedliche Tiere, die ich zur Not auch selbst erlegen würde, wenn es sie nicht mehr bequem im Kühlregal zu kaufen gäbe. Dabei war auch ich als junge Frau überzeugte Vegetarierin – später sogar militante Veganerin. Zwanzig Jahre lang rührte ich kein Fleisch an und verstand nicht, warum andere es tun: Wir müssen doch die Welt retten! Heute sehe ich überall vegane Cafés und mache mir Sorgen um die bleich wirkenden jungen Menschen, zu denen auch ich einst gehörte. Und gleichzeitig gehen sie mir mit ihrem unreflektierten Nachgeplapper dessen, was ihnen »woke« erscheint – und was gefühlt alle in ihrer Generation sagen, die urban, hip und nachhaltig leben wollen –, manchmal irre auf die Nerven. Ich denke, damit bin ich nicht allein.

Man nennt das sicher älter werden. Vielleicht Generationenkonflikt. Ich höre mich zu meinen jugendlichen Kindern heute Sätze sagen, mit denen meine Eltern mich damals zur Weißglut brachten, und fühle mich grässlich dabei. »Geh du erst mal arbeiten!«, »So schlimm ist Kapitalismus nun auch nicht!« und »Sag mal, weißt du eigentlich, was der Kommunismus in der Welt so angerichtet hat?« Wenn ich mich derart zur jüngeren Generation abgrenze, die mich und viele von uns Älteren irritiert, passiert mit mir nichts anderes als das, was sie in Bezug auf mich spürt: Ich möchte nicht vereinnahmt werden. Ich möchte nicht die Kontrolle und Selbstbestimmung über mein Leben verlieren. Diese Selbstbestimmung haben auch wir älteren Erwachsenen einst mit harten Pubertätskämpfen und konsequenten Abgrenzungen errungen. Ich möchte gesehen werden! Mit meinen Erfahrungen, meinem Widerstand, mit dem, was ich als mein Wissen und meine Kompetenz erachte. Ich lebe nicht in der Haut der heutigen jüngeren Generation, ich bin in einer anderen »Bubble«. Auch wir Älteren haben jedoch berechtigte Sorgen und Standpunkte. Ich habe länger studiert, mehr gelesen, mehr gelebt und mehr gekämpft als die »Ich-habe-Pride-Socken-von-H&M«-Kids, die heute meinen, alles besser zu wissen. Das klingt sicher furchtbar arrogant und stur. Gleichzeitig aber glaube ich, dass wir uns gegenseitig bereichern können – wenn wir uns gut zuhören. Ich meine sogar, dass diese anstrengende neue Generation, die radikal fordert, an unseren Grundfesten rüttelt und über die sozialen Netzwerke in die Medien drängt, gehört werden muss. Ich sehe nämlich Glitzer hinter dem Regenbogen, und der ist für uns alle da. Wenn wir uns mehr austauschen, langsamer vorgehen und Kompromisse finden.

•

Mit dem Alter kommt nicht nur genervtes Augenrollen, sondern auch Verantwortung. Ich bin keine Teenagerin mehr. Das Privileg der Jugend, sich brutal abzugrenzen, einfach rauszuhauen, was man fühlt und denkt, habe ich im Lauf des Erwachsenwerdens verloren. Ich habe mit der Gründung und dem zehn Jahre dauernden Aufbau der feministischen Bildungsorganisation Pinkstinks und als häufige Interviewpartnerin für Genderthemen eine hohe mediale Reichweite erlangt und damit die ethische Pflicht, meine Einstellung – meine Genervtheit – zu hinterfragen und auf den Prüfstand zu stellen. »Leider!«, sagt das bockige Kind in mir. Viel zu oft stöhne ich dieser Tage ungeduldig auf, ein Phänomen, das Leserinnen in den Wechseljahren sicher gut kennen. Aber zum Glück ist mir neben der trotzigen und berechtigten Wut, die Frauen um die fünfzig oft empfinden, eigen geblieben, dass ich doch noch irgendwie »die Welt retten« oder wenigstens dabei helfen möchte. Der ungestüme Drang der Jugend konzentriert sich im Alter aufgrund schwindender Energie jedoch auf eine realistische Einschätzung dessen, was man als Individuum zum Fortschritt der Gesellschaft beitragen kann und will. Auf Fleisch verzichten, das haben wir schon mal festgestellt, wird es bei mir nicht sein. Was dann?

Ich möchte einen Diskurs zum Thema »Gender« zwischen festgefahrenen Positionen anstoßen: einen produktiven Dialog zwischen Jung und Alt, konservativ und progressiv. Ich möchte, dass wir ins Reden kommen und sich jede und jeder zu Wort melden darf. Um dafür eine Grundlage zu schaffen, möchte ich ein paar überraschende Tatsachen und komplexe Realitäten aus der modernen Genderforschung gerne so erklären, dass niemand Kopfsalti machen muss, um sie zu verstehen, sondern sie begeistert beim Einschlafen lesen kann. Und zwar nicht nur entspannt, sondern auch ohne sich streng belehrt zu fühlen. Wenn ich das hinbekomme, kann ich vielleicht etwas bewirken im Streit zwischen den Generationen, zwischen »woke« und »klassisch«, zwischen Alt und Neu.

Was will *die* mir eigentlich erzählen?

Manche kennen mich vielleicht als »die Genderforscherin aus den Medien«. Dabei wissen vermutlich nur die Wenigsten, was mich antreibt. Mir war es als Kind immer wichtig, dass sich alle lieb haben und nicht streiten. Solange ich denken kann, bin ich Vermittlerin – die typische Rolle, in die Mädchen noch immer hineinerzogen werden. Als Deutsch-Britin und damit Zwei-Kulturen-Kind (meine beiden Großväter kämpften im Krieg an gegenüberliegenden Fronten), musste ich zudem meinem deutschen Umfeld die britischen Eigenarten erklären und umgekehrt. Angewiderte Gesichter beim Geruch meiner Marmite-Pausenbrote in meiner Hamburger Schule hielt ich so wenig aus wie die »scherzhaft gemeinten« Naziwitze und Hitlergrüße meiner britischen Cousins, wenn sie mich in England wiedersahen. So war ich stets um Transfer und Austausch bemüht: Meine beste deutsche Freundin lernte, gebackene Bohnen auf Toast zu lieben, und meine Familie in England verstand irgendwann, dass wir Deutschen von unserer Vergangenheit traumatisiert sind.

Als ich älter wurde, blieb die Überbrückung verschiedener Wissensstände mein Thema. Meine Eltern hatten Realabschluss, ich jedoch durfte studieren – eine Welt, die ihnen fremd war. Vermutlich öfter als Akademikerkinder musste ich die Frage beantworten: »Und, was machst du dann damit? Wozu braucht man das?« Bei jeder Hausarbeit hatte ich meine Eltern im Sinn und versuchte so zu schreiben, dass sie mitlesen konnten – und meine Mutter las tatsächlich bis zur Doktorarbeit mit. Auf diese Weise habe ich früh erlebt, dass es möglich ist, Verbindungen zwischen entfernten Welten zu schaffen. Vielleicht ist es deshalb auch heute noch meine Überzeugung, dass wir uns besser verstehen könnten: Hauptschulabsolventen und Studierte, Linke und Liberale, Land-

und Stadtbevölkerung, Norden und Süden, Osten und Westen. Wenn wir uns alle etwas anstrengen und uns gegenseitig unsere Welten erklären. Weil ich keine alte, verbitterte Tante werden möchte und trotzdem das Recht behalten will, meine Meinung kundzutun, möchte ich mich um genau dieses Verständnis jetzt und hier weiter bemühen! Mit diesem Buch.

●

Manche werden mir schon zuhören, wenn ich sage, dass ich aus meiner Position als Genderforscherin versuche, Verständnis zu fördern. Andere fragen vielleicht:»Genderforschung? Ist das nicht eine Ideologie? Klar meint die, dass sie etwas zu sagen hat: Ihre ›Sekte‹, die Genderstudies, hat ja eine sehr eigenwillige Vorstellung von der Welt!« Nun, ich bin in keiner Sekte, das kann ich Ihnen versichern. Die Genderforschung ist zunächst nicht gleichbedeutend mit Feminismus, sondern ein Sammelbegriff für verschiedene wissenschaftliche Studienbereiche und -ergebnisse, die sich mit Geschlechterrollen beschäftigen. Man könnte nun fragen:»Aber wo kommen die Daten her, warum ändern die sich so häufig? Wie viel absoluter Erkenntniswert wie aus den Naturwissenschaften, etwa der Biologie, steckt da drin?« Tatsächlich gibt es auch in der Biologie immer wieder Studien, die miteinander im Clinch liegen. Ich werde Ihnen hier verschiedene Datengrundlagen vorstellen, sie mit meinen Erfahrungen aus zehn Jahren Aktivismus anreichern und auch meine eigene Forschung als Dozentin in der Genderforschung einfließen lassen. Zudem möchte ich aufzeigen, wo die Forschung vielleicht in einigen Jahren hingehen könnte. Jede feministische Haltung, die wir aus Studien, Theorien und Erfahrungen ableiten, ist eine Ideologie, richtig. Genau wie der Kapitalismus eine Ideologie ist, der Liberalismus und auch der Konservatismus. Ihnen bleibt komplett selbst überlassen, sich die Faktenlage anzuschauen und meinen Empfehlungen zu folgen, oder auch nicht. Ich bitte sogar darum: Nur, wenn wir alle immer wieder überprüfen, was wir meinen, und uns nicht gegenseitig oder den Medien etwas nachsabbeln, kommen wir kommunikativ voran. Genau das ist mein Angebot an Sie: sich selbst ein Bild zu machen, ohne sich gleichzeitig mit Ihren Kindern, Freundinnen oder Arbeitskolleginnen anschreien zu müssen. Vielleicht können Sie nach der Lektüre, ermächtigt durch neues Wissen, ruhiger in die nächste Diskussion gehen oder einfach nur für sich entspannter verfolgen, was »die jungen Menschen« da fabrizieren. Ganz einfach deshalb, weil das ewige sich Aufregen anstrengt und das erbitterte Kämpfen um Meinungen noch mehr – und wir es vielleicht auch ganz entspannt vermeiden können, um zu besseren Ergebnissen zu gelangen.

Polarisieren ist zu einfach!

Wenn wir die gegenüberliegenden Positionen, die hier vorgestellt werden, besser verstehen würden, und anschließend zu Kompromissen und damit Konsens kämen, wäre das ein Sechser im Lotto. Wie viele Menschen wünsche ich mir einen Feminismus, auf den wir uns alle einigen können. Eine Politik für LGBTQI, die niemanden wütend macht. Einen Umgang mit Sprache, bei dem niemand »Zensur!« brüllen muss. Wie genau aber bekommen wir es zwischen den Generationen und verschiedenen Meinungen hin, einen Konsens zu finden? Wie schaffen wir es, im breiten Spektrum der verschiedenen Sichtweisen die Welt besser zu machen und uns nicht zu zerfleischen?

Indem wir erst mal tief durchatmen. Und lernen, uns nicht ständig aufzuregen. Auch wenn wir – gestresst, wie die meisten sind – gerade das so gerne tun. Es macht höllisch Spaß, anzugreifen, zu keifen, die Genervtheit und den Stress rauszulassen. Aber wenn man mir erst einmal eine vernünftige, eiweißreiche Mahlzeit (das muss kein Steak sein, ich nehme auch Quark!) gereicht und meinen Blutzucker stabilisiert hat, bin ich für meinen Teil auch bereit, ausgewogen übers Fleischessen zu reden. Dann gebe ich gerne zu, dass wir ein noch deftigeres Methan-Problem hätten, wenn alle so viel Hack essen würden wie ich. Bis künstliches Fleisch klimaneutral aus dem 3-D-Drucker kommt (fände ich super!), müssen wir um Lösungen zum CO_2-Verbrauch ringen. Da müssen Profis ran. Nur weil ich Fleisch esse, heißt das nicht, dass ich mich nicht informieren muss, wie ich sonst noch CO_2 reduzieren oder wen ich wählen kann, der oder die sich politisch um CO_2-Reduktion kümmert. Zum Glück gibt es Menschen, die sich da auskennen: Ich bin es jedenfalls nicht. Das gebe ich sehr gerne zu.

●

Ich hoffe, nachdem ich jetzt meine Meinung zu Treibhausgasen kundgetan habe, bucht mich niemand für eine Talkshow zum Veganismus. Überraschen würde es mich nicht. Zu Themen wie Gendersprache oder Sexismus lädt man gerne Leute wie Harald Martenstein oder Sophia Thomalla ein, die sich, wie ich finde, damit wohl ähnlich gut auszukennen scheinen wie ich mit CO_2-Reduktion. Ich habe den Eindruck, dass sich Meinung und Empörung grandios verkaufen – Wissen hingegen weniger. Zu den Themen geschlechtliche Vielfalt, Feminismus, Gendersprache, »Cancel Culture« oder »alte weiße Männer« sind andere Personen als die genannten besser geeignet, Lösungen anzubieten. Expertinnen zum Beispiel, Menschen, die Positionen ausgewogen präsentieren können und weniger auf Meinung und Empörung als vielmehr auf Tatsachen setzen. Aber was bleibt im Geflacker der Nachrichten wohl eher hängen: »Winnetou gecancelt: Dieter Hallervorden verteidigt die Abendlandkultur« oder »ZDF-Lizenzabteilung erklärt nüchtern, aus welchen ökonomischen Gründen Winnetou nicht mehr ausgestrahlt wird«? Da ist es wieder, mein Seufzen. Ich habe in der Genderforschung gelehrt und über zehn Jahre Erfahrung als Aktivistin. Aber die wenigen Male, die ich in die ganz großen Talkshows eingeladen war, informierte man mich vorweg, welchen »Diskussionspart« man von mir erhoffte: den der radikalen Feministin, die unerbittlich Extreme fordert. Da ich das jedes Mal im Vorhinein ablehnte, war – huch! – die Verwunderung groß. Ich werde viel für Radio- und Fernsehbeiträge angefragt und bekomme oft die Enttäuschung der Redaktionen mit, wenn ich nicht so polarisierend argumentiere, wie von mir – ich bin ja immerhin Genderforscherin! – erwartet wurde. Was mich nicht davon abhält, weiter ausgewogen zu bleiben und mich dafür einzusetzen, dass sich alle Seiten besser verstehen. Wenn mir meine langjährige Arbeitserfahrung im Feminismus eines gezeigt hat, dann, dass wir nicht weiterkommen, wenn wir uns nicht um echten und zugewandten Austausch bemühen.

Wir leben heute immer mehr in isolierten Blasen. Der anonyme Ton in den sozialen Netzwerken wird spürbar rauer und wir haben Angst oder auch einfach nicht die Muße, uns mit den uns gegenüberstehenden Argumenten zu beschäftigen – weil sie oft so fordernd vorgetragen werden, dass sie uns verletzen. Dann bauen wir unsere Identität noch fester um unsere Gegenhaltung. Je fester diese Mauer wird, desto weniger können wir einander aber hören, geschweige denn einander *zuhören*. Das kann so nicht weitergehen.

Wir müssen Ängste ernst nehmen

Ich habe viele Jahre sehr laut Kampagnen gegen Sexismus und für Geschlechtervielfalt gemacht und gemerkt, dass wir, die wir uns in diesen Punkten einig sind, immer mehr werden. Aber auch die Gegenseite wird immer größer. Und zwar je mehr wir meinen, im Recht zu sein. Was wir aber am allerwenigsten hören möchten: Wir haben tatsächlich alle ein bisschen recht, von unseren jeweiligen Positionen aus. Das auszuhalten und für uns alle einen Raum im Wahrheitsdschungel zu finden, ist die große Herausforderung unserer Zeit. Dieses Nebeneinander kann nur klappen, wenn wir uns nicht in Wut begegnen, sondern in der Akzeptanz, dass jeder Mensch eigene Erfahrungswelten, Schmerzen und Bedürfnisse hat, und vor allem: riesige Angst. Angst, überrollt, nicht gesehen zu werden, nicht mitbestimmen zu dürfen.

Manche dieser Ängste sind sehr real. Sofern sie sich auf Genderthemen beziehen, möchte ich sie in diesem Buch vorstellen und ihnen Raum geben. Denn nur, wenn wir diese Ängste aufzeigen, aussprechen dürfen und akzeptieren, können wir aus ihnen produktive Dialoge generieren. Dass Angst immer die Sicht für andere Bedürfnisse und echten Austausch versperrt, mehr spaltet als eint, hat uns die Corona-Pandemie exemplarisch aufgezeigt. Als Pandemie-Mutter musste ich wütend aushalten, dass die meisten Wählenden in Deutschland über sechzig sind und damit andere Prioritäten haben als meine und jüngere Generationen. Die Älteren sind einfach die Mehrheit. Um diese Mehrheit zu schützen und weil man es als notwendig empfand, durften Kinder monatelang nicht in die Schule. Sehr viele Kinder in meinem Umfeld, dem kinderreichen Hamburger Stadtteil Eimsbüttel (der deutschlandweit mit die striktesten Maßnahmen und längsten Schulschließungen hatte), wurden psychisch krank oder brachen die Schule ab.[1] Ich habe so viel Leid unter Jugendlichen mitbekommen, dass ich mich als Mutter gemeinsam mit anderen Eltern und Publizistinnen an wütenden Presseaktionen und Hashtags wie #coronaeltern beteiligte. Aber sie brachten nichts: Die Schulen blieben zu lange zu, Therapieplätze waren nicht mehr zu bekommen und Bildungslücken konnten bis heute nicht geschlossen werden. Wie, um Himmels willen, konnte das jemand zulassen? Meine Wut war unermesslich.

Aber wie hätte ich mich als vorerkrankte ältere Frau in dieser Zeit gefühlt? Wie wäre meine Position dann gewesen? Wie hätte sie als Verantwortung tragende Politikerin ausgesehen? Ich kann nicht wissen, wie sich ein anderes Leben mit anderen Erfahrungen und Einstellungen anfühlt. Ebenso wenig kann ich wissen, wie es ist, panische Angst vor einer Impfung oder – trotz Impfung – der Ansteckung mit Omikron zu haben, aus welchen Gründen auch immer. Denn wie real und bedrohlich so eine Angst ist, das erlebt nur die betroffene Person selbst. Die Frage ist: Können wir Angst einfach automatisch mit borstiger Antihaltung gleichsetzen? Ist das nicht zu einfach?

Wenn wir uns die letzten Jahre anschauen, müssen wir wohl eher zugeben, dass Ängste in Umbruchsituationen vollkommen normal sind und vor allem eins: menschlich. Viele Ältere erleben die aktuellen Diskussionen um geschlechtliche Identitäten und Gendersprache als eine solche Umbruchsituation. Dies überhaupt anzuerkennen, kann eine gute Gesprächsgrundlage schaffen und den Boden dafür bereiten, den Ängsten Aufklärung entgegenzusetzen. Damit wäre ein wichtiger Schritt getan. Und vielleicht ist der Jugend nach ihren persönlichen Erfahrungen in der Pandemie das Gefühl der Unsicherheit auch gar nicht so fremd, wie wir manchmal vorschnell denken.

Mehrere Wahrheiten gleichzeitig aushalten

Um in den großen Grabenkämpfen unserer Zeit voranzukommen, sind in meinen Augen zwei Dinge besonders wichtig. Beide sind unheimlich unbequem und schwer auszuhalten. Vielleicht verkaufen sie sich auch deshalb medial eher schlecht. Zum einen sollten wir uns immer wieder bewusst machen: Wir sind nicht Gott. Wir können nicht alles wissen und alle verstehen. Statt in ihren Schlagzeilen heute diese und morgen jenen zu verteufeln, müssten Medien schreiben: »Wir wissen es doch auch nicht!« Wer will das schon lesen? Dafür kaufen wir nicht die *Bild*-Zeitung oder andere Blätter, die gerne auf Empörung setzen. Wir können selbstverständlich ehrlich sagen, dass uns die Bedürfnisse anderer nicht interessieren, weil wir unsere Belange als wichtiger erachten. Etwa so: »Dann kollabiert halt die Welt – Hauptsache, ich bekomme mein Fleisch!« oder: »Dann können Frauen in Deutschland halt zunehmend schwieriger ungewollte Schwangerschaften abbrechen, ist doch nicht mein Problem!«

In einer Welt mit fast acht Milliarden Menschen können wir uns dieses gegenseitige Desinteresse jedoch nicht leisten. Das bringt uns nicht weiter. Denn irgendwo knallt es immer, wir geraten aneinander, und dann betreffen uns die Themen doch. Sei es, dass die Enkeltochter mit uns über Transfeindlichkeit diskutieren möchte oder sich als nicht-binär outet. Oder der Sohn verlässt seine Ehefrau und stellt seinen neuen Freund vor. Oder die Nachbarin, die immer so nett meine Blumen gießt, wenn ich in den Urlaub fahre, erzählt, dass sie sich beruflich für die Rechte von Sexarbeiterinnen einsetzt. Wie gehe ich damit um? Muss ich das überhaupt? Gibt es in allen Fällen nur eine einzige richtige Haltung – oder kann ich meine Sorgen haben, aber trotzdem unterstützen und in wohlwollender Verbindung mit den jeweiligen Menschen sein? Wenn wir es schaffen, gemeinsam und auch jede und jeder für sich Wege zu finden, mehrere Wahrheiten zu balancieren und uns trotzdem verständnisvoll zu begegnen, können wir eine nachhaltigere Welt bauen: nicht zuletzt für unsere Kinder und Enkelkinder – und eine Welt, in der genug Raum für uns und unsere Fragen, Sorgen und Zweifel ist.

Der zweite Punkt, den wir dringend bewegen müssen, ist eng mit dem ersten verknüpft: Wir müssen über Privilegien sprechen. Können wir immer klar sagen, wer es besser hat als wir? Den meisten von uns ist bewusst, dass eine weiße Frau die Mehrfachdiskriminierungs-Erfahrungen einer Schwarzen oder BIPoC-Frau nie nachempfinden kann.[2] Wenn es aber um Jung und Alt geht, haben beide Generationen dieselbe feste Meinung, wer schlechter dran ist: »Wir!« Als junge Menschen meinen wir arrogant, dass wir für die alten Menschen mitdenken können oder es besser wissen als sie, während wir als alte Menschen ganz und gar vergessen haben, was es bedeutet oder wie es sich anfühlt, jung zu sein.

Drücken Sie deshalb dieses Buch gerne der jüngeren Generation in die Hand. Auch wenn diese vieles beiseitewischen wird, weil es für die Jugend nun mal immer stürmisch zugehen muss, kann es sein, dass sie etwas mitnimmt: »Ach so, auch als erwachsener Mensch fühlt man sich manchmal machtlos!« Jugend interessiert sich selten für die Weltsicht Älterer, davon hat sie genug, und sie wurde ihr jahrelang in der Kindheit gepredigt. Jetzt wollen sie ihre eigene entdecken. Deshalb liegt es leider eher an uns Älteren, mehr Verständnis für die Jugend zu entwickeln – und der Frieden, den wir damit in diesem verkeilten Kampf gewinnen können, sollte es wert sein, aus unseren festen Gehäusen hervorzulugen und uns für ihre inneren und mit dem Außen geführten Kämpfe zu öffnen.

Die Wucht der Jugend: Unser Job, das Beste draus zu machen!

Das gegenseitige Nicht-Sehen von Jung und Alt hat mit Wut und Verletzung zu tun. Junge sehen Ältere automatisch als privilegierter als sich selbst. Ganz unrecht haben sie damit nicht, denn die Alten haben meistens mehr Geld und damit mehr Autonomie und Macht. Sie sind eben Eltern. Oder Teil der Elterngeneration. Also ehemalige Bestimmer und ewige Besserwisser. Ich schreibe das bewusst in männlicher Form, weil: Eltern sind, von der Jugend aus gesehen, das Patriarchat! Die müssen weg. Damit die Jungen vorankommen können.

Eltern sehen das ganz anders. Wir wollen meist gar nicht alt sein. Und wir fühlen uns häufig gar kein bisschen privilegiert. Schon gar nicht finden wir uns mächtig, wenn es darum geht, den Haushalts- und Arbeitswahnsinn wuppen zu müssen und gleichzeitig den Wunsch zu verspüren, unserem Kind auch abends um 23 Uhr noch aufmerksam zuzuhören, weil es auf einmal und endlich von seinen jugendlichen Sorgen berichtet. Wir fühlen uns auch wenig mächtig, wenn wir sehen, dass wir in medialen Trends nicht mehr vorkommen und keine Ahnung haben, worüber die Kinder am Abendbrottisch in Windeseile reden.

Wir wollen weiterhin von den Kindern als allwissende und allerbeste Schutzzonen der Welt gesehen werden, wie damals, als die Kleinen abends noch auf den Schoß gekrabbelt sind und eine Geschichte vorgelesen haben wollten. Eltern haben um die 15 Jahre nur für diese Liebe und ihre Kinder gelebt, und auf einmal sind sie oft Hassobjekte, machen alles falsch, werden argwöhnisch hinterfragt. Das bedeutet für uns ab einem gewissen Punkt eine radikale und massive Veränderung unseres Weltbilds und unserer Selbstwahrnehmung. Da ist es nur verständlich, dass manchmal das pubertäre Gefühl von Kontrollverlust und Ohnmacht im Älterwerden wiederkehrt und wir einfach keinen Nerv für ein Sich-gegenseitig-Sehen haben.

Das hat vor allem dann seine Berechtigung, wenn der Ton der Jugend so rau daher kommt, wie es heute in Zeiten von anonymem und ungezügeltem Social-Media-Gezanke häufig der Fall ist. Meine Eltern sind früh gestorben und oft denke ich heute: Ach, hätte ich ab dem Teenie-Alter doch nicht immer nur gegen sie gekämpft. Hätte ich meinem Vater nicht mal danken können für seine unendlich langen Arbeitstage, damit ich studieren gehen konnte? Musste ich meiner Mutter ständig das Gefühl geben, dass sie eh nicht versteht, wie es mir geht? Genau diese Verhaltensweisen sind leider das tatsächliche Privileg der Jugend. Rotzig sein, es besser wissen, trotzig und unbeholfen ein stark empfundenes Gefühl raushauen können, auch wenn es nicht genau belegt werden kann: »Das ist aber so, steht im Internet!« oder »Hat Fritz bei der letzten Demo gesagt, da gibt's Studien zu!«

Wenn wir der Jugend etwas mehr Spielraum im Ausprobieren zubilligen, darauf vertrauen, dass sie uns trotzdem braucht und lieb hat, könnten wir ein ganzes Stück vorankommen. Abgrenzung gehört zum Leben und Großwerden dazu wie die Luft zum Atmen. Trotzdem müssen wir auch über Privilegien sprechen, über Studien und Lebensrealitäten, und vor allem über Sichtweisen: unsere eigenen – und die der anderen Seite. Deshalb ist dieses Buch der Versuch, die feministischen Debatten unserer Zeit aus den Generationen und Kulturen heraus zu erklären. Es wird viele »Ja!«s geben, je nach Standpunkt. Ich möchte nicht denselben Fehler machen, den viele Debatten in Feminismus und öffentlichem Diskurs in der Vergangenheit gemacht haben und so einseitig argumentieren, als ob es nur eine Wahrheit gäbe. Damit verdient man vielleicht mehr Geld und macht klare rechte oder linke

Politik, aber Einseitigkeit langweilt mich. Die Welt ist viel zu komplex für Vereinfachungen.

Deshalb ist dieses Buch ein beherztes Plädoyer dafür, sich dafür zu öffnen, Neues zu erfahren – egal, ob man eher links steht oder konservative Positionen vertritt. Ohne dass man in seinem Standpunkt abgewertet wird. Gerade deshalb ist es auch eine Einladung, unser »Die spinnen ja wohl!« loszulassen und zu vertrauen: Das Neue kommt immer mit etwas mehr Wucht, als uns lieb ist, das stimmt. Vieles am Neuen kann jedoch sinnvoll sein. Lassen wir uns ein!

Ihre Stevie Schmiedel

EINS

Unsere Generationen im Clinch – und warum das schon immer so war

Töchter und Mütter in Konkurrenz

Als Sigmund Freud 1923 über die Konkurrenz zwischen Müttern und Töchtern schrieb, wusste er nicht, dass das ganz große Gemetzel noch bevorstand. Mehrere Male in den nächsten hundert Jahren sollten die Töchtergenerationen versuchen, ihre Mütter zum Verstummen zu bringen oder wenigstens zu übertönen. Nicht nur gab es in der feministischen Forschung verschiedene widerstreitende Strömungen, wie marxistische, psychoanalytische oder post-strukturalistische Ansätze. Auch jenseits der Wissenschaft, in unserem ganz normal gelebten Alltag, rollte vermutlich jede junge Generation über die jeweilige feministische Altersgruppe vor ihr die Augen. Großes Mütter-Bashing betrieb zum Beispiel meine Generation, die »Generation X« oder »Golf«. Wir 80er-Jahre-Teenager aus Westdeutschland feierten im Phänomen der »Popper« Markenkleidung und Kapitalismus und fanden »Ökos« und Feminismus hoch lästig: Sie verdarben uns den Spaß, den es dringend gegen unsere kriegstraumatisierte, ständig ernst und politisch daherredende Elterngeneration zu verteidigen galt. Ihr hielten wir entgegen:»Oh Mann, Frauen sind doch längst gleichberechtigt! Schaut doch mal Madonna an!« Zugegeben, von ihr wendeten wir uns selbst kurz darauf alle etwas beschämt ab, als sie sich immer jünger operierte. Vierzig Jahre später haben auch wir kapiert, dass selbst eine Madonna nicht alt werden durfte. Und wir verstehen mittlerweile doch viel von dem, was wir am Nonkonformismus der feministischen Lila-Latzhosen-Generation der 70er einst mächtig bekloppt fanden. So schaffen es Töchter nicht immer, und vor allem nicht nachhaltig, die Stimmen und Meinungen ihrer Mütter komplett auszulöschen: Ein Teil von deren Erbe fließt weiter durch die Generationen. In jeder wird von Neuem ausgehandelt oder besser – darüber gestritten –, was erhalten bleiben soll.

●

Auch aktuell gibt es wieder Zoff. Die ab Mitte der 1980er-Jahre zur Welt gekommenen Millennials, auch genannt »Generation Y«, grenzen sich scharf nach oben ab. Unterstützt werden sie von der »Generation Z« der zwischen 1995 und 2010 Geborenen, die noch zur Schule gehen oder studieren. Zurzeit werden Übermütter wie J. K. Rowling, Bette Midler oder Martina Navratilova auf Twitter beschossen. Wie schon so oft geht es darum, wer unter den Schutzmantel des Feminismus gestellt werden soll und wie. Gehören trans Frauen dazu? Und wenn ja, wie weit? Hier scheinen es eher ältere Frauen der Generation X zu sein, die oft eine andere Vorstellung vom Frausein haben als die jungen. Doch wer trans Frauen nicht als Frauen akzeptiert, ist auf den von jungem Aktivismus geprägten Social-Media-Kanälen *Persona non grata*, wird auf Twitter blockiert oder mit On- und Offline-Protesten am Vortragen an Universitäten gehindert.[3] Löscht eine Blockade eine Meinung aus? Nein. Die Auseinandersetzungen gehen anderswo weiter. Das ist auch gut so. Denn diese Konflikte sagen viel aus über unsere Entwicklung, über neue Erkenntnisse und über den intellektuellen Konsens einer Gesellschaft. Sie zeigen auf, wo Brandherde sitzen, die sich unbearbeitet großflächig ausbreiten können – und das wäre nicht gut. Sie zeigen auch, wo wir noch dringend im konstruktiven Austausch nachbessern müssen. Diese immer wiederkehrenden Debatten legen zudem etwas über unser Verhältnis zueinander offen: Neben der inhaltlichen Ebene scheint es auch eine psychologische Ebene zu geben, eine Art universelles Gesetz, dass sich die Jugend unweigerlich an der älteren Generation reiben muss. Ist das so?

Jede Generation will los von Mama!

Was wusste Sigmund Freud vor gut hundert Jahren, was wir nicht wissen? Kann er uns sagen, warum sich jede feministische Generation von Ideen der vorangegangenen lossagen will? In seinem Werk *Das Ich und das Es* versucht er das Phänomen strukturell zu erklären. Die Wut der Töchter, schreibt Freud, basiere darauf, dass Mädchen grundsätzlich auch einen Penis wie ihr Vater oder Bruder wollten und sauer auf ihre Mütter seien, dass sie ihnen bei Geburt keinen mitgegeben haben. Aus lauter Wut darüber hegten Mädchen der Mutter gegenüber Mordfantasien. Auch weil sie eifersüchtig seien: Denn die Mutter ist in sexueller Verbindung mit dem Vater und kommt an seinen Penis ran! Auch das Mädchen möchte etwas von diesem Penis abhaben und ihr »Loch«, das sie als große Schande empfindet, damit stopfen. Freud empfahl: Die Konkurrenz zur Mutter überwindet eine Tochter unkomplizierter, indem sie nicht die Mutter umbringt, sondern sich ein eigenes

Wesen mit Penis sucht. So kommt man nämlich an Kinder, und die sind schließlich fast so toll wie Penisse. Die »füllen« auch das Loch und machen ein Mädchen zur »richtigen« Frau. Falls Sie diese berühmte Grundlage der Psychoanalyse noch nicht kannten, machen Sie sich bitte keine Sorgen: Generationen von Feministinnen haben diesen Blödsinn bereits auseinandergenommen, Freud als Macho entlarvt und seine Darstellung als symbolisch gelesen. Was das Mädchen wirklich möchte, ist Macht.[4] Sie möchte dieselbe Macht und dieselben Freiheiten, die der Vater hat. Etwas, das der Mutter zu fehlen scheint. Kinder und Ehemänner sind natürlich eine sehr altbackene Vorstellung von einem adäquaten Ersatz dafür!

Ist die Annahme, Frauen seien machtlos, nicht längst überholt? Schauen Töchter immer noch Papa und Mama an und denken unterbewusst: Pffft, also Papi wäre ich lieber? Leider ja. Selbst die wichtigsten feministischen Philosophinnen wie Judith Butler schaffen es nicht, von dieser Theorie des weiblichen Mangels wegzukommen, und das nicht ohne Grund: Uns Frauen mangelt es noch immer an vielem. Und solange wir noch nicht so viel vom Kuchen abbekommen wie Männer, solange Teilhabe an wirtschaftlicher und politischer Macht für uns eingeschränkt ist, werden Mädchen auch weiterhin die Freiheit und Handlungsfähigkeit haben wollen, die ihre Väter haben, und sich nicht mit dem zufriedengeben, was die Mütter so darstellen. Frausein ist für jede Generation von Mädchen – und ganz besonders für die aktuelle – nicht gerade der heiße Scheiß. Diese politisch aufgeweckte, weil früh medial geschulte junge Generation sieht uns heute als Frauen altern. Sie sieht uns in den Wechseljahren mit unseren schwindenden Kräften hadern, rapide zunehmen, schwitzen und trotzdem zur Arbeit rennen. Sie sieht unsere Doppelbelastung mit Haushalt und Beruf, die Tatsache, dass wir im Bundestag unterrepräsentiert sind, unsere Falten, die so bedrohlich wirken, dass heute schon sehr junge Frauen mit Botox beginnen. Denn als Frau alt werden heißt dieser Tage auch, keine mediale Sichtbarkeit mehr haben zu können – und die ist heute alles, wenn man Macht haben will. Oder wie viele ältere Frauen sehen Sie so in den sozialen Netzwerken? Nur wenige weibliche Stars der Populärkultur sind über 45. Die Malisa-Stiftung hat die mediale Unsichtbarkeit von älteren Frauen untersucht: 70 Prozent der Hauptrollen von Figuren, die älter als fünfzig Jahre sind, werden nach wie vor von Männern gespielt. In Musikvideos kommen Frauen nur halb so häufig vor wie Männer, und 53 Prozent von ihnen sind ohne Kopf zu sehen.[5] Frau zu werden und auch noch als solche zu altern, wirkt im Zeitalter von TikTok und Instagram auf junge Frauen und Mädchen besonders anstrengend: Sie müssen entweder jung und perfekt schön sein – oder sind eben unsichtbar und machtlos.[6]

Dabei hat sich unser Verständnis vom Frausein in den letzten hundert Jahren stärker verändert als in den tausend davor. Während die Rolle der Frau als abhängige Gehilfin des Mannes und als sein Eigentum Jahrhunderte fast unangefochten gepredigt, gelebt und akzeptiert wurde, gibt es nun schon seit Beginn des 20. Jahrhunderts Stunk. Wir kämpfen gegen das Patriarchat, die männliche Dominanz, an. Wir wollen Veränderung und Gleichberechtigung. Dabei haben wir schon einiges erreicht. Trotzdem ist Frausein noch immer prekär, denn: Zu oft bedeutet es noch, abgewertet und sexualisiert zu werden und in Gesellschaft, Wirtschaft und Politik nicht ganz oben mitspielen zu dürfen. Jedenfalls nicht auf demselben Niveau wie »echte Männer«. Nicht umsonst befürchten Männer häufig, als »zu weiblich« gelesen zu werden, als »Pussy« und »wie ein Mädchen«. Denn weiblich zu sein bedeutete historisch meist, dem Mann als Dekoration oder Assistenz zu dienen – selten, seine Chefin zu sein.

●

Heute ist es nach wie vor nicht leicht, als Frau, besonders aber als Mensch mit Eierstöcken und Gebärmutter in dieser Gesellschaft und im Berufsleben zu bestehen. Das zieht sich durch unsere ganze Biografie: Wir menstruieren – oft noch mit Scham, häufig mit Schmerzen – und müssen gleiche Leistung wie alle erbringen. Wir müssen uns um Verhütung kümmern und die Konsequenzen fürchten oder tragen, wenn etwas schiefläuft. Wir bekommen Kinder (oder auch keine) und werden dafür bewertet, ganz egal was wir tun. Allein unser Potenzial, Kinder gebären zu können, wirkt sich heute immer noch massiv auf unsere Karrierechancen aus. Viele meistern irgendwie Beruf und Muttersein und altern hormonell auf einer oft schlaflosen Achterbahnfahrt. Zur gleichen Zeit bangen wir, nicht die eine unter acht Frauen zu sein, die in ihrem Leben an Brustkrebs erkrankt. Dazu kommen die Stereotype, die Frauen zugeschrieben werden, wie zum Beispiel weniger kompetent, viel emotionaler und weniger durchsetzungsstark als Männer zu sein. All das trägt zu einem Lebensweg bei, der sich von dem, den Menschen ohne Uterus gehen, stark unterscheidet (was nicht heißt, dass sie es dadurch automatisch leicht haben!). Diese Perspektive ist schmerzhaft und unangenehm, besonders, wenn man Kind dieser Mütter ist.

Hat die Radikalität der Jugend neben allen wichtigen und berechtigten Fragen, die die aktuelle Transdebatte stellt und die dringend ausgehandelt werden müssen auch damit zu tun, dass eine junge Generation bei diesem Älterwerden von Frauen überhaupt nicht genau hinschauen möchte? Aus Angst, dass all dies sie irgendwann auch betreffen könnte? Dass sie sich eine Macht ersehnt, die jenseits der Gebärmutter und losgelöst davon zu finden ist? Vielleicht lässt sich diese Frage gar nicht final beantworten, und sie soll keinesfalls die ernsthafte Beschäftigung mit dem Thema Geschlecht in Zweifel ziehen. Wir können jedoch versuchen, einzuordnen, warum wir gewisse Punkte gerade jetzt erörtern, warum die Transdebatte uns gerade jetzt zerreißt und was das mit einer Generation zu tun hat, die mit dem Smartphone groß geworden ist.

Was hat die Transdebatte mit der »Generation Smartphone« zu tun?

Eine Freundin fragte mich neulich: »Warum bestimmt eigentlich das Thema trans Menschen gerade den gesamten Feminismus?« Sie war sichtlich irritiert. »Ich meine, das ist auch wichtig, aber gefühlt sprechen wir *nur noch* über Selbstbestimmungsgesetz und Co. Wie viele Menschen sind das in Deutschland? Jeder Zweitausendste? Jeder Viertausendste? Wir haben über 50 Prozent Frauen, die noch nicht gleichgestellt sind!« Und sie hat recht. Vor allem, weil der Kampf für das eine das andere überhaupt nicht ausschließt. Die Diskriminierung von trans Frauen und die von Menschen mit Uterus hat zahlreiche Überschneidungen. Viele feministische Organisationen können auch beides gleichzeitig leisten.

Dennoch nimmt die Transdebatte gerade unheimlich viel Raum in der öffentlichen Diskussion ein. Warum sie so polarisiert, ist deshalb auch eine der Fragen, die ich im Laufe dieses Buches beantworten möchte. Wie kommt es, dass sich daran ganze feministische Bündnisse zerschießen? Warum ist es den Älteren so wichtig, hier mitzubestimmen? Und warum haben die Jungen das Transthema heute zu ihrem gemacht? Keine Frage, LGBTQI-Themen sind hochrelevant, die teils brutale und fatale Diskriminierung von trans und queeren Menschen braucht breite Sichtbarkeit. Trotzdem kann man fragen: wie viele der jungen Menschen, die im Sommer 2022 mit Pride-Flaggen auf den großen Christopher-Street-Day-Veranstaltungen mitliefen, sich auch im gleichen Maße für Themen einsetzen, die nur Frauen mit Uterus betreffen? 250.000 Menschen waren zum Beispiel im August 2022 beim CSD in Hamburg auf der Straße. So viele waren in Deutschland noch in keiner Stadt beispielsweise für wirtschaftliche und politische Teilhabe von Frauen, sichere Schwangerschaftsabbrüche, freie Sanitärprodukte oder mehr Rechte für Hebammen unterwegs.

●

Viele von uns erleben die Jugend gerade als die »Generation Kopf durch die Wand«. Davon wird uns schwindelig. So wichtig beispielsweise ein neues Gesetz für Personenstandsregister-Regelungen ist, um trans Menschen nicht zu diskriminieren, haben dennoch viele das Gefühl, dass die junge Generation in ihrer Kompromisslosigkeit außer Rand und Band ist. So ist es kaum weiter verwunderlich, dass ihr eine Partei wie die FDP – die sich nicht gerade vorrangig Frauenförderung auf die Fahnen schreibt – dabei hilft und sehr aktiv auf junge Wähler*innen setzt. Bei nur einem Drittel der Deutschen findet das neue Selbstbestimmungsgesetz laut einer Meinungsumfrage Akzeptanz.[7] Eine ältere Generation von Feministinnen warnt dezidiert davor, aus ganz verschiedenen Gründen: Einige von ihnen lehnen es ab, andere sind in Sorge, damit im Zweifel noch mehr Hass für die trans Community zu schüren. Es ist das erste Gesetz im Bereich von Gleichstellung, das ohne Unterstützung der Union durchgesetzt wurde – und deshalb dem rechten Unionsflügel und der AfD in die Karten spielen kann. Natürlich musste das seit den 1980er-Jahren geltende »Transsexuellengesetz« nicht zuletzt, weil es verfassungswidrig war, durch eine Neuregelung ersetzt werden. Doch warum wurden mildere Versionen des jetzigen Beschlusses – zum Beispiel ein Vorschlag des Gesetzesentwurfes der Grünen aus dem Jahr 2020, gar keinen Eintrag ins Personenstandsregister mehr zu tätigen – nicht wenigstens zur Wahl gestellt?[8] Vielleicht hätte man bundesweit dafür mehr Zustimmung gewinnen können? Mahnende Einwände dazu, auch von trans Personen, verhallten wie Kassandrarufe im Netz oder wurden pauschal einer rechtspolitischen Blase zugeordnet.[9]

Von Mäßigung wollen die Jungen nichts hören. »Trans Frauen sind Frauen – basta!«, rufen sie. Sie beschließen damit, dass ein Uterus als alleiniges Kernmerkmal von Frausein nicht mehr reicht. Auch wenn ich zeigen werde, dass das seine Berechtigung hat, gilt es zu bedenken: Diese Generation sehnt sich vielleicht mehr als jede vor ihr nach einem Frausein, das ohne Gebärmutter, Eierstöcke und den ganzen Mist auskommt. Sie wissen schon viel früher als wir Älteren, dass das eine schwierige und unschöne Sache wird. Den Mädchengenerationen vor ihnen wurde noch von Grimms Märchen verkauft, dass Frauen schicke Kleider bekommen, den Prinzen heiraten und im Alter eine Karriere als Frau Holle oder Paten-Fee haben können. Heute wissen unsere Töchter dank TikTok und Co. schon mit 15, dass ihr Unterleib politisch ist und dass sie in ihrem Leben für Periodenprodukte so viel Geld ausgeben werden, wie ein Kleinwagen kostet.[10]

Beide Geschlechter wissen vor allem, was Wechseljahre sind und wie sie aussehen. Noch nie gab es eine Generation, deren Mütter so alt waren: Oft sind wir heute mitten in der Perimenopause, wenn unsere Kinder jugendlich sind oder studieren gehen. Wir alten Mütter sind Wesen, deren Uterus den Kids zu Recht Angst machen kann. Sie sehen, wie wir trotz hormoneller Umstellung und oft bleierner Müdigkeit weitermachen müssen. Auf die Einführung eines »Menstruationsurlaubs« in Spanien folgte bisher leider kein »Urlaub« für ergrauende Frauen, da ist man europaweit unbarmherzig.[11] Eine Wechseljahr-Pause, beispielsweise eine vorübergehende Arbeitsreduzierung, die sich viele von ihnen ersehnen, gibt es nicht.[12] *The show must go on.* Mütter, das sind nicht immer verständliche, oft überforderte, weinende und emotional unvorhersehbare Wesen. Erschöpft, wütend, um Sichtbarkeit kämpfend und oft auch finanziell weniger stark – und damit weniger ungebunden, frei und autark – als Väter. Nicht alle, natürlich. Selbst über die, die mehr Macht, Autarkie und weniger Emotionalität haben, sagen die Medien, sie seien »zu laut«, »zu stark«, etwas »zickig« und nicht »weiblich genug«. Eine Frau zu werden ist also eine komplizierte Sache, die schwer gut hinzukriegen ist. Deshalb definiert man das Ganze am besten gleich ganz neu – gar keine so doofe Idee.

Dazu kommt, überspitzt gesagt: Unsere Kinder stecken heute in unseren Gebärmüttern fest, oder wir halten sie darin. Vielleicht kommen sie deshalb nur radikal-wütend von uns los, weil wir es ihnen heute so schwer machen, sich aus unseren Armen zu befreien und selbst in der Welt zurechtzukommen.

Die Generation »Wach«

Vielleicht hatte es nie eine Generation schwerer, sich von ihren Müttern abzunabeln, als die jetzigen Jugendlichen. Wir Eltern wissen häufig noch, wie es war, als wir in unserer Jugend in aller Stille den ersten Joint geraucht haben. Deshalb sprechen wir wenigstens einigermaßen offen mit unseren Kids über Drogenkonsum. Wir reden über Sex, Verhütung und Menstruationsprobleme. Wir sind uns einig, dass Rassismus ätzend ist, diskutieren schon früh die tagesaktuelle Politik und beziehen auch die Jungen mit ein, wenn es darum geht, ob mit dem Budget der Familie eher ein Urlaub oder ein neues Auto bezahlt werden soll. Wir sind alle eins. Wir stillen am liebsten ewig, fahren den Nachwuchs überallhin und machen uns gefühlt mehr Sorgen um ihn als irgendeine Elterngeneration vor uns. Unsere Kinder sind in Watte gepackt. Gleichzeitig werden sie mitten ins Leben geworfen, denn wenn wir die raue Welt schon nicht durch Diskussionen am Abendbrottisch zu ihnen tragen, macht das spätestens die Tagesschau auf TikTok. Auch die Öffentlich-Rechtlichen haben die neuen Kanäle entdeckt. Gleichzeitig reden wir ständig darüber, ihr Leben besser zu machen. Dabei vergessen wir, sie darauf vorzubereiten, dass die versprochene Verbesserung vielleicht gar nicht eintritt. Ich würde sogar sagen, sie sind einerseits die verwöhnteste und andererseits die verantwortungsbewussteste Generation, die es wohl je gab. Wer mit seinen Kindern wie mit Gleichaltrigen redet – weil nie eine Generation ihre Kinder ernster genommen und mehr mit ihnen gesprochen hat –, vermittelt ihnen leicht auch die eigenen Sorgen und Nöte. Dem nicht genug, wissen sie dank Fridays for Future und Nachrichten auf allen Kanälen ihres Handys über Klimawandel, Krieg und Sexismus-Debatten Bescheid. Sie sind oder waren früh kleine Erwachsene, denen niemand erlaubt hat, mit dem Schnabel das Ei aufzupicken und die Welt alleine zu erobern. Kaum draußen, müssen sie tun, was ihre Peergruppe im Netz macht, und ihr zustimmen: Sonst werden sie auf Twitter und Co. geblockt oder wenigstens ignoriert, bevor sie je spüren durften, wie es sich anfühlt, alleine klarzukommen. Die Welt dieser Generation ist anders verrückt, als es unsere oder die der Generation vor uns war. Aber auch sie ist verrückt.

Gleichzeitig wird nach dem Sommer 2022 wohl kaum jemand mehr leugnen, dass die Jungen wirklich Grund genug haben, voller Angst zu sein, vor der Zukunft, die selbst wir Älteren zwar lange vor uns hergeschoben haben, aber spätestens jetzt nicht mehr ignorieren können: Es brennt. Die Jungen dürfen zu Recht wütend sein und alarmiert, sie dürfen sich kümmern und fordern. Drastisch, laut und manchmal einfach zu doll. Wir haben sie selbst früh dazu erzogen mitzudenken, zu diskutieren, ihre Meinung zu sagen. Jetzt tun sie genau das. Die Frage ist eher: Wie halten wir das aus? Und welche Klischees über die Jugend machen es uns noch schwerer, ihre scharfen Forderungen auszuhalten? Lassen Sie mich ein paar davon entschärfen: Denn ein bisschen müssen wir Alten uns selbst an die Nase fassen. Wir wollten, dass unsere Kinder wachen Auges durch die Welt gehen, und jetzt sind wir von ihrer »Wokeness« genervt. Wir sind auch nicht ganz so einfach, oder? Manch Neues braucht neben unserer wachsamen Kritik wohl auch einiges an Selbstironie und Ehrlichkeit: Wir sollten dringend ein ernstes Wort mit den sturen Kindern in uns reden.

Unsere Kinder und ihr Blick auf die Welt

Genau wie die allermeisten anderen Kinder heutzutage sind auch meine mit TikTok groß geworden. Einen großen Teil ihrer Jugend verbrachten sie zu Hause vor den Endgeräten. In der Pandemie konnten sie mir jede Sekunde des Tages sagen, was ihre Lieblings-Boygroup, die koreanische Popband Bangtan Boys (BTS), gerade umtrieb, welche Haarfarbe gerade jedes Bandmitglied hatte oder was es zu Mittag aß. Das Management der Band produziert Content 24 Stunden am Tag, sieben Tage in der Woche. Man kann sich also ständig von BTS auf Instagram, TikTok oder Twitter berieseln lassen. Die Gruppe wird aber auch als anti-sexistisch, queer und antikapitalistisch gelesen. Sie gilt als Unterstützerin der Jugend dabei, sich selbst und andere zu akzeptieren, nicht zu mobben. Sie zeigen ein modernes Männerbild von Kerlen, die sich auch in den Arm nehmen und lieb haben dürfen. Ich mochte den Einfluss von BTS auf meine Kinder, auch wenn für mich Antikapitalismus, Social-Media-Professionalität und Markenbewerbung (unter anderem für Louis Vuitton und Gucci) der Band nicht ganz zusammenpassten. Kinder weltweit lernen von BTS nicht nur ein paar Brocken Koreanisch, sie vernetzen sich auch weltweit über Twitter mit der Fan-Community. Diese Armee von BTS-Fans pusht neue Songs über Spotify zu Nummer-eins-Hits und organisiert sich über Twitter, um die Erfolge auch medial zu feiern. Es wird gelacht und sich gefreut – dass das, auch während der Pandemie, noch möglich war, dafür war ich BTS dankbar. Vor allem gab es neue Freund*innen vom Libanon über Georgien bis Finnland. Meine Kinder wussten schon im Jugendalter mehr über die jeweilige politische Situation in den verschiedenen Ländern als ich heute als »Best Ager«. Und wer in meinem Alter ist und von diesem Internetleben noch immer nicht überzeugt: BTS lullt auch uns Eltern ein, indem sie sehr gekonnt Motown-Elemente wie Bläser und Soul-Beats zitieren oder als Hommage an Michael Jackson den Moonwalk einbauen. Ich bin komplett verliebt in die Jungs.

●

TikTok erklärte meinen Kindern auch Mathematik (eine Drag Queen namens Kyne entpuppte sich als beste Nachhilfelehrerin). Eine ganze Generation Mädchen wird sich hoffentlich besser als meine mit finanziellen Anlagen auskennen, weil sie über Tik-Tok oder angefixte Schulkameradinnen in die Tiefen der Kryptowährung oder NFTs eingeführt wurden. Vor allem wurden sie auf TikTok dazu erzogen, sich um den Klimawandel, Rassismus und Sexismus zu sorgen. Auch wenn das alles nur über überzogene Schönheitsideale funktioniert (ich frage mich immer wieder, ob die jungen Männer von BTS hin und wieder überhaupt etwas essen dürfen), sind große Teile von Social Media für Jugendliche kein schlechter Einfluss. Und ohne zu wissen, was unsere Kids konsumieren, ist es unfair, sie mit Sätzen wie »Ihr hängt ja nur am Handy!« genervt abzukanzeln. Ihre Welt ist eine komplett andere als die unserer Generation. Wir sind die Generation, die sich sehr gemütlich einließ – auf eine Wohlstandsgesellschaft, deren Scherben die Jungen nun zusammenfegen müssen, sei es Russland- oder Chinapolitik, CO_2-Ausstoß, Rechtsradikalisierung und Polizeigewalt, oder eine jahrzehntelange Vernachlässigung von Gleichstellungsthemen und damit verbundenen Aspekten wie Diskriminierung am Arbeitsplatz.

Zugegeben, wir hatten auch keine Handys. Wir bekamen immer nur eine Information auf einmal und meistens wenig Meinung um diese herum. Drei Fernsehkanäle, im eigenen Umfeld vielleicht nur eine politische Partei, der man sich nah fühlte oder die man wählte, um dazuzugehören. Die Meinungs- und Informationsvielfalt war bedeutend geringer als heute. Eine Warnung vor dem Klimawandel konnte man schnell als eine Minderheitsmeinung abtun. Heute verfolgen selbst wir Erwachsenen noch während einer der vielen Talkshows (die es früher auch nicht in der Fülle gab, die wir heute erleben) über unser Handy, was wer auf Twitter dazu sagt. Die häufigen Male, die ich »Germanys Next Topmodel« schauen musste, um es zu kommentieren, freute ich mich über die Twitter-Community, die zeitgleich jede Szene mit viel Humor interpretierte, aber auch klug analysierte. So konnte ich meine Einschätzung gleich mit vielen verschiedenen Stimmen gegenchecken.

Bei den Jungen ist diese Art der parallelen Mediennutzung noch viel stärker verbreitet. 2015 gaben 56 Prozent der Befragten zwischen 14 und 29 Jahren an, Handy und Fernsehen parallel zu nutzen.[13] Sie kennen es selbst: Haben wir eine Nachricht auf der Tagesschau-App vernommen, bekommen wir diese innerhalb weniger Stunden auf verschiedenen Kanälen kommentiert. »Extra 3« auf Instagram macht Satire draus, auf NDR info bekommen wir eine sachliche Erläuterung im Sinne der öffentlich-rechtlichen Leitlinien, und die Bild-Überschriften beim Bäcker zeigen uns, was der rechte Stammtisch dazu sagt. Auf der Arbeit kommen dann noch ein paar O-Töne aus dem Team dazu. Bei den Jugendlichen geht all dies noch sehr viel schneller, weil sie noch mehr Kanäle haben. SnapChat, TikTok, Instagram, Twitter, YouTube und WhatsApp poppen gleichzeitig auf ihrem Handy auf. Sie bekommen also – in kürzerer Form – viel von dem, was wir bekommen, und noch sehr viel mehr obendrauf.

•

Nicht nur Jugendliche, die feministische oder links-grün-orientierte Konten abonniert haben, sind heute gut informiert. Angefangen bei den Folgen von Hass und toxischen Männlichkeitsbildern bis hin zum Wissen, was potenziell auf den Planeten zukommen kann, wenn wir nicht radikal beginnen, CO_2 einzusparen, werden heute auch weniger linksaktivistisch engagierte Kids schneller als ihre Eltern über Dinge Bescheid wissen, die aus ganz unterschiedlichen politischen Kontexten kommen. Gleichzeitig sind das alles Themen, die wir mit unserer auf die Jugend geradezu altbacken wirkenden Mediennutzung weiterhin bequem wegdrücken oder ausblenden können. Jugendliche wachsen heute damit auf, ungleich viel mehr Informationen gleichzeitig zu verdauen.

Wegdrücken wird da unmöglich. Ihr Handy sagt ihnen selbst im Ruhezustand, wer sich auf Twitter zu was zu Wort gemeldet hat, und ihr Gehirn wird nachts versuchen auszusortieren, welche dieser Informationen nicht alarmierend ist.

Wir können uns ziemlich sicher sein: Wenn wir auf irgendwen bauen können, die Alarmsignale bezüglich unserer Welt nicht zu überhören, seien es Klima, Rassismus oder Sexismus, ist es die Jugend. Gleichzeitig müssen wir uns Sorgen um ihre Gehirne machen, darum, wie sie mit diesem ganzen Informationswahnsinn klarkommen sollen. Wenn sie uns dabei den Spiegel vorhalten und nicht ablassen von Themen, bei denen wir bereits seufzend abgewunken haben, als gäbe es Wichtigeres zu tun, müssen wir das vielleicht einfach aushalten.

Bitte nicht so radikal – aber warum eigentlich nicht?

Wie so viele aus meiner Generation habe auch ich oft mit jungen Menschen in unseren Netzwerken gestritten, an sie appelliert, Dinge differenzierter zu betrachten. Als eine Zeit lang im Jahr 2020 in den Netzwerken mal wieder der Hashtag #acab, der für »All Cops are Bastards« steht (zu Deutsch etwa alle Polizist*innen sind Drecksäue) geteilt und gefeiert wurde, schrie ich auf: Ich war auf vielen Demonstrationen und angemeldeten Flashmobs der Polizei sehr dankbar gewesen für ihre Betreuung, auf die wir dringend angewiesen waren, um uns gegen angekündigte Angriffe von Antifeministen geschützt zu fühlen. Aber ich bin weiß. Ich stand meist lachend mit den Polizist*innen am Rande unserer Demos und Konzerte und hielt ein freundliches Schwätzchen. Einer fragte mal besorgt: »Sind Sie die, die sich nackt ausziehen? Als ich ihn lachend beruhigte, das seien Femen und nicht wir, atmete er beruhigt aus und fragte, was er zu unserem Schutz tun könne, wie viele Leute wir bräuchten. Meine Tochter kann jedoch ganz andere Geschichten erzählen. Sie hat viele Freund*innen mit junger Migrationsgeschichte aus afrikanischen, vorderasiatischen oder arabischen Ländern, die eher von der Polizei kontrolliert und auch oft drangsaliert werden. Recherchen legen nahe, dass die deutsche Polizei tatsächlich ein Rassismus-Problem hat, auch wenn das selbstredend nicht heißt, dass jede*r Polizist*in rassistisch ist.[14] Da es jedoch ein Problem zu geben scheint, das lange nicht angegangen wurde, ist es verständlich, dass man laut werden möchte: zur Not mit Provokation und Übertreibung.

Polizist*innen sind selbstredend keine Drecksäue und schon gar keine »Bastards«, was sich mit »Hurensöhne« übersetzt und damit nicht nur die Polizei, sondern Sexarbeiterinnen und alleinerziehende Mütter abwertet. Wie kann jemand noch dieses blöde Wort nutzen? Ohne die radikale Debatte, die diese übertrieben scharfe Anklage von links anstieß, wäre es vielleicht nicht dazu gekommen, dass wir heute genauer hinschauen[15]: Brauchen wir in Deutschland mehr Anti-Rassismus-Schulungen in der Ausbildung von Menschen, die Waffen tragen? Bei Polizei und Bundeswehr? Was viele nicht wissen: Nicht nur für Menschen of Colour und Schwarze Menschen ist dies wichtig, um sich in Deutschland sicher zu fühlen. Auch für Frauen ist wichtig, dass die Polizei hochsensibel für Rassismus ist. Denn die Attentäter von Halle und Hanau waren nicht nur Antisemiten und Anti-Islamisten, sondern hatten auch einen Hass auf Frauen.[16] Wie sehr Misogynie und Rassismus zusammengehören, zeigen Internetforen und Webseiten von Rechtsradikalen, die meinen, der Feminismus sei eine »jüdische Weltverschwörung«, um eine »arische Rasse« auszurotten.[17] Der Gedanke dahinter ist: Wenn Frauen verhüten, Schwangerschaften abbrechen, arbeiten und sich scheiden lassen dürften, würden den »Ariern« keine Kinder mehr geboren, sie würden »überfremden« und die Juden könnten die Weltherrschaft an sich reißen. Finden Sie absurd? Ist es ja auch. Und trotzdem muss man diese Wahnsinnigen fürchten. Nicht umsonst wurde Frauen wie mir insbesondere nach Hanau und Halle bei jedem Vortrag Personenschutz angeboten. Und ich hoffte jedes Mal zutiefst, dass diese mich schützenden Beamt*innen sensibel für jegliche rechtsradikalen Signale sind.

●

Wie eng Themen verwoben sind, zeigen uns manchmal nur radikale Aktionen, die Zusammenhänge in die Medien bringen, über die wir bisher nicht nachgedacht haben. Auch wenn unser erster Gedanke dazu sein mag: »So ein Blödsinn! Diese radikale Jugend wieder!«, könnte sich darin etwas zeigen, das auch uns betrifft. Deshalb ist der wahrscheinlich produktivste Weg, die Jungen zu verstehen und mit ihnen in Kontakt zu bleiben, durchzuatmen, zuzuhören, sich selbst zu hinterfragen, zu lernen, was sie umtreibt und Kompromisse zwischen ihren und unseren Weltsichten zu finden. Was dabei für uns Ältere so schwierig ist: Während wir jahrelang die Kinder mit unserer Weltsicht zutexten durften und sie uns mit ihren großen Augen bewundernd anschauten, was wir doch alles wüssten, wendete sich irgendwann das Blatt. Heute sind wir diejenigen, die lernen und Zugeständnisse machen müssen. Manchmal schaffen wir das nicht. Dann sagen wir einfach laut, was wir denken: »Wenn du so alt bist wie ich, wirst du manches davon vielleicht anders sehen.« Gut, das ist bequem. Aber wir müssen uns auch fragen, was das den Jugendlichen bringen soll. Sie werden – und müssen – selbst ausprobieren und Wege finden. Da können wir still ins Kissen beißen, das ist nicht zu ändern. Gleichzeitig können wir der

Wucht ihres Ausprobierens vielleicht eine neue Sicht auf die Dinge abgewinnen. Sie kann dazu beitragen, dass bisher Unsagbares sagbar wird, und genau das bereichert vielleicht auch unser Leben.

Wer achtet eigentlich (auf) die Alten?

Sie haben jetzt viel darüber gelesen, warum wir mit der Jugend etwas wohlwollender umgehen dürfen, warum wir ihren rauen Ton überhören und uns auf das Neue und Sinnvolle in ihren radikalen Forderungen konzentrieren sollten. Schön und gut. Ich kann trotzdem nicht genug betonen, wie schwierig das ist. Und diese Schwierigkeit wächst mit zunehmendem Alter. Älterwerden bedeutet nämlich, schreckhafter zu werden. Früher hätten wir es einfach nur frech gefunden, von einem schnellen Radfahrer angeraunzt zu werden, weil wir aus Versehen auf dem Fahrradstreifen gelaufen sind (»Mensch, zur Seite, Omi!«). Heute geht uns der Schock durch Mark und Bein. Die Abnahme von Reaktionsschnelligkeit, Sehstärke, Gleichgewichtssinn und Hörvermögen sowie die häufige Einsamkeit alter Menschen macht unsicher, ängstlich und angreifbar. Mit fünfzig Jahren rollt man genervt die Augen über rüde Kommentare, kann aber vielleicht noch verstehen, was die gestressten Menschen antreibt. Für eine Generation über uns ist die Schärfe der Jugend jedoch noch öfter unverständlich, besonders, weil bei ihnen selbst diese Schärfe stark sanktioniert worden wäre. Und noch mehr, weil diese jungen Menschen gleichzeitig so umsichtig gegenüber vielen anderen Menschen sind, Menschen, die als vulnerabel gelten. Als wären Alte nicht vulnerabel. Sie gelten jedoch oft pauschal als privilegiert, als »alte weiße Menschen« eben. Worauf die Vehemenz der Jugend genau zielt, ist für sie teils schwer nachzuvollziehen. Warum sich die Jungen heute so um die

Belange von diskriminierten Gruppen wie Frauen, queeren oder Schwarzen Menschen, Menschen mit junger Einwanderungsgeschichte und anderen sorgt, ist schwer zu verstehen für eine Generation, die als Kinder den Krieg oder die harten Nachkriegsjahre erlebt haben und eben nicht davor geschützt wurden. Sie können schlecht verstehen, warum heute alle mit Samthandschuhen angefasst werden, nur sie selbst nicht.

Dieser Wunsch der Älteren nach Schutz ist verständlich, ebenso das Bedürfnis, dass die Jugend sich um einen kümmert. Darin drückt sich eine Sehnsucht aus, die immer stärker wird, je älter man wird: nach Familie, Aufgehobensein, nach Geborgenheit und Gesellschaft. Junge Menschen hingegen haben von Familie und Betüdelei oft mehr als genug und sind teils ganz froh, dem zu entkommen. Es ist dringend notwendig für sie, eigene Identitäten zu finden und aufzubauen, ohne dass Mutti, Oma oder Opa ihnen über die Schulter schauen und zu allem ihre Wertung abgeben. Jugendliche lassen es nicht umsonst in jeder Hinsicht krachen, brennen Kerzen an beiden Enden an und testen ihre und anderer Menschen Grenzen aus: Bis hierher war alles vorgegeben – was aber befindet sich hinter dem Horizont? Wie geht Freiheit? Zu diesem Ertasten oder sagen wir lieber: wilden Erkunden der Außenwelt gehört auch, neue Erkenntnisse wie eine neue Fahne hochzuhalten, neue Familien zu finden – sei es die Raucherclique hinterm Bahnhof oder der neue woke und queerfeministische Freund*innenkreis – und sich mit deren Werten neu zu positionieren. Dazu gehört oft eben auch, die Werte der eigenen Familie zu hinterfragen. Auch auf die Gefahr hin, mich zu wiederholen: Manchmal müssen wir die Jugend in Schutz zu nehmen, aber nicht ohne Teile ihres Aktivismus kritisch zu hinterfragen. Denn in den Bereich der vulnerablen Gruppen könnten sie alte Menschen öfter mit aufnehmen: Das wäre nur konsequent.

Alle verweichlicht! Oder etwa nicht?

Eine alte Dame schrieb mir einmal empört: »Für wen werden eigentlich all diese Triggerwarnungen geschrieben? Wer schreibt eigentlich solche Hinweise für uns alte Menschen?« Die von der Schreiberin für ihre Altersgruppe vermissten Triggerwarnungen sind kurze Anmerkungen zu Beginn von Filmen, Artikeln oder Büchern, die Menschen mit bestimmten Vorerfahrungen verletzen oder ein Trauma reaktivieren können. Sie befinden sich heute sehr oft vor Inhalten, in denen es um sexuelle Übergriffe oder rassistische Diskriminierung geht, selten bei anderen, ebenso potenziell verletzenden oder retraumatisierenden Themen – zum Beispiel solchen, die alte Menschen betreffen. Insofern hatte die Dame absolut recht. Es gibt beispielsweise nur selten Triggerwarnungen vor Filmen, die den Holocaust oder die Vertreibung der Kriegs- und Nachkriegszeit behandeln, auch wenn das eine ganze Reihe unangenehmer Erinnerungen heraufbeschwören kann.

Neulich war ich in einer Sonderausstellung über Kriegsvertriebene aus Ostpreußen. Viele Vertriebene erinnern sich noch gut, wie sie als Kinder über die Ostsee flohen, wie sterbende Babys auf dem Eis zurückgelassen wurden und wie beschwerlich es war, im Westen, oft als Flüchtling diskriminiert, ein komplett neues Leben aufbauen zu müssen. Hinzu kam der starke Hunger der Nachkriegswinter. Ich fragte mich, warum es für die ältere Generation nicht tatsächlich auch Triggerwarnungen am Eingang bestimmter Museen gibt. Sabine Bodes berühmtes Buch *Die verlorene Generation* beschreibt eindrücklich, wie traumatisiert unsere Eltern und Großeltern vom Krieg sind und dass sie nicht umsonst nur selten darüber sprechen können. »Das war nun mal so!«, heißt es oft von älteren Leuten. Eine Triggerwarnung würde viele vielleicht in ihrem Stolz verletzen, dass sie das Leid von damals – wie alle anderen – irgendwie überstanden haben, indem sie Kartoffelschalen aufbrühten und über die Nervenzusammenbrüche, die ihre Mütter zuhauf erlitten, stoisch schwiegen. Sind das Leid und die an uns vererbten Nachwehen dadurch weniger geworden? Die Unfähigkeit unserer Eltern- und Großelterngeneration, über Gefühle zu sprechen, Ängste einzugestehen und sich verletzlich zu zeigen: Das ist es, womit eine Jugend aufräumt, die Verletzungen ernst nimmt und auch ihre eigenen Grenzen aufzeigt. Davon kann auch die ältere Generation profitieren. Vielleicht sollte man gerade deshalb auch bei erschütternden Bildern, die sie betreffen, Warnungen aussprechen: um ihnen Respekt zu zollen.

●

Ich möchte Ihnen nicht vorenthalten, dass es am Nutzen von Triggerwarnungen mittlerweile Kritik gibt. Einige Studien bezeugen sogar, dass sie kontraproduktiv sind. Mit einer Warnung vor bestimmten Inhalten würden Traumatisierte nie über ihre Traumata hinwegkommen, heißt es gerne. Auch diese Studien sollte man nicht gänzlich unkritisch betrachten, vor allem, weil sie viele Fragestellungen durcheinanderwerfen.[18] Triggerwarnungen sollten, da sind sich viele Zuständige einig, nicht inflationär verwendet werden.[19] Sie sollten keineswegs verhindern, dass gewaltvolle oder potenziell diskriminierende Themen behandelt oder diskutiert werden können. Stattdessen bewirken jedoch Triggerwarnungen oder auch nüchterne »Content Notes«, also Inhaltsanmerkungen, dass ich mir selbst überlegen kann, ob ich für ein Thema wie Schwangerschaftsabbruch oder Vergewaltigung gerade die mentale Kapazität habe. Deshalb sind sie gerade für Frauen, deren traumatische Verletzungen durch sexuellen Missbrauch oder sexuelles Mobbing erst heute breiter thematisiert werden, sehr hilfreich. Sie unterstützen dabei, die Kraft zu behalten, sich mit den Themen politisch wirksam und nachhaltig auseinanderzusetzen. Auch hier macht die Dosis das Gift: Ein Arachnophobiker wird nicht geheilt, wenn man eine Spinne auf ihn schmeißt. Im Gegenteil. Spinnen wird es jedoch weiterhin geben, und der Phobiker muss sich mit ihnen beschäftigen, um geheilt zu werden. Nur eben in gesunden und verträglichen Dosen, die er in einer Therapie selbst mitbestimmen darf.

●

Ich bin froh, dass es jetzt auch auf Netflix und – noch viel zu wenig, aber immerhin manchmal –, auch in den öffentlich-rechtlichen Sendern mehr Triggerwarnungen oder Content Notes gibt. In den Wechseljahren ist guter Schlaf rar genug. Wenn es abends dann noch sexuelle Gewalt im Krimi, Dokumentationen über Abtreibungsgegner oder Splatter-Movies obendrauf gibt, fällt es schwer, genug Melatonin für eine erholsame Nacht zu bilden. Verfechter*innen der Verweichlichungsthese dürfen gerne abwertend den Kopf über mich schütteln: Ich bin dankbar für jede Warnung vorab, dass mich Bilder negativ überraschen und innerlich aufwühlen könnten. Wir sollten kein Problem damit haben zu sagen, dass wir gar nicht auf Teufel komm raus »tough« sein wollen – wozu? Dass wir uns alle gegenseitig beweisen, eisern, preußisch und hart zu sein, hatte seine Zeit. Vielleicht kommen wir heute mit dem Zugeständnis, dass uns etwas verletzen könnte, besser voran. Wenn wir im Voraus nichts als »Stell dich nicht so an!« hören – wer hat da noch Lust, sich wohlwollend und konstruktiv mit anderen auseinanderzusetzen?

Das neue Aushalten

Ob es die Information ist, dass junge Menschen ihren Schulstoff neuerdings auf YouTube lernen oder man eine dargestellte Vergewaltigung im Theaterstück ankündigen sollte: Ständig müssen wir als alternde Menschen erfahren und aushalten, dass heute Dinge anders gemacht werden, als es zu unserer Jugend üblich war. Es gilt da sehr viel zu lernen, loszulassen und zu akzeptieren: Das, was man als »richtig« gelernt und erlebt hat, wird gerade neu geordnet und definiert. Wir müssen ganz schön tief durchatmen, um das ausrangierte »Richtig« nicht mit der eigenen, gelebten Identität zu vermischen und uns selbst ausrangiert zu fühlen. Das kostet tatsächlich Konzentration und Bemühen. Diese Leistung fordert die ungeduldige Jugend einfach ein, ohne zu wissen, dass auch sie das irgendwann nicht einfach finden wird. So sehr sie auch heute meint, das sei nun mal so, da müsse man halt durch, das könne man doch jetzt mal bitte schnell umlernen, Mensch! Aber wie ich schon sagte, werden wir das den jungen Menschen nur schwer vermitteln können – sie stecken so wenig in unserer Haut wie wir in der ihren. Für uns heißt es daher gefühlt, täglich »Ach, so ist das also. Klar, wird gemacht!« zu sagen und brav zu akzeptieren, wie sich die Welt entwickelt. Ganze Wörter werden heute aus der Sprache gestrichen oder anders geschrieben, und – dalli, dalli! – haben alle das sofort zu wissen.

Dabei sind viele Neuerungen bei genauerer Betrachtung gar nicht so komplex. Manche Menschen sind heute zum Beispiel Schwarz mit großem S. Manch eine fragt sich durchaus, was da denn nun schon wieder los ist. Ganz einfach: Schwarze Menschen sind nicht wirklich »schwarz«, ebenso wenig, wie weiße Menschen wirklich »weiße« Haut haben. Tatsächlich ist Schwarz im Gegensatz zu Weiß jedoch eine in unserer Gesellschaft überwiegend negativ behaftete Farbe und Schwarze Menschen erfahren als Gruppe eher Diskriminierung als weiße.[20] So wird heute oft die Großschreibung genutzt, um zu kennzeichnen, dass »Schwarz« in Bezug auf Menschen ein politischer Begriff ist, der auf diese gemeinsamen Rassismuserfahrungen verweist, und kein Adjektiv. Da sich zudem der Bund Schwarzer Menschen in Deutschland wünscht, dass so über Schwarze Menschen geschrieben wird, ist es einfach eine Frage des Respekts, dieser Forderung nachzukommen. Grundsätzlich ist das schlicht eine Information, die in Deutschland noch nicht weitverbreitet ist, und es wäre großartig, wenn mehr Menschen sie beherzigen würden. Es wäre auch großartig, wenn wir uns immer in einer ähnlich ruhigen Art, ganz nüchtern und sachlich, gegenseitig informieren könnten, wenn sich Begrifflichkeiten geändert haben, weil es Menschen aufgegangen ist, dass ein Wort oder eine Handlung nicht mehr zeitgemäß, sondern verletzend ist. Freundlich, weil unser Gegenüber oft einfach nicht informiert ist oder noch etwas Zeit braucht, um eine Veränderung in der Ausdrucksweise sacken zu lassen.

Leider haben wir Älteren oft das Gefühl, dass uns diese Zeit nicht gelassen wird. Wenn einen nun gerade die jüngere Generation in einer geradezu überheblichen Ernsthaftigkeit anraunzt, dass man etwas so oder so nicht mehr sagt, heißt es, das auszuhalten, tief durchzuatmen und bis zehn zu zählen. So ein Rüffel fühlt sich nie gut an. Aber ist es der Ton oder der Inhalt, der nervt? Bei der Frage, wie wir mit den Themen der Jugend umgehen, geht es seltener um die nüchternen Tatsachen. Es geht vielmehr darum, ob wir unsere Einstellung zu Forderungen, die nicht unsere eigenen sind, hinterfragen möchten. Wir sind sicherlich viel eher dazu bereit, wenn es ruhig, zugewandt und freundlich zugeht. Enorm helfen kann nun, wenn wir an uns selbst in dem Alter zurückdenken. Damals schmierte ich meinen Eltern altklug die Plastikverschmutzung der Meere aufs Brot und kreidete ihnen laut ihre mangelnde Mülltrennung an. Gebracht hat das praktisch rein gar nichts. Der Müll blieb ungetrennt, aber rausgehauen habe ich es trotzdem. War der vehemente Ton nützlich? Nein. Hätte ich das rational erfassen und verändern können, bei der Wut im Bauch, der Not, die ich empfand: hinsichtlich der Zukunft der Erde, aber auch dabei, meine eigene Identität deutlich zu bekunden, Teil einer Jugendbewegung und auf der richtigen Seite zu sein?

●

Wenn wir die Frage, ob wir uns nicht in Teilen mehr am Ton der Jugend reiben als an ihren Inhalten, mit Ja beantworten können, kann unsere Wut vielleicht weichen. Danach hören wir die Argumente besser. Wir können uns entscheiden, mild zu sein oder uns zu echauffieren. Je älter ich werde, desto mehr entscheide ich mich für die Milde: Ich atme aus, gehe eine Runde um den Block, um dann zu sagen: »Lass die Jugend mal machen.« Der Pinkstinks-Claim *Die Zeiten gendern sich* passt hier gut. Schlimmer als die Zeiten mal waren und immer noch sind – mit weiter viel zu hohen Zahlen sexualisierter Gewalt, zu wenigen Frauen in Wirtschaft und Politik, zu geringen Bildungschancen für Kinder mit jungem Migrationshintergrund, um nur wenige Punkte zu nennen –, kann es durch ihren Aktivismus nicht werden. Wir Älteren sind nicht ewig auf diesem Planeten, und die Jugend muss sich ihre Welt so einrichten, wie es für sie passt. Was etwas laut daherkommt, wird schon seine Bahnen finden.

ZWEI

Olympiade der Diskriminierung – wer hat heute eigentlich die meisten Privilegien?

Check your privileges!

»Hast du dir heute schon all deine Privilegien vor Augen geführt? Nein? Tz-tz-tz. Das solltest du aber. Wie sollst du sonst wissen, ob deine Meinung überhaupt interessiert? Wie sollen andere wissen, aus welcher Perspektive du sprichst? Also husch-husch, ich bitte dich, ran da!«

In meiner Welt hat man tatsächlich manchmal diese Stimme im Kopf, die einen in jeder Situation daran erinnert, seine »Privilegien zu checken«, wie es heute so schön heißt. Also genau zu überlegen, in welchen Bereichen man wie viel besser als andere gestellt ist. Für Außenstehende ist es sicher befremdlich und auch lustig, wie kompliziert unsere Privilegien-Regeln sind und wie streng. Denn die Stimme im Kopf kommt nicht von allein dort hinein. Nach einem scharfen Anpöbeln auf Twitter, das sich schnell in einen mehrstimmigen Chor der Empörung steigert, versteht man schnell: Prüfe deine Privilegien, lege Beichte ab, oder du wirst von den wichtigsten Twitter-Usern in deiner Szene geblockt und spielst nicht mehr mit. Eine Zeit lang wurde in linken Berliner Kreisen sogar diskutiert, beim Beginn von Zusammenkünften für Konferenzen, Diskussionen oder Seminaren seine Privilegien genau benennen zu müssen.[21] Das würde bedeuten: Jede*r steht auf und stellt sich mit allem vor, was relevant sein könnte. »José, 31 Jahre, cis Mann, schwul, of Colour, Bildungselternhaus.« Damit gibt José also codiert an, dass er nicht wirklich mitreden kann, wenn es um Bildungschancen geht. Seine Eltern haben studiert, und er kann nicht wissen, wie es sich anfühlt, Arbeiterkind zu sein. »Danke, José, weiter, bitte!« – »Lena, 22 Jahre, nicht-binär, bisexuell, polyamore Beziehung, weiß, Arbeiterkind.« Lena ist also nicht »cis«, sie kennt das Problem, ständig als »Frau« gelesen und angesprochen zu werden, obwohl sie keine ist. Bei Rassismus-Erfahrungen muss Lena aber passen, denn weiße Menschen können keinen Rassismus erfahren. Bei einer diskriminierten Sexualität können Lena sowie José dann wieder mitreden.

●

Jetzt bin ich dran. Oh je, wo fange ich an? Ich bin weiß, komme aus der Mittelschicht, meine Eltern haben mir mein Studium mitfinanziert. Ich bin quasi Bonze, oder? Am besten sage ich deshalb so wenig wie möglich. Äh nein, Quatsch, ich bin ja Bonz-in, also zählt meine Meinung doch etwas im Kampf gegen das Patriarchat! Eine Behinderung habe ich nicht. Ich bin in einer wohlhabenden Medienhauptstadt aufgewachsen: am Puls der Zeit, sozusagen. Das bringt ein gewisses Selbstbewusstsein. Ein Bildungsbürgerkind kann ich mich aber nicht nennen, meine Eltern haben kein Abitur. Ob mir das Pluspunkte beim Reden bringt? Außerdem kann ich irre schnell und flüssig sabbeln. Mir wurde schon öfter gesagt, ich solle mich in öffentlichen Diskussionsrunden bitte zurückhalten, damit auch andere zu Wort kommen, die von mir eingeschüchtert sein könnten. Das fällt mir ungemein schwer. Deshalb sollte ich gleich benennen, dass in meiner Familie gehäuft ADHS vorkommt, das bringt vielleicht Verständnis für mein penetrantes Fingerschnipsen. Ach, und ich bin heterosexuell, soweit ich weiß. Das ist Mist. Es soll nämlich supereasy sein, sich ständig in deutsche Durchschnittsmänner zu verlieben, die noch nie ihre Privilegien checken mussten. Fragt mich mal! Aber das tut ja niemand, auf jeden Fall nicht hier, da muss ich mich bei anderen weißen cis Frauen ausheulen. Die sind nämlich so etwas wie die Großgrundbesitzer des Feminismus. Die Löwen in der Savanne. Die Darth Vaders des Imperiums.

Ich gebe zu, da hat sich gerade ein klitzekleiner ironischer Unterton eingeschlichen. Das liegt daran, dass die Frage danach, welche Privilegien in welchem Kontext zählen, gar nicht so einfach zu beantworten ist. Dabei ist die Idee des Privilegien-Checks an sich gar keine doofe Sache. Überhaupt nicht. Ganz selbstredend sind manche Menschen stärker diskriminiert als ich. Sich auszutauschen, ob man ein Anliegen wirklich nachvollziehen kann oder ob die eigene Herkunft blind macht für die Nöte anderer, ist hochvernünftig. Erst neulich stritt ich mich mit einer weißen, heterosexuellen Rechtsanwältin, die in einem wohlhabenden Stadtteil von Hamburg lebt und den Feminismus komplett überholt findet. Sie habe nie eine Quote gebraucht, um Geld zu verdienen, sei nie diskriminiert worden, verstehe nicht, warum Frauen in der Altersarmut landeten und zu blöd seien, vernünftige Eheverträge aufzusetzen, die sie absichern. Ich bin manchmal wirklich baff, wie hochstudierte und supergescheite Menschen es schaffen, starr aus ihrem Erlebnisraum heraus auf die Welt zu schauen und alle abzuwerten, die nicht denselben Durchblick haben und ihre Finanzen und ihre Gesundheit genauso managen wie sie selbst. Gerade diese schlauen Menschen müssten doch wahrnehmen, dass wir aus vielen verschiedenen Perspektiven sprechen und agieren, und dass wir je nach Erziehung, Ausbildungsstand und Diskriminierungserfahrung besser oder weniger einfach durchs Leben rauschen.

●

Ich werde jedoch immer skeptisch, wenn etwas zum Dogma wird. Ich bin sehr gerne und sehr vehement so lange gegen etwas, bis alle mit mir einer Meinung zu sein scheinen – dann zweifle ich und wechsele auch mal die Seiten. Manche finden das windig, ich finde es gesund: So bleibt eine mental elastisch. Denn auch, wenn Theoriegerüste erst einmal hilfreich sind, braucht es auch Wachsam- und Kritikfähigkeit, diese Gerüste immer wieder zu hinterfragen. Das lehrte uns schon Immanuel Kant:»Nehmt an, was euch nach sorgfältiger und aufrichtiger Prüfung am glaubwürdigsten erscheint.« Diese Prüfung kann nicht oft genug stattfinden.[22] Denn so ignorant es ist, als gut situierte und ausgebildete Anwältin zu meinen, alle müssten so kompetent sein wie die Person selbst, so irritierend unlogisch erscheint es mir, dass jede Anwältin bessergestellt sein soll als jede Malermeisterin. Potenziell vielleicht: Das Gehalt einer Anwältin liegt bei durchschnittlich 250 Euro die Stunde, das Gehalt der Malermeisterin bei rund 80 Euro. Vielleicht hat die Malermeisterin dafür eine stabile Gesundheit, eine Traumfamilie und eine grandiose Auftragslage. Vielleicht hasst die Anwältin ihren Job, der ihr Depressionen bereitet. Oder sie hat eine Gewalterfahrung, die sie nicht öffentlich machen will, die es ihr aber erschwert, ihren Job auszuüben. Oder sie hat aus anderen Gründen Schwierigkeiten, neue Mandate zu erhalten. Soll sich aber wirklich jede*r, bevor er oder sie in einer

Diskussionsrunde zu Wort meldet, zu alle diesen erlebten Traumata, mentalen Zuständen oder Auftragslagen zwangsouten?

Manchmal muss man, beispielsweise als Feministin, wieder von außen auf das schauen, was die »Bewegung« fordert, um sich zu fragen: Hören die sich eigentlich selbst reden? Merken die nicht, dass da inhaltlich ganz viel richtig ist, aber der strenge Ton oder besser die kompromisslose Stringenz, die ebenso stur ist wie die der Gegenseite, wirklich niemandem etwas bringt? Außer vielleicht den ohnehin schon vorhandenen Fordernden selbst, die dieses Gefühl erleben können, auf der richtigen Seite zu sein und sich gegenseitig darin zu bestätigen? So ist eine Privilegien-Pyramide entstanden, die nicht mehr hinterfragt werden darf, in der niemand Risse und Ungereimtheiten aufzeigen darf. Das Gerüst ist so starr geworden, dass man es nicht mehr ernst nehmen und sprengen möchte. Dabei wäre es doch sinnvoller, wenn es flexibler gestaltet werden könnte, damit man Lust bekommt, gemeinsam und nachhaltig daran herumzuschrauben.

Intersektionaler Feminismus ist der beste Feminismus

Selbstredend gibt es Menschen, die mehr, und welche, die weniger diskriminiert werden. Es ist zudem ein Unterschied, ob ich diskriminiert werde – oder ob ich mehrfach diskriminiert werde. Mehrfach-Diskriminierungen ernst zu nehmen, ist das Ziel des intersektionalen Feminismus.

Sexismus betrifft alle Frauen in dem Sinne, dass sich bestimmte, anhaltende Geschlechterklischees auf unsere Berufschancen, Altersversorgung oder körperliche Sicherheit als Gruppe auswirken. Das zeigen die Statistiken. Pay Gap, Altersarmut, sexuelle

Gewalt: Die ungerechte Verteilung von Macht und Geld zwischen Mann und Frau ist wissenschaftlich klar eruier- und nachlesbar.[23] Aber Sexismus, also die Abwertung aufgrund des Geschlechts (engl.: sex), betrifft nicht alle Frauen gleichermaßen. Verschiedene Diskriminierungen können sich überlappen und Mehrfach-Diskriminierungen bewirken. Eine Schwarze Frau wird in der Regel auch rassistisch abgewertet und nicht nur als Frau. Letzteres kommt quasi noch erschwerend obendrauf. Eine Frau mit körperlicher Behinderung kann beispielsweise schon mit ihrer geringen Teilhabe an Berufschancen zu kämpfen haben – dass sie weiblich ist, macht es dann extra schwer. Eine trans Frau muss schon darum kämpfen, als Frau anerkannt zu werden – wird in den meisten Fällen jedoch trotzdem als eher feminin, also weniger kompetent als Männer, gelesen. Sie hat also die Diskriminierung einer als weiblich gelesenen Person zu tragen *und* die Diskriminierung als trans Mensch. Eine Frau mit ADHS oder einer psychischen Krankheit hat schon genug Hürden, mit denen sie klarkommen muss. Der Sexismus, den sie als Frau erfährt, ist nur eine weitere.

Deshalb wird nicht jede feministische Kampagne oder jeder feministische Text, der veröffentlicht wird, komplett für jede Frau sprechen, sondern sie im schlechtesten Falle sogar ausgrenzen. Ein Beispiel: Heute ist es im jungen Feminismus oft cool, sich gegenseitig mit dem früher und auch heute noch in anderen Kontexten als Beleidigung genutzten Wort »Bitch« anzusprechen (engl. für »Hündin«, besonders eine läufige; der Begriff soll eine untreue, sexuell unberechenbare und boshafte Frau beschreiben). Ältere Frauen aber kennen dieses Wort noch mit einer stark abwertenden Bedeutung, sodass sie die ermächtigende Botschaft in der positiven Aneignung dieses Wortes nicht spüren können und sich angegriffen und verletzt fühlen. Als ältere Frauen haben sie ohnehin schon weniger Teilhabe und Sichtbarkeit in medienstarken

Bewegungen. In »ihrem« Feminismus auch noch getroffen und nicht mitgedacht zu werden, tut umso mehr weh. Ähnliches gilt für das neu-coole Wort »Schlampe« oder (englisch »Slut«), das auf den »Schlampenmärschen« in den 2010er-Jahren in Berlin als ermächtigende Rückeroberung gefeiert wurde.[24] Die Märsche sollten zeigen, dass jede Frau anziehen darf, was sie will, ohne belästigt zu werden. Das Wort »Schlampe« aber nehmen Schwarze Frauen oder Romni häufig anders auf als weiße Frauen. Für Erstere ist diese Benennung viel stärker abwertend, da ihnen ohnehin schon das rassistische Klischee zugeschrieben wird, einen »exotischen, wilden Sexualtrieb« zu haben. Da braucht es keinen Lippenstift oder Minirock mehr. Nach großen Diskussionen dazu wurde deshalb in Berlin der »Slutwalk«, der 2012 noch über 4.000 Teilnehmende und viel Presse hatte, eingestellt.[25] Trans Personen wiederum kritisieren, wenn mit »Gebärenden« automatisch nur Frauen gemeint sind, weil natürlich auch trans Männer Kinder auf die Welt bringen können. Behinderte Frauen sehen sich in feministischen Video- oder Fotokampagnen, in denen keine Frau als behindert gelesen werden kann, nicht mitgedacht. Guter, inklusiver Feminismus sollte deshalb immer auch Rassismus, Ableismus, Ageismus, Klassismus, Homo- und Transfeindlichkeit mitdenken. Unbedingt und ohne Wenn und Aber.

Protest hat nichts mit »Befindlichkeit« zu tun

Es ist voll und ganz verständlich, dass mehrfach diskriminierte Personen aufschreien, wenn sie nicht mitgedacht werden. Wenn ihre Anliegen als »Befindlichkeiten« abgestempelt werden. Gleichzeitig schadet dieses Abstempeln auch der Masse von weißen, nicht-behinderten cis Feministinnen, die ihre eigenen Agenden durchdrücken und sich von der lauten Kritik von Frauen, die nicht mitgedacht wurden, aufgehalten fühlen. Auch wir wären nicht weit gekommen, wenn wir immer nur freundlich und nett gefragt hätten. Deshalb waren wir in den vergangenen Jahrzehnten laut und unangenehm, und auch uns wurden dafür abwertend »Befindlichkeiten« unterstellt. Unsere Großmütter haben gegenüber dem Patriarchat und die sie dominierenden Männer die Fäuste gereckt, protestiert und richtig Stunk gemacht. Wenn wir heute mit Gesprächen im Bundestag oder bunten Videokampagnen etwas bewirken können, ist das dieser lauten Vergangenheit geschuldet und Frauen, die als »anstrengend« bezeichnet und deren Forderungen als »Befindlichkeiten« delegitimiert wurden.

Es ist richtig, dass auch heute noch weiße Frauen nicht gleichberechtigt sind. Ihnen werden Probleme bereitet, die Männer nicht haben. Aber fragen Sie mal eine Schwarze Frau! Nicht *jede* Schwarze Frau wird über die gleichen Diskriminierungserfahrungen berichten. Wer sich aber mit Literatur von Schwarzen Frauen beschäftigt, versteht: Das sind noch mal ganz andere Dimensionen. Deshalb sollte es uns weder verwundern noch sollten wir es als »Befindlichkeit« abtun, wenn Schwarze Frauen, Frauen of Colour oder anders mehrfach Diskriminierte das lautstark anmerken, damit ihre Belange nicht vergessen werden. Die Frage ist nur, und da ich von rechts und links ohnehin schon angefeindet werde, verliere ich nichts, sie zu stellen: Wie helfen wir sowohl uns als auch ihnen am besten?

Tatsächlich haben weiße, nicht mehrfach diskriminierte Frauen mehr Zugang zu Dingen, die ihnen das Leben einfacher machen. Sie bekommen eher den Job. Eher das höhere Gehalt. Sie werden weniger stark abgewertet oder sind weniger Gewalt ausgesetzt als die behinderte Frau oder Frau of Colour. Sie erfahren oft mehr Sichtbarkeit in Politik und Medien. Diese Sichtbarkeit sollten sie nutzen – für sich, und für Frauen, die weniger sichtbar sind. Wie aber können wir noch mehr Teilhabe erreichen und auch verteilen, ohne den ganzen Laden zum Stocken zu bringen? Denn mit den lauten, fordernden Protesten, die wir führten, kommen wir zurzeit nicht weiter. Auf jeden Fall nicht dort, wo uns große Fronten begegnen: dort, wo die AfD gewählt wird, wo sich Menschen über »Cancel Culture« aufregen und Medien unsere Argumente so verdrehen können, dass wir als hysterische Jammerlappen dastehen.

Deshalb ist meine Frage: Wie berücksichtigen wir die Forderungen eines neuen, jungen, intersektionalen Feminismus und verprellen nicht auf der anderen Seite diejenigen, die sich für feministische Anliegen in einem ersten Schritt öffnen und die Botschaft weitertragen könnten?

Wie weit bringen uns heute radikale Haltungen?

Wir wissen in unseren durch Social Media vernetzten Zeiten vermutlich mehr über die Zielgruppen unserer Botschaften als jemals zuvor. Und wenn Zielgruppen heute schon klar und akkurat berechnet werden können, wäre es unsinnig, sie nicht auch so anzusprechen, dass man sie ein Stück auf dem Weg mitnehmen kann. Über 60 Prozent der Deutschen lehnen beispielsweise Gendersprache ab. Wir werden diese Menschen nicht ins Boot bekommen, um mit uns über Feminismus zu plaudern, wenn wir sie mit einem Haufen Sternchen bombardieren. Solch ein Vorgehen erzeugt bestenfalls noch mehr Ablehnung und damit noch weniger gesellschaftliche Akzeptanz. Ihnen gegenüber auf Gendersprache zu verzichten, grenzt sprachlich jedoch viele Menschen aus.

Das ist ärgerlich und vor allem verletzend. Aber wie sollen wir für die Rechte dieser Menschen kämpfen, wenn wir nicht wenigstens einen Fuß in die Tür bekommen?

Wir müssen daher Wege finden, Feminismus gut zu verkaufen: Erst, wenn wir die Kuh beim Schopf haben, können wir sie melken.»Was?«, schreien Kritiker*innen dann gerne,»wir müssen gar nichts! Die müssen! Lernen, wie sie uns anzusprechen haben!« Das ist ein individueller Wunsch, der verständlich ist. Jedes Wesen hat das Recht, ihn einzufordern. Nach dem Motto:»Ich spreche nicht mit dir, wenn du dich nicht erkundigst, wie ich angesprochen werden möchte.« Genervten diskriminierten Menschen, die ständig erklären müssen, dass bestimmte Worte oder Gesten sie verletzen, sei das unbedingt zugestanden. Aber funktioniert das in der Masse? Nein.»Check your privileges!« zu rufen und uns zu wundern, dass niemand das tut und viele den strengen Ton ablehnen: Das können wir uns nicht leisten. Immerhin wollen wir ja Wandel und nicht Stillstand oder noch mehr AfD.

Wenn Gesellschaft sich verändert, gibt es Gegenwind. Das war schon immer so. Mit dem Internet haben wir erlebt, wie eine junge Generation viel schneller gegen Rassismus, Sexismus und für LGBTQI-Rechte sensibilisiert wurde, als es früher möglich gewesen wäre. Über soziale Medien wie Telegram und Facebook radikalisieren sich Gruppen in Deutschland jedoch auch in Windeseile *gegen* diese Themen. Die Attentate von Halle und Hanau haben uns schmerzhaft gezeigt, wie gefährlich diese Radikalisierung ist. Neben dem unfassbaren Leid und der Angst, die diese Angriffe für Menschen mit sichtbarem Migrationshintergrund verursacht haben, haben sie auch Feminist*innen klar gezeigt: Ihr seid mit auf der Abschussliste. Feminismus wird von der rechtsradikalen Szene als jüdische Weltverschwörung gesehen, die das weiße Patriarchat vernichten will. Sicher ist es weiterhin wichtig und sei niemandem abgesprochen, klar und wütend Position zu beziehen. Für mich zeigt sich aber dringlich: Wir müssen schneller und besser darin werden, Menschen gegen rechtsradikale Parolen und Überzeugungen stark zu machen.

Nie werde ich deshalb meinen Schock vergessen, als ich mit einer großen Masse von Frauen auf einer Weltfrauentagsdemonstration im März 2017 von einer Rednerin angeschrien wurde: »Ihr weißen cis Frauen, die ihr hier im strömenden Regen steht, seid bloß nicht stolz auf euch, hier zu sein! Es geht euch sehr viel besser als anderen Frauen, also habt ihr die Verantwortung, etwas für sie zu tun!« Das war kurz nach der Trump-Wahl. Selbst die Frauenzeitschrift *Brigitte* hatte zur Demo aufgerufen und lauter Menschen, die das Wort »Feministin« bisher abgelehnt hatten, standen nach Trumps »Grab the pussy«-Skandal auf einmal auf der Straße. Viele, leider, wohl nicht sehr lange. »Was ist eine cis Frau?«, fragte eine Frau neben mir verwirrt und kleinlaut, eine andere stupste sie an und sagte: »Komm, wir gehen. Das ist mir zu aggressiv hier.« Was für eine verpasste Chance! Musste das sein? Hier wäre so eine große Möglichkeit gewesen, viele Frauen abzuholen und vorsichtig über Mehrfach-Diskriminierungen aufzuklären – und dann das! »Doch nicht so!«, dachte ich. Denn jede dieser Frauen könnte einen AfD-Sympathisanten oder Mann zu Hause haben, der auf »Cancel Culture« oder »Genderwahn« schimpft. Den sie mit einem »Du, das war echt nett heute und hat mir viel zu denken gegeben« ein Stück mitnehmen könnte. Genau diese Gelegenheiten müssen wir dringend nutzen.[26]

Wer bestimmt, wie Feminismus zu laufen hat?

Wenn ich schreibe, dass bestimmte Positionen und Vorwürfe des Feminismus abschreckend wirken können, ist das nicht unproblematisch. Denn warum hätte die Person, die diese Rede hielt, denn nicht ihre Wut gegen weiße cis Frauen herausschreien sollen – wer bin ich, ihr das anzukreiden? Wenn Redelisten für feministische Demonstrationen erstellt werden, denkt man nicht ans perfekte Marketing für den intersektionalen Feminismus, sondern daran, möglichst alle zu Wort kommen zu lassen. Nicht nur die ewig sichtbaren weißen großen Namen wie Nora Tschirner oder Sophie Passmann, denen man schon alleine gerne zuhört, weil ihre Beiträge amüsant sind. Und selbstredend schreibt man denen, die neben ihnen erscheinen, um zu zeigen, dass Deutschland nicht nur heterosexuell, weiß, jung, nicht behindert und witzig ist, nicht vor, was sie und wie sie es zu sagen haben.

Es gibt zum Glück feministische Portale, Zeitschriften, Demonstrationen und Konferenzen, in denen es diese Vielfalt gibt, ohne dass diese durch eine auf den Mainstream abzielende Marketingabteilung hübsch abgemildert wird. Das *Missy Magazine* ist so ein Beispiel. Es bedient eine jüngere Zielgruppe, die mit intersektionalem Feminismus, Fridays for Future oder Pride- und Black Lives Matter-Demonstrationen groß wird. Die Zeitschrift hat eine Auflage von 30.000 Exemplaren alle zwei Monate. Ihr Instagram-Account weist knapp 70.000 Follower auf. Das ist zwar klasse, aber die großen Massenmedien, wie zum Beispiel die *Bild*, haben Auflagen von gut 1,2 Millionen – *täglich*! Instagram-Accounts mit über 700.000 Followern! Und Menschen, die *Bild* lesen, dürfen meist alle wählen gehen und setzen dies wahrscheinlich eher seltener für Frauenrechte ein. Wenn ein paar Hundert Menschen für eine feministische Demonstration auf der Straße waren, lesen sie in der *Bild* am nächsten Tag Kommentare von Birgit Kelle und Co., warum Schwangerschaftsabbrüche verwerflich und unethisch sein sollen.[27] Oder warum der intersektionale Feminismus allgemein Unsinn sei.[28]

Aus all diesen Beobachtungen lese ich für mich die Verantwortung und den Auftrag heraus, intersektionalen Feminismus so zu verkaufen, dass er mehr Leute mitnehmen kann als jene, die sich freiwillig belehren lassen. Auch mit dem Risiko, dass inklusiver agierende Feministinnen mich hassen, weil ich vorschlage, in kleineren Schritten vorzugehen und nicht mit der Tür ins Haus zu fallen. Ich bin eine Mimose und werde nicht gerne gehasst. Ich höre auch nicht gerne, dass ich als weiße Feministin Rassistin oder privilegiert sei, weil ich nicht immer alle gleichzeitig repräsentiere, um eine intersektionale Idee nur häppchenweise an nicht feministisch belesene Menschen weiterzugeben. Aber ich finde diesen Weg sinnig.

●

Ich beobachte heutzutage häufig eine gewisse Strenge und mir fehlt dabei oft die Unschuldsvermutung. Ein falsch genutztes Wort reicht aus – und eine Person, die fragt oder mitdiskutieren möchte, wird arrogant abgekanzelt und als »Täter*in« hingestellt. Wieso tun wir uns das an? Warum so böse? Immer wieder kommt es zum Beispiel vor, dass in feministischen Diskussionen Neulinge in einer Debatte Begriffe durcheinanderbringen. Erst vor Kurzem erlebte ich bei einer Veranstaltung für mehr Geschlechtervielfalt, dass eine Rednerin eine trans Person – wohl versehentlich – mit ihrem Geburtsgeschlecht benannte, also der Bezeichnung, mit der trans Menschen häufig viele Jahre ihres Lebens ungewollt beschrieben werden. Ein Raunen ging durch den Raum. »Hast du gerade ge-deadnamed?«, hieß es neben ihr scharf. Die erschrockene Redne-rin bekam einen verbalen Einlauf, als ginge es den Kritikführenden um Leib und Leben. Dabei schien sie mir aus Nervosität, vielleicht auch Unerfahrenheit mit dem Thema, aber sicher nicht aus Bos-heit, etwas durcheinandergebracht zu haben.

Mit denen, die sich wirklich bemühen und verstehen wollen, nur eben noch nicht alles ganz verinnerlicht haben, könnte so viel besser umgegangen werden. Es gibt immer auch eine wohlwol-lende und freundliche Art, jemanden darauf hinzuweisen, dass empathischere Formulierungen möglich sind, oder einen Aus-tausch darüber anzustoßen, warum bestimmte Begriffe Men-schen verletzen. Vorwürfe wie »Hast du gerade ernsthaft x oder y gesagt?« oder strenge Anweisungen, was erlaubt ist und was nicht, verschrecken Menschen eher und halten sie schlimmstenfalls da-von ab, sich weiter zu informieren.

Wenn sich weiße cis Menschen gegen Rassismus, Sexismus oder für trans Rechte einsetzen, ist das absolut begrüßenswert. Wir sollten uns darauf konzentrieren, gemeinsam Wege zu fin-den, unsere Anliegen besser zu vermitteln, auch wenn es dabei stellenweise noch holpert. Mir ist daher extrem wichtig, sagen zu dürfen, dass es okay ist, von zu großer Strenge genervt zu sein – weil ich der festen Meinung bin, dass wir noch sehr viel vor uns haben und Bevormundung uns nicht so schnell vorwärts bringt wie gute Kommunikation. Mit Freundlichkeit und überzeugenden Argumenten geht alles besser, und vor allem nachhaltiger.

Realpolitische Rückschläge für den Feminismus wie die Ab-schaffung des Rechts auf einen Schwangerschaftsabbruch in den USA im Sommer 2022 haben uns schmerzlich gezeigt, dass wir noch viel mehr Menschen mitnehmen müssen.[29] Wir müssen Sachverhalte, die für viele Menschen noch radikal neu erscheinen, mit mehr wohlwollender Kommunikation begleiten, um wirklich etwas bewegen zu können.

Gerade deshalb müssen wir Diskussionen und Nachfragen erlauben, anstatt sie per se zu verbieten. Auch mir war oft flau im Magen, wenn ich mit Antifeministen oder Pro-Life-Supportern diskutieren musste. Ich versuche das aus Selbstschonung immer öfter zu vermeiden. Genau hier ist doch ein Netz aus Alliierten gefragt, um kompetent und lässig, weil weniger betroffen, Punkte für die Betroffenen zu erringen, damit erst einmal etwas Mehrheitsmeinung werden kann, was jetzt noch vieler Erklärungen bedarf.

Wenn wir in der Schlammschlacht stecken bleiben

Im Sommer 2022 gab es wieder einmal einen Zusammenstoß der feministischen Gigantinnen, wie ich ihn im letzten Jahrzehnt leider häufig erlebt habe. Diesmal knallte es zwischen Sophie Passmann, feministische Bestseller-Autorin und Influencerin, und Hengameh Yaghoobifarah, Autorin und Journalistin beim *Missy Magazine*. Beide sind um die dreißig Jahre alt und stehen für einen jungen intersektionalen Feminismus. Auslöser des Streits war ein Interview, das Passmann der Zeitschrift *Annabelle* gegeben hatte. Sie hatte darin kritisiert, dass einzelne laute Stimmen im Feminismus oft für eine ganze Gruppe stehen, oder besser gesagt, von den Medien zur Stellvertreterin dieser Gruppe gemacht werden.[30] Das sei nicht gut: Eine einzelne Schwarze Frau zum Beispiel könne nicht für die gesamte Erfahrung von Schwarzen Frauen sprechen. Daraufhin konterte Yaghoobifarah wütend, dass Passmann nicht das Recht habe, Schwarzen Frauen das Wort zu verbieten. Ein unübersichtlicher Twitter-Streit entbrannte, in den sich viele Menschen einmischten. Am Ende musste sich Passmann kleinlaut entschuldigen.

Auch hier, finde ich, hätte eine Unschuldsvermutung und eine Nachfrage, wie genau sie das gemeint habe, gereicht. Passmann hatte nirgendwo gesagt, dass Schwarze Frauen nicht für eine Gruppe sprechen *dürfen*. Es wäre sicherlich klüger und unverfänglicher gewesen, ein anderes Beispiel – wie rothaarige Frauen, zu denen sie selbst gehört – zu wählen. Aber nie im Leben, das war auch mir klar, hatte sie Schwarzen Frauen das Wort verbieten wollen. Es ging meiner Meinung nach eher darum, dass Medien sich mehr Mühe in der gründlichen Aufbereitung ihrer Inhalte geben sollten, zum Beispiel durch umfassendere Recherchen oder mehrere befragte Personen in Interviews. Ähnlich wie auch viele weiße Frauen nicht wollen, dass *nur* eine Alice Schwarzer oder nur eine Sophie Passmann für sie sprechen.

In diesem ganzen Wahnsinn an digitalem Herumgebrülle scheint es nicht mehr um Argumente zu gehen, sondern um die, die am lautesten twittert. Die Frage, wer privilegierter ist, wer wen diskriminiert oder beleidigt hat, ist dabei meist der Auslöser. Diejenigen, um die es dabei geht, diskutieren oft weniger laut als ihre selbsternannten Beschützerinnen. Ob mit dieser aggressiven Schärfe der beschützten Gruppe immer geholfen ist? Ich bezweifle das. Was bei denen hängen bleibt, die die Schlacht im Netz über die Medien verfolgen, sind die Namen derer, die den Krieg anführen – die Inhalte aber gehen schnell verloren. Was bleibt, ist das Gefühl, dass im Feminismus Krieg herrscht. Und dem bleibt man lieber fern.

Als ich die Organisation und das Online-Magazin Pinkstinks frisch gegründet hatte, überrollte auch mich einmal eine große Empörungswelle. Wir hatten damals gerade die Rubrik »Vorbild des Monats« etabliert, die gefüllt werden musste, obwohl es überhaupt keine Zeit für Recherchen gab. Wir hatten einfach zu viel gleichzeitig angeschoben. Also griff ich mir aus meinem Umfeld Frauen, die ich toll fand. Ich war froh, dass überhaupt etwas erschien, ich noch wusste, wie ich hieß und meine Kinder nicht auf dem Fußballplatz vergaß. Neben Pressestress, Schreiben, Kampagnen- und Demonstrations-Organisation hagelte es nämlich die ersten Hass-Kommentare, Anrufe und E-Mails von Antifeministen, die mich entweder gleich umbringen oder hart durchvögeln wollten, bis ich zur Vernunft kam. Und da erschien auch schon der erste Artikel von links, der mir puren Hass entgegenschleuderte.[31] Kurz darauf folgte gleich der nächste.[32]

Der Hauptkritikpunkt an mir: Von meinen ersten zehn Vorbildfrauen – aus dem Chaos Computer Club über die Evolutionsbiologie bis in die Filmindustrie – war nur eine of Colour. Auch eine trans Frau fehlte bisher. Zudem war eine der Porträtierten eine Bauchtänzerin, die sich trotz einer körperlichen Behinderung eine Tanzkarriere erarbeitet hatte. Bauchtanz, das hätte ich nicht bedacht, sei jedoch kulturelle Aneignung und eine rassistische Abwertung von Romni. Das alles sei typisch für den weißen Feminismus, der nur ans Emporkommen von weißen cis Frauen denke. Außerdem würde ich mit Nils Pickert (der zu der Zeit übrigens ähnlich viele Gewaltandrohungen erhielt wie ich) einen weißen cis Mann zu Wort kommen lassen. Das sei antifeministisch und mache Frauen im Feminismus unsichtbar. Wenn wir schon eine solche Reichweite hätten, müssten wir auch Frauen schreiben lassen, die es im Journalismus schwerer hätten, vor allem Frauen of Colour.

Ich hatte damals naiv gedacht, das Sichtbarmachen von selten porträtierten weiblichen Personen wie Frauen mit Behinderungen, Frauen in MINT-Berufen oder anderen Männerdomänen wie der Filmbranche sei an sich schon eine Revolution. Wir müssen doch irgendwo anfangen, sagte ich mir. Das ging jedoch gehörig nach hinten los.

Die beiden Artikel machten kein Gesprächsangebot, sie waren ein Urteil und der Aufruf, uns ätzend zu finden. In der linken Szene wurden sie schneller geteilt, als ich denken konnte. Die Angriffe von Menschen, die zwar den Artikel, aber augenscheinlich wenig von uns direkt gelesen hatten, übergossen unseren jungen Facebook-Account und Twitter. Andere links-feministische Medien blockierten uns dort oder setzten uns auf »Blockempfehlungslisten«. War jetzt schon alles wieder zu Ende, wo wir doch gerade erst angefangen hatten, im Bundestag und mit dem Deutschen Werberat über strengere Kriterien gegen Sexismus in der Werbung zu diskutieren und mit dem Sender ProSieben und Mädchen in ganz Deutschland zu den Risiken von »Germanys Next Topmodel« ins Gespräch zu kommen? Nach all der Mühe, all dem Aushalten von rechtem Hass, all dem Gehetze von Termin zu Termin? Eines Abends saß ich über dem Smartphone, sah, dass uns ein weiteres Berliner Medium auf eine »Blockliste« gesetzt hatte, und hörte erst einen scharfen Piepton, dann ein Rauschen. Seitdem höre ich schlecht. Nur die Geräusche in meinem Ohr werden immer lauter, differenzierter und interessanter: Mal rauscht es links, dann rechts, ein bisschen wie auf Twitter.

Privilegien-Olympiade,
die niemand gewinnt

Diese Angriffe aus der eigenen Szene haben bei mir Spuren hinterlassen. Ich versuche das Erlebnis immer wieder mit Verständnis anzugehen: Auch wenn eine Autorin mich und uns in große Bedrängnis brachte, musste sie sich doch zunächst durch mich oder uns bedroht gefühlt haben. Dass ich ihre Vorstellung von einem Magazin, das sie und ihre Welt repräsentiert, nicht für sie produzieren und gleichzeitig eine breite Masse erreichen kann, das verantworten Menschen, die aussehen wie ich: die weiße Mehrheitsgesellschaft. Diese Mehrheitsgesellschaft muss dennoch in kleinen Schritten eingenommen werden. Menschen als Idole zu feiern, die weniger medial vertreten sind als die ewig gleichen, normschönen weißen Frauen, war für mich der Hauptgrund überhaupt, von einem eigenen, ermächtigenden Frauenmagazin zu träumen. Gleichzeitig war mir immer klar, dass das nicht über die stark übergewichtige Person funktioniert, sondern wir erst mal Vorbilder oder Models etablieren müssen, die wie die Mehrheit der deutschen Frauen Größe 40 bis 42 tragen – schon das war eine Revolution in einer Medienwelt, in der Frauen möglichst schlank, möglichst weiß und möglichst zart zu sein haben. Natürlich darf die Frau in Größe 44 bis 46 oder darüber das richtig ätzend finden! Selbstredend darf sie das ausdrücken. Die Frage ist, was ich damit mache. Inwieweit schaffe ich es, meine eigene Überzeugung, dass wir kleine Schritte brauchen, auszuhalten? Sicherlich kennen das viele Leser*innen.

Der Reflex, sich zu entschuldigen, ist in vielen von uns tief drin. »Stop saying sorry!« ist ein Spruch, der uns Frauen häufig auf feministischen Portalen begegnet. Wir sollen jede einzelne mehr Raum einnehmen und nicht ständig »Entschuldigung!« sagen und deshalb hoffen, dass uns alle liebhaben. Das ist unfassbar schwer: Genau dazu werden Frauen nämlich erzogen – es Menschen nett zu machen. Nur schaden wir uns mit dem ganzen »Oh, entschuldige bitte!« vielleicht mehr, als wir uns wirklich gegenseitig helfen. Auf der einen Seite plädiere ich dafür, um Feminismus breit zu verkaufen, etwas freundlicher zu sein. Richtig. Auf der anderen Seite müssen wir aushalten, dass uns innerhalb des Feminismus nicht immer alle lieben werden. Gerade weil wir verschiedene Sichtweisen, Ziele und verschiedene Identitäten haben, aus denen heraus wir diese Ziele erreichen wollen. Dass wir uns dabei streiten, ist okay. Dass wir uns gegenseitig zuhören, ein Muss. Trotzdem muss sich eine immer wieder auf sich selbst rückbesinnen und darauf, was sie selbst erreichen möchte, und zur Not aushalten, nicht jedem damit zu gefallen. Wenn wir es zu sehr allen recht machen möchten und dabei das Ziel aus den Augen verlieren, ist es schwer, einen Schritt voranzukommen. Erst das gibt uns jedoch die Chance, wenigstens im zweiten Schritt die Bedürfnisse aller Frauen zu verteidigen. Der Shitstorm, der mir damals und über die Jahre immer wieder bereitet wurde, sorgte lange dafür, dass wir den Mainstream nicht wirklich erreichten, weil wir dauernd damit beschäftigt waren, die feministische Szene zufriedenzustellen. Wem bitte soll das etwas bringen? Wieso sollten wir mit der Blase diskutieren, anstatt effektiv die Frau anzusprechen, die noch nie von Gendermarketing gehört hat und sich für eine Kritik daran interessieren könnte? Oder den Unternehmer, der klischeehafte Kinderkleidung produziert? Wie viel mehr Menschen hätten wir inzwischen erreichen und wenigstens für die Grundlagen des Feminismus sensibilisieren können? Das nervt mich ungemein.

Vielleicht hätte ich mich damals, als ich den Vorwürfen ausgesetzt war, einfach nicht gegen das Urteil »White Feminist« wehren sollen. Ich hätte mich einfach bedanken sollen für diese netten und wichtigen Hinweise – und fertig. Vor allem hätte ich vielleicht direkt die Zielgruppe unserer Aktionen klarer definieren und lernen müssen, dass ich manche Teile der Szene nie zufriedenstellen werde. Dass sie von mir immer erwarten würden, mehr zu leisten, als nur gegen Essstörungen an Schulen, Gender-Mobbing im Kindergarten, für mehr Berufschancen für Frauen und die Aufklärung der Werbeindustrie und Medien über Sexismus zu kämpfen. Wir hätten immer noch ein wenig mehr leisten müssen – vielleicht sogar gleich alle Ungerechtigkeiten der Welt auf einmal abschaffen sollen. Und am besten sofort. Das klingt jetzt sehr nach beleidigter Leberwurst. Aber es ist wirklich müßig! Unzählige tolle feministische Aktivistinnen, die mit großartigen, arbeitsaufwendigen und innovativen Projekten über die letzten Jahre in Deutschland starteten, egal ob BIPoC oder weiß, wendeten sich mit genau dieser Klage an mich: Was sollen wir eigentlich noch leisten? Ich kenne zu viele Frauen und Männer, die vor ihrer eigenen Szene Angst haben. Das ist kein gesundes und nachhaltiges Handeln. Wir müssen eine neue Arbeitsweise finden.

Alte weiße Männer leiden auch

Die Forderung, dass wir im Feminismus etwas offener vorgehen dürfen, ohne uns ständig gegenseitig mangelnde politische Korrektheit vorzuwerfen, ist schon radikal. Ich finde, wir könnten mit einer weiteren radikalen These sogar noch einen Schritt weiter gehen: Auch Männer erfahren Sexismus. Asche auf mein Haupt! Das ist aktuell ein absolutes No-Go, wie man bei Margarete Stokowski im *Spiegel* lesen kann.[33]

Und sie hat recht: Sexismus kann, wie jede Form der Diskriminierung, nur in einer gesellschaftlichen Hierarchie, einem Machtverhältnis zwischen zwei Gruppen, bestehen. Ein Beispiel: Das Bild einer halb nackten Frau, die Autoreifen bewirbt, ist nicht per se sexistisch. In einer Welt, in der Frauen keine sexualisierte Gewalt erfahren, in der sie als ebenso kompetent wie Männer wahrgenommen werden oder in der sie wirtschaftlich und politisch ebenso mächtig sind, wäre eben nur eine halb nackte Frau neben einem Reifen zu sehen. Diese Welt gibt es aber noch nicht. Also ist das Bild einer halb nackten Frau, die Hundefutter, Bodenbeläge, Notenständer oder irgendein Produkt bewirbt, für das man nicht halb nackt sein muss, Sexismus. Sexismus kann es nur in einer bestimmten gesellschaftlichen Schieflage geben. Deshalb gibt es auch keinen Rassismus gegen Weiße, keinen Antisemitismus gegen Christen, keinen Ableismus gegen Menschen ohne Behinderungen und so weiter. Vielleicht sind manchmal weiße Menschen allein in einer Gegend unterwegs, in der ihr Weißsein den dortigen in der Mehrzahl minderprivilegierten Bewohner*innen als Provokation gilt, und sind dann in körperlicher Gefahr. Das ist dann eine tatsächliche Bedrohung, aber sie sind nicht systemisch aufgrund ihrer Hautfarbe abgewertet.

Männer können also, sagt der aktuelle Feminismus, keinen Sexismus erleben: die Abwertung einer Person aufgrund des Geschlechts. Doch hier erfährt die von so vielen Genderstudien-Erstsemestler*innen emsig gelernte Theorie eine Ausnahme: Der Sexismus, den Männer erleben, unterscheidet sich stark von dem gegenüber Frauen. Er ist ein gänzlich anderer, bleibt aber Sexismus. Ich bin sicher, die eine oder andere jüngere und woke Aktivistin wird mich jetzt gedanklich steinigen, aber ja, auch alte weiße Männer leiden unter dem Patriarchat. Zumindest relativ gesehen. Im Großen und Ganzen geht es ihnen sehr viel besser als Frauen: mehr Teilhabe, mehr Macht, mehr Geld. Auch erleben sie nicht den Blickfang-Sexismus, den Frauen erleben. Ein halb nackter

Mann, der einen Autoreifen bewirbt, trifft nicht auf ein existierendes Klischee vom Mann als hübsche Dekoration – es ist einfach ein halb nackter Mann neben einem Reifen. Wird er sexualisiert, trifft das für ihn auf keine bestehende Diskriminierung. Das könnte irgendwann der Fall sein, wenn wir Männer über Jahre gesellschaftlich erniedrigt und sexualisiert haben, aber da sind wir noch weit von entfernt.

Aber: Männer sterben fünf Jahre früher als Frauen. Unter anderem, weil sie sich nicht um ihre Gesundheit kümmern. Selbst schuld? Nein: Unsere Gesellschaft, Wirtschaft, Medien und Werbung stehen Männern nach wie vor keine Emotionen und liebevolle Selbstfürsorge zu. Schon in der ersten Klasse haben Jungen kaum Vokabular für ihre Gefühle, während Mädchen genau benennen können, was für eine Traurigkeit sie spüren: eher Einsamkeit oder eher Mobbing-Erfahrung, eher Heimweh oder eher Eifersucht. Dementsprechend können sie sich ausdrücken und Trost oder Hilfe einholen.[34]

Mit Jungen wird nach wie vor wenig über ihre Gefühlswelt gesprochen, man geht davon aus, dass dieses »Gedöns« sie nicht interessiert oder nicht interessieren sollte: Ein »echter Mann« ist nicht gefühlig, sondern stark. Überhaupt und leider mehr denn je treibt uns unterbewusst immer noch die Frage an: »Ja, und wer soll dann bitte in den Krieg, wenn einer kommt?« Eltern legen seltener mit ihren Söhnen abends den Teddy ins Bett und schauen, ob es dem auch gut geht und er vielleicht noch eine Decke braucht, so wie sie es mit Mädchen und ihren Kuscheltieren und Puppen spielen. Sorgearbeit wird Jungen nicht nahegebracht – nicht für sich selbst, auch nicht für andere. Den Stress, den sie später in der Familie erleben, wenn sie sich mit ihrer Frau um die Care-Arbeit streiten, würden auch sie sich gerne sparen.

Der Wirtschaftswissenschaftler Boris von Heesen veröffentlichte 2022 ein Buch mit dem Titel *Was Männer kosten*, in dem er aufzählt, wie toxische Männlichkeitsbilder der Krankenkasse, dem Rechtsapparat und anderen Institutionen zur Last fallen. Das tun sie nicht, weil Männer davon profitieren, im Gegenteil. Sie tun es tatsächlich, weil wir weiterhin erwarten, dass Männer stark sind, nicht rumheulen, erfolgreich und potent sind. Nicht umsonst erleben jugendliche Männer eher Depressionen und Suizidgefahr, Alkohol- oder Spielsucht und kriminelle Gefährdung. Das ist ätzend, das ist ein Nachteil in allen Vorteilen des Männlich-Seins. Wir müssen benennen können, dass dies am Patriarchat liegt.

Sind wir gefangen in der Patrix?

Als ich einmal für einen bekannten Radiosender intern einen Vortrag über Sexismus in Medien und Marketing hielt, war ich mit einer spannenden Zuhörerschaft konfrontiert: Anstatt nur die Redaktion einzuladen, waren auch Tonmischer, Tonangler oder Cutter zugegen, die gesamte leider noch rein männliche Technik. Nach dem Vortrag kamen Fragen und Kommentare. Ein Mann aus der Technik meldete sich. »Sagen Sie mal, ich verstehe das nicht und es geht mir echt auf die Nerven: Sie sprechen ständig davon, dass Männer mehr privilegiert sind. Aber wo bitte bin ich mehr privilegiert als unsere weibliche Redaktionsleiterin? Wer verdient mehr? Wer hat hier mehr Macht? Ihr redet euch das patriarchale System doch echt schön – oder auf jeden Fall so, dass es euch in den Kram passt. Ich habe hier gar nichts zu melden!« Seine männlichen Kollegen spendeten lauten Beifall.

Ich stimmte dem Mann zu. Richtig, es gibt viele Fälle, in denen man von männlichen Privilegien wenig spürt. Der Obdachlose vor unserem lokalen Aldi schaut die junge Marketingleiterin an, die morgens ihre angrenzende Wohnung verlässt. Die Bauarbeiter pfeifen einer Schülerin nach, die gerade Abitur macht und schon jetzt ein Stipendium für Oxford in der Tasche hat. Nicht jede einzelne männliche Person ist privilegiert. Und dennoch wird jede weibliche Person, die nachts quer durch einen dunklen Park nach Hause gehen muss, wissen, wie es sich anfühlt, ihren Schlüssel in der Tasche fester zu krallen, als mögliche Waffe gegen einen meist männlichen Angreifer. Jede siebte Frau hat schon sexualisierte Gewalt erlebt und rund 90 Prozent sexuelle Belästigung – die Zahl gilt nicht für Männer. Jeden dritten Tag wird in Deutschland eine Frau von ihrem Partner ermordet – nicht umgekehrt. Altersarmut ist vorrangig weiblich. Wir haben nur 34 Prozent Frauen im Bundestag und damit weniger weibliche Mitsprache in der Politik. In Unternehmensvorständen sieht es noch schlimmer aus. Deutsche Familienunternehmen sind Schlusslicht in Europa, wen es darum geht, Frauen in die Führung zu fördern: Dort befinden sich nur sieben Prozent Frauen, wie eine Studie der Berliner AllBright-Stiftung im Mai 2022 zeigte. Dies sind nur einige der Punkte, die klar zeigen, dass im Durchschnitt Frauen größeren Aufholbedarf haben, sich sicher zu fühlen, in Wirtschaft und Politik sowie Medien repräsentiert zu sein und ihre Rechte gewahrt zu sehen.

Als ich dies erläuterte – und das Verständnis für seine persönliche Wut – war der Mann zugänglicher für diesen für ihn neuen Gedanken. Ein anderer fragte: Was könne man denn als Mann tun, damit Frauen sich sicherer fühlten? Wir sprachen noch lange an diesem Abend über einfache Dinge, die jeder beherzigen kann: In dunklen Gassen die Straßenseite wechseln, wenn eine Frau vor einem geht, damit sie sich nicht bedroht fühlt. Einer Frau zur Seite springen, wenn sie von einer Gruppe Männern angemacht wird. Sich laut gegen Sexismus aussprechen. All dies bedeutet nicht, dass man selbst »schuldig« ist oder sich so fühlen sollte. Sondern man handelt schlicht, weil man kann. Weil es relativ einfach ist, einer Frau oder weiblich gelesenen Person die Angst zu nehmen oder einen Freund zu bitten, sexistische Sprüche zu unterlassen, zumindest, wenn man selbst dabei ist. Es ist leicht zu erklären, dass »Jungen sind nun mal Jungen!« ein blöder, überholter Ausspruch ist. Jeder kann verstehen: Jungen werden von frühauf dazu erzogen, Mädchen abzuwerten, sich miteinander zu messen, wie überlegen man ist, und wie sehr man Frauen kontrollieren kann. Das ist nicht cool, das ist Teil des Patriarchats.

Der Historiker Kai Michel und der Evolutionsbiologe Carel von Schaik[35] haben ein wunderbares neues Wort kreiert, um die Komplexität unseres Privilegien-Gefälles zwischen Mann und Frau neu zu beschreiben. Statt des Patriarchats sprechen sie von der »Patrix«. Denn wie die Matrix – der gleichnamige berühmte Film mit Keanu Reeves – ist das Patriarchat ein Gewebe, in das alle Teilnehmenden so eingeflochten sind, dass sie nicht automatisch wissen, dass es ein System ist. Ungleich der Matrix sitzen aber dahinter keine Maschinen, die von diesem System profitieren. Ob Männer – mit mehr Herzinfarkten, Alkoholmissbrauch, weniger tiefen sozialen Kontakten und mehr Depressionen – unbedingt vom Patriarchat profitieren, darf nämlich tatsächlich hinterfragt werden. Das System läuft nur seit Jahrhunderten schnurrend vor sich hin wie ein einmal installiertes Computerprogramm, das nie ausgetauscht wurde. Was jedoch nicht hinterfragt werden kann, ist, dass Frauen viele Nachteile haben, die es für sie dringlicher machen, dieses System zu ändern – und dass sie die Ersten waren, das alles überhaupt zu erkennen. Deshalb heißt es auch Feminismus. Denn Humanismus hat ja »nur« den Menschen im Blick –

und »der« Mensch wird, wie in unserer Sprache, primär als Mann gedeutet.

Fest steht auch, dass Männer diejenigen sind, deren Handeln die Patrix verschieben und verändern kann. Sie sind es, die Morpheus rote Pille schlucken und wie Neo sagen können: Ich will mehr wissen, Strapazen auf mich nehmen und hinter die Patrix schauen. Ich will handeln, damit die Leidtragenden – und damit sprechen sie auch von sich selbst – befreit werden können. Wenn Sie Männer kennen, die dazu bereit sind, geben Sie ihnen dieses Buch – als ersten Krümel einer solchen roten Pille. Vielen Dank!

Wann wir zu streng mit der radikalen Jugend sind

Im Film Matrix sind die Unterdrückten tief im Inneren der Erde nicht umsonst zum Großteil Schwarz oder weiblich. Ihr Zuhause heißt Zion. Da wären wir wieder beim intersektionalen Feminismus, der Mehrfach-Diskriminierungen sichtbar macht. Matrix kam 2022 mit einem Sequel in die Kinos und meine Kinder fragten mich, ob ich die Original-Trilogie in den 1990er-Jahren gesehen habe. »Die Frage ist: Wie viele mal ich sie gesehen habe!«, lachte ich. Und obwohl mit mir damals Millionen andere Menschen Matrix sahen, vielleicht sogar mehrmals, und wir den Widerstand gegen das Böse – verkörpert in weißen männlichen Agenten – feierten, waren wir uns vieler Ungerechtigkeiten, die der Film repräsentiert, auch damals nicht gewahr. Die Programmierung der Matrix, stellt sich im Film heraus – und man staunt, weil man das nicht erwartet hätte – stammt von einer Schwarzen Frau.

Auch heute noch radiert die Geschichtsschreibung das Werk von Frauen, insbesondere nicht-weißer Frauen, regelmäßig aus.

Junge Leute lesen heute viel über diese Ungerechtigkeiten auf den feministischen Social-Media-Kanälen, die sie abonniert haben. Sie wissen, dass der berühmte Elvis-Song »Hound Dog« für die Schwarze Sängerin Willie Mae Thornton geschrieben und von ihr zuerst interpretiert wurde. Er war ein früher feministischer Song. Sie verdiente daran nur einen Bruchteil der Summe, die Elvis später dafür einnahm, als der Song umgeschrieben und jeder Feminismus daraus entfernt worden war.[36] Die Kids wissen, unter anderem durch den Netflix-Film *Hidden Figures* (2016), dass die Raumfahrt durch mathematische Entwicklungen Schwarzer Wissenschaftlerinnen in Zeiten der »Rassentrennung« unter harten Arbeitskonditionen berechnet wurde – nicht von weißen Männern, die den Erfolg lange für sich beanspruchten. Für viele junge Menschen ist das Thema »Wer hat was erfunden und bekommt heute Anerkennung dafür?« ein wichtiges, denn es ärgert sie, dass Opa Elvis feiert, von »Big Mama« Thornton aber keine Ahnung hat, oder Papa eine »Rasta-Perücke« für Karneval kauft und nicht weiß, dass er nicht einfach Schwarzer »spielen« kann. Sie haben hier ein Thema, in dem sie definitiv besser sind als wir.

Aufgrund der hohen Sensibilisierung der Jugend gegenüber geistiger oder kultureller Aneignung verwundert es nicht, dass bei einer großen Hamburger Demonstration der Bewegung Fridays for Future im Frühjahr 2022 eine weiße Musikerin, die Dreadlocks trug, ausgegrenzt und ihr Auftritt kurzfristig abgesagt wurde. Ärgerlich ist es trotzdem, weil jeder Akt des »Cancelns« nach hinten losgeht: Die »Zensur« bleibt eher in Erinnerung als die Einzelheiten der Auseinandersetzung. Nur, was hätten die jungen Organisator*innen von Fridays for Future machen sollen? Der Shitstorm aus ihren eigenen Reihen, von einer Generation, die sich intensiv mit Rassismus und Sexismus beschäftigt, wäre vor dem Auftritt massiv und die Atmosphäre beim Konzert für die junge Frau furchtbar gewesen. Selbst ein Thematisieren hätte nichts gebracht – das konnte nur im Nachhinein über die Medien geschehen. Eine schwierige Situation, die für das mediale Außen nach »Cancel Culture« riecht. Faktisch ist das auch zutreffend. Und für zu viele wird die Aktion leider auch als solche hängen bleiben. Aber genervt zu sein, dass manche gesellschaftlichen Prozesse einfach viel zu langsam gehen: Genau das ist die Natur der Jugend, wie wir schon mehrfach gezeigt haben. Gerade deshalb müssen wir auf ihre Radikalität unsere Freundlich-lächeln-Arbeit obendrauf setzen. Dringend!

Denn die vielen Diskussionen dazu, die medial aufgearbeitet wurden, erreichen meist nur ein Mitte-links sozialisiertes, akademisches Publikum. Man streitet sich, ob es nicht anti-feministisch war, eine Frau auszuladen. Gerade in der Musikbranche, bei Festivals und Konzerten, fehlen die Frauen. Nicht, weil es weniger Musikerinnen als Männer gibt oder weil diese weniger begabt wären – sondern weil Musik, egal ob Rock oder Pop, weiterhin eine zutiefst männliche Branche ist. Gerade deshalb engagieren sich feministische Vereine und inzwischen auch Prominente wie die Entertainerin Carolin Kebekus für Konzerte, in denen mehr Frauen auftreten. Eine Musikerin auszuladen ist also erst mal kontraproduktiv für die Förderung von Frauen an sich. Andere fragten: Darf man jetzt nicht einmal mehr Dreadlocks tragen? Nur weil Dreadlocks auch in Kulturen mit Kolonialismuserfahrung wie bei den Rastafaris auf Jamaica sowie den Hindus in Indien als spirituelle Zierde bekannt sind? Gab es die nicht schon immer – nämlich überall, wo man nicht mit Conditioner duscht, fließendes Wasser hat und regelmäßig die Haare wäscht? Bei den Wikingern zum Beispiel? Auf jeden Fall ist vom König von Norwegen um 1600 n. Chr. bekannt, dass seine verfilzten Haare eine Modewelle auslösten und Filzhaare damals en vogue waren. Anders drücken verfilzte Haare im Westen auch einen mentalen Stinke-finger gegenüber der bürgerlichen Gesellschaft aus. Darüber, ob man Filzhaare tragen oder nicht tragen darf, streiten gerade viele Menschen, und Streitereien sind ermüdend. Aber solange genug Menschen diese Meinungsverschiedenheiten aufnehmen und res-pektvoll miteinander debattieren, kommen wir voran. Wenn also weniger Medien »Dreadlocks-Trägerin gecancelt!« twittern wür-den, sondern informative, kurzweilige Artikel zur Frage veröf-fentlichen, wo Dreadlocks herkommen könnten, und Menschen einladen, sich darüber auszutauschen, wäre viel gewonnen. Liebe Journalist*innen: Das war mein Verantwortungs-Wink mit dem Zaunpfahl.

DREI

#MeToo – wird heute etwa alles gecancelt?

#MeToo oder #OhneUns?

»Dann mach doch die Bluse zu!«, polterte die Publizistin Birgit Kelle im Titel ihres gleichnamigen Bestsellers, nachdem die Journalistin Laura Himmelreich den FDP-Politiker Rainer Brüderle der sexuellen Belästigung beschuldigt hatte. Kelle drückte damit schon einige Jahre vor #MeToo eine Meinung aus, die auch heute noch weitverbreitet ist. »Meine Güte«, hören wir oft genug im Bekanntenkreis, »darf man Frauen denn gar keine Komplimente mehr machen?« Oder: »Wer sich sexy anzieht, muss doch auch mit anzüglichen Kommentaren rechnen!« Ein bis vor wenigen Jahren wenig hinterfragtes Naturgesetz, dass sexuell aktive Männer Frauen ungefragt mitteilen, dass sie diese für begattungswert befinden, steht seit einigen Jahren Kopf. Heute wird gefühlt alles »gecancelt«, was Frauen sexualisiert: Werbekampagnen, anzügliche Sprüche von Politikern oder eben Songtexte. Im Sommer 2022 war es der Schlagersong »Layla«, in dem DJ Robin & Schürze die »Puffmutter« Layla besangen und feierten, dass sie »jünger, schöner, geiler« ist. Das Musikvideo dazu[37] zeigt ein Mallorca-Partymilieu, das keinen Anspruch auf Hochkultur hat. Ebenso

81

wenig künstlerisch erhaben sind der Text und die Komposition des Songs. »Layla« ist ein ganz profanes Feierlied mit simplem Refrain, das mit genug Sangria im Blut sehr laut gegrölt werden kann – ähnlich wie »Skandal im Sperrbezirk« der Spider Murphy Gang in den 1980er-Jahren. Wieso darf dieser ausgelassene Spaß Gästen am »Ballermann« oder auf dem Münchner Oktoberfest nicht gegönnt werden?

Im Juli 2022 entbrannte um »Layla« eine mediale Debatte[38], nachdem die Stadt Würzburg die Bitte geäußert hatte, den Nummer-1-Song nicht auf einem städtischen Volksfest zu spielen. Dass ein Lied, in dem es um Sexarbeit und sexuelle Erregung geht, nicht für ein Familienfest taugt, bei dem kleine Kinder zugegen sind: Eine solche Entscheidung der Verantwortlichen könnte sich am Jugendschutz orientieren und wäre damit leicht verständlich. Die enorme Wut über den Schritt der Stadt löste jedoch einen Eklat aus. Er warf einmal wieder die Frage auf: Wo beginnt Sexismus? Während manche Rap-Songs weitaus sexistischer sind, wurde »Layla« zum Symbol im Streit zwischen woken Akademiker*innen und Menschen, die sich keiner politisch-korrekten Diktatur beugen wollen. Tabloid-Medien witterten »Verbote« oder »grüne Ideologie« und schimpften, dass diese nur in Deutschland so schlimm sei.[39] Der Song wurde ein Protestlied, ein Soundtrack für Gegner*innen der »Genderdiktatur«. An deren rechtem Rand wettert Birgit Kelle gemeinsam mit Beatrix von Storch gegen legale Abtreibungen und Gendersprache. Antifeminismus nennt man diese Haltung, die auch von Frauen getragen wird.

So wie man fragen kann, wo Sexismus beginnt und welche Lieder man noch spielen darf, könnte man fragen, wo Antifeminismus seinen Ausgangspunkt nimmt. Ist schon die Frage, ob »Layla« wirklich sexistisch ist, antifeministisch? Darf man laut aussprechen beziehungsweise johlen, dass viele Männer auf junge,

schöne Frauen stehen? Im begeisterten Mitsingen des Songs for-
miert sich eine genervte Haltung von Menschen, die der politischen Korrektheit den Spiegel vorhalten wollen: »Aber Männer
sind nun mal so! Das ist Natur! Das war schon immer so!« Und
gerade junge Frauen, die mitmachen, drücken damit aus: »Und
jetzt hört auf, uns den Spaß zu verderben! Den Spaß, von ihnen
begehrt zu werden!«

Wenn bei der Debatte Frauen gegen Frauen kämpfen, fragt sich,
wer hier die Feministin ist. Denn dabei geht es bei dieser Auseinandersetzung im Kern. Auch Birgit Kelle sagt, sie sei Feministin.[40] Eine, die die »Natur« nicht leugnen will, in der Männer Alpha-
tiere seien. Dieses Mannsein erkennen Kelles Kritikerinnen aber
nicht als »Natur« an, sondern beschreiben es als »Sozialisierung«:
Männer sind nur deshalb »nun mal so«, weil sie im Patriarchat mit
»toxischen Männlichkeitsbildern« groß werden. So kommt es zu
einem übergriffigen männlichen Verhalten, das Frauen nachhaltig benachteiligt, aber vor allem durch Erziehung und Aufklärung
verändert werden kann. Dieses Verhalten entstand erst durch die
jahrhundertelange Unterdrückung von Frauen und wird als »natürlich« gelesen und legitimiert. Eigentlich dient es aber dazu, die
minderwertige Position von Frauen in Wirtschaft, Politik und Gesellschaft festzuschreiben. Und obwohl es sich selbstredend großartig anfühlt, begehrt zu werden, weist diese Seite darauf hin, dass
es sich weitaus großartiger anfühlt, nicht ständig für sein Äuße-
res bewertet zu werden oder nur Anerkennung zu finden, wenn
man nach sehr engen, schwer zu erreichenden Kriterien sexuell
attraktiv ist.[41] Doch in einer Welt, in der sich Frauen für Männer schön zu machen hatten und sich über jede Aufmerksamkeit
freuen mussten, in der Frauen zu oft von Männern finanziell abhängig waren, war diese emanzipierte Haltung jahrhundertelang
tabu.

Was #MeToo bei Frauen auslöste

Generationen von Frauen haben gelernt, von Männern ausgesprochene Abwertungen als nette Aufmerksamkeit zu deuten. »Jungs sind nun mal so«, »Stell dich doch nicht so an, das war doch nett gemeint« oder »Was sich liebt, das neckt sich!«, hieß es gerne. Der Sekretärin die Wange tätscheln und »Gut gemacht, Mädchen« raunen, war »ein Lob vom Chef«. Bauarbeiter, die einem auf der Straße hinterherpfiffen, bezeugten einer Frau ihre Wertigkeit als weibliches Wesen. Vom Sitznachbarn in der sechsten Klasse unter den Rock gefasst und in Po oder Oberschenkel gezwickt zu werden, war »doch witzig«, »eine Mutprobe« oder »die Art, wie Jungen sich sexuell eben annähern«. Abends noch mit dem Vorgesetzten essen gehen zu müssen, weil dessen Frau nun mal nicht zu Hause ist und er nicht alleine essen gehen wolle, oder eine Gehaltserhöhung nur zu bekommen, wenn man über die sexistischen Witze des Chefs lacht und sich mit ihm über »hässliche« Mitarbeiterinnen lustig macht: All dies diente viele zu lange einem System, in dem Frauen sich selbst ihre Verletzungen durch übergriffige Kommentare oder Berührungen nicht eingestanden. Überdies lernten sie, sich und andere Frauen aus Männersicht zu bewerten und oft »Nun hab dich nicht so!« zu sagen. Überleben in dem Sinne, eine angesehene Position in der Gesellschaft einzunehmen – als Ehefrau, Geschäftsmannsgattin, Sekretärin oder anderweitig berufstätige Frau – ging nur, wenn man erfolgreich in ein System hineinerzogen wurde, in welchem Männer die Regeln aufstellen, und dieses System auch unterstützte.

Frauen, die täglich perfekt geschminkt und frisiert waren und in einer Zeitschrift oder auf einem Werbeplakat eine halb nackte Frau irgendein Produkt bewerben sahen, lernten zu sagen: »Wie ästhetisch!« und »Ich schaue mir das auch gerne an, du nicht auch?«.

Ohne sich je zu fragen, warum seit den alten Griechen nirgendwo mehr nackte, vulnerable und für einen sexualisierenden Blick posierende Männer gezeigt wurden. Ohne sich je zu fragen, warum Männer meist angezogen und mächtig dargestellt wurden. Warum Männer Bierbäuche bekamen und man sich nicht zuraunte: »Der lässt sich aber etwas gehen, wie der jetzt noch eine Frau abbekommen soll …« Frauen lernten, sich gegenseitig zu überwachen aus Angst, eine könne mehr von dem kleinen bisschen Sichtbarkeit und Macht abbekommen, die für sie bereitstanden, während Männer sich gegenseitig die Karriereleiter emporhalfen und die Posten zusprachen. Frauenkonkurrenz gegen Männerbünde. »Germanys Next Topmodel« gegen Altherrenklubs in der Wirtschaft.

Das System wurde flankiert: Seit der Industrialisierung durch Werbebilder, die Frauen täglich sahen, Bilder von lieb lächelnden und unerreichbar schönen Frauen, die irgendwelche Produkte verschönerten und anpriesen. Diese Darstellungen wurden lange nicht hinterfragt. Nie waren Frauen in der Werbung als Macherinnen sichtbar, nicht als politisch oder wirtschaftlich Mächtige, nicht als sexuelle Prädatoren wie Männer. Sondern als nette, lasziv lächelnde Dekoration, höchstens mit der Macht versehen, Männern einen Ständer zu bereiten. »Die Macht der Frauen« wurde rein erotisch gedeutet.[42] Aber was für eine Macht ist das, wenn seit Jahrzehnten jeden dritten Tag in Deutschland eine Frau von ihrem Partner ermordet wird?[43] Wenn jede siebte Frau sexualisierte Gewalt und rund 90 Prozent sexualisierte Belästigung erlebt hat?[44] Wenn Frauen bis heute politisch und wirtschaftlich noch eine Nebenrolle spielen und eher als Männer in die Altersarmut abdriften? Bilder weiblicher Unterlegenheit transportierten auch Unterhaltungsmedien, Theaterstücke und später Fernsehserien und -filme, in denen Frauen selten älter als 35 Jahre waren und in ihren dargestellten Rollen wenig Macht hatten, während Männer grau meliert und dickbäuchig Ansagen machten, Geschäfte führten und regierten.[45] Diese Theaterstücke und Filme inszenierten männliche Regisseure. Ebenso standen Zeitungs- und Medienredaktionen und ihren zu oft von Männern geschriebenen Weltsichten männliche Chefredakteure vor, die ihre Macht und patriarchalen Sichtweisen nie reflektieren mussten.[46]

●

Mit dem Hashtag #MeToo hatte die Aktivistin Tarana Burke 2006 ursprünglich auf sexuelle Gewalt an afroamerikanischen Frauen aufmerksam gemacht. Aber erst 2017 kam #MeToo wie eine Riesenwelle, ein Kaventsmann von Shitstorm, ins Rollen und eroberte das Netz. Er stand für den ersten weltweiten Bund von Frauen und ihr gegenseitiges Versprechen, sich aus der Unterdrückung zu erlösen. »Ich auch.«: Mehr mussten Frauen nicht in ihre Social-Media-Accounts schreiben, um anderen Frauen zu sagen, dass auch sie sexualisierte Belästigung oder Gewalt erfahren und in den meisten Fällen noch nie mit irgendwem darüber gesprochen hatten. Aus Scham, aus Angst, zu hören: »Ach bitte, jetzt stell dich doch nicht so an! Du bist doch überspannt! Das war doch gar nichts!« Oder: »Wieso hast du nicht früher was gesagt? Pffft, das ist jetzt etwas verjährt, oder nicht?«

Der Verjährungsgedanke galt jetzt zumindest in den sozialen Medien nicht mehr. Die Welle rauschte wie ein Tsunami in jede Redaktion. Unzählige Berichte, Recherchen und Porträts von Betroffenen gaben Frauen Mut, ein Unwohlsein auszusprechen, das sie nie hatten artikulieren können. Betroffene sexualisierter Gewalt meldeten sich aus Firmen und Medien. Besonders in der Filmbranche Hollywoods wagten Frauen endlich, auszusprechen, wie teuer und schmerzhaft sie ihre Karrieren hatten bezahlen müssen. Der Filmproduzent Harvey Weinstein kam 2020 nach einem langen Prozess für seine Sexualverbrechen für 23 Jahre hinter Gitter. Die Schauspielerin Alyssa Milano hatte ihre Kolleginnen sowie alle Frauen aufgerufen, sich während des Weinstein-Skandals zu melden, ob auch sie schon sexuelle Belästigung oder Gewalt erfahren hatten.

Die Reaktion war gigantisch: Als sich starke Ikonen wie Salma Hayek, Kate Beckinsale, Gwyneth Paltrow und später auch Angelina Jolie bekannten, schon vor Jahrzehnten unter Weinstein gelitten zu haben, trauten sich immer mehr Frauen, von ihren Erfahrungen mit sexualisierten Übergriffen zu berichten. Die Sichtbarkeit der Hollywood-Größen gab nur den Anstoß dafür, das Phänomen der weiblichen Unterdrückung durch Sexualisierung, ab jetzt nur noch #MeToo genannt, überall anzusprechen. Selbst in den deutschen Theatern kam die Debatte 2022 an –, fünf Jahre später, aber immerhin, nachdem auch mich über die Jahre viele Hilferufe aus deutschen Ensembles erreichten. Aber in Deutschland mahlen die Mühlen, wie wir wissen, oft sehr viel langsamer. Nirgendwo sonst in Europa sind so wenig Frauen in der Führung von Unternehmen.[47] Vergewaltigung in der Ehe wurde erst 1999 strafbar. Ein Schwangerschaftsabbruch ist hierzulande für alle Beteiligten eine Straftat, es gelten nur wenige Ausnahmen. Unsere Körper gehören noch immer nicht uns.

Von Anfang an mehr als »nur« sexuelle Belästigung und Gewalt

Wer heute #MeToo googelt, ist erstaunt, in wie vielen Bereichen das Phänomen der Sexualisierung und Unterdrückung von Frauen aktuell diskutiert wird. In Parteien, im Rundfunk, Theater, in Medienanstalten und der Wirtschaft wird jahrelanger Macht-missbrauch analysiert. Gleich am Anfang der #MeToo-Debatte lud mich der NDR in Hamburg für eine interne Aufarbeitung aufs Podium ein. Per Intranet konnten sich alle Mitarbeitenden der ARD Deutschland bundesweit zuschalten. Im Raum stand die große Frage: Wo fängt #MeToo an? Eine Kurzdokumenta-tion von Volontärinnen beim Nachrichten-Magazin »NDR Zapp« hatte gezeigt, wie sehr sich junge und auch ältere Journalistinnen von männlichen Mitarbeitern belästigt fühlten[48]. Manchmal war es »nur« der paternalistische Spruch oder die übergriffige Hand eines älteren Kameramannes an der Taille einer eingeschüch-terten Auszubildenden. Aber in einem System, das darauf fußt, Machtverhältnisse durch manchmal auch nur vermeintlich kleine Gesten und Bemerkungen zu zementieren, gewinnen auch diese »Kleinigkeiten« große Bedeutung. Als dies zur Sprache kam, ging ein genervtes Raunen durch das Publikum: »Wirklich? Auch das geht jetzt nicht mehr? Ist die nicht selbst schuld, wenn sie nichts sagt?«

Diese Genervtheit ist der Status quo einer patriarchalen Gesell-schaft, in der bisher nie klar thematisiert wurde, wo Grenzen zu liegen haben. Sicherlich wirkt es anstrengend, wenn man nicht das gesamte Bild vor Augen hat und nur ein minikleiner Aus-schnitt davon moniert wird. Das kann doch nun wirklich nicht so schlimm sein, wenn der Chef mein hübsches Kleid kommen-tiert, in dem meine Figur so schön zu Geltung komme! Warum irritiert eine das trotzdem? Die Frage kann mit der Umkehrprü-fung beantwortet werden: Dürfte man Gleiches auch dem Chef sagen? Dass er aber besonders hübsch in seinem neuen Anzug aussieht? Natürlich nicht. »Sehr schicker Anzug, Chef!« geht ge-rade noch, wenn ein joviales Verhältnis besteht. Aber eigentlich steht es Untergebenen nicht zu, die äußerliche Attraktivität von

Ranghöheren zu bewerten. Das Alphatier muss nicht bestätigt werden, es regiert schon. Besonders Worte wie »hübsch« verniedlichen eine Person eher und deuten an, dass sie Bestätigung willkommen heiße oder brauche. Ob die Figur gefällt, ist eine Bewertung der sexuellen Attraktivität. Ob ich meinen Chef sexy finde, behalte ich aus Respekt für mich – weil alles andere als sexuelles Interesse oder Grenzüberschreitung gedeutet werden kann. Das wäre umgekehrt auch eine Verletzung der Grenze, die zwischen mir und meinem Vorgesetztem besteht, der meine berufliche Leistung, nicht meine Attraktivität beurteilen soll.

●

Der Griff an die Taille oder der anzügliche Kommentar ist überall dort das Problem, wo Männer Macht haben und Frauen weniger. Wenn mir der Chef die Hand auf die Schulter legt, während er hinter mir vor meinem Rechner steht, kann ich schlecht sagen, dass er das bitte sein lassen soll. Er würde es wahrscheinlich auch eher selten bei einem männlichen, jüngeren Mitarbeiter tun, da Grenzen körperlicher Nähe bei Männern fester gezogen werden: Sie begrüßen sich eher selten mit einer zärtlichen Umarmung oder einem Kuss auf die Wange. Wo käme man denn da hin! »Männer sind doch keine Mädchen!« Alleine darin ist die Abwertung sichtbar, die Weiblich-Sein in einer Männerwelt mit sich bringt. Als gelte das männliche Diktum: »Ich darf dich jederzeit zärtlich anfassen oder dir mitteilen, ob du meinen Ansprüchen an Frauen genügst, und du hast dem nicht zu widersprechen.« Denn widerspricht eine, ist sie »anstrengend«, zeigt mal wieder »Befindlichkeiten«, ist »spaßbefreit« und – der Todesstoß! – womöglich auch noch »Feministin«. Die geringere Teilhabe an beruflichen Aufstiegschancen sowie finanzieller und politischer Macht lehrte

Frauen jedoch durch die Generationen, Männern zu schmeicheln. Mädchen lernten früh, viel zu lächeln und sich wenig zu beschweren. Dahinter steckte die Angst vor der Abwertung, die als Konsequenz weniger Teilhabe oder ultimativ sogar Ausgrenzung oder Gewalterlebnisse zur Folge haben kann. Oder sie lernten sogar, die Beschwerden nicht mal zu fühlen. Etwas, wofür wir keine Worte haben, weil Feminismus tabu war und nicht gelehrt wurde, das kann auch nicht oder nur als diffuses Unwohlsein gefühlt werden. Und wenn dieses diffuse Unwohlsein auf eine Gesellschaft trifft, die »Nun hab dich mal nicht so« zischt, erstickt der Impuls, dem Gefühl nachgehen und es definieren zu wollen, im Keim. Dann scheint man sich da wirklich etwas eingebildet zu haben.

Durch die Bewegung rund um #MeToo wurde dieser Grundhaltung, dass da doch gar nichts sein kann, erstmals Einhalt geboten. Die Zeit war gekommen, deutlich aufzuzeigen, wie begrenzt der Spielraum für Mädchen und Frauen ist, »Nein!« zu sagen, ohne dadurch wirtschaftliche oder berufliche Nachteile zu erfahren. Die Zeit war gekommen, klar zu beschreiben, wo #MeToo begann: in einer Welt von Geschlechterklischees, die schon unseren Kindern zuweist, welche Bereiche für sie bestimmt sind und in welchen sie laut werden dürfen.

●

Noch immer werden Mädchen Grimms Prinzessinnen als Vorbild vorgehalten. Dort darf sich ein Aschenputtel freuen, nach großem Leid vom reichen Prinzen erlöst zu werden, oder ein Dornröschen, das ungefragt vom reichen Prinzen im Schlaf geküsst wird. »Wie romantisch!«, seufzte man früher; genau wie in Weiß, also »unbefleckt«, zu heiraten. Die passive Rolle, in die Frauen ab der Geburt gedrängt wurden, hinterfragten unzählige Frauen nach

#MeToo in den Medien, besonders in den sozialen Netzwerken. Noch immer werden kleine Mädchen als »süß« beschrieben und Jungen als »frech«, werden kleine Mädchen animiert, dem armen, so müde aussehenden Opi mal einen Tee zu holen und Jungen zum Spielen in den Garten geschickt, wenn Verwandtschaft kommt (»Die können ja nicht stillsitzen, die Armen«). Mädchen kümmern sich, füttern Puppen, sind niedlich und dankbar, während Jungen »sich die Hörner abstoßen« und mit Rittern, Pumpguns oder Star-Wars-Lego spielen. Dass Großbritannien 2019 und Spanien 2022 klischeehaftes Gender-Marketing in der Spielzeugwerbung verboten, war eine direkte Folge der #MeToo-Diskussionen.

Kein Kleid ist eine Einladung

Das sicher schwierigste Thema der #MeToo-Bewegung ist die Handlungsfähigkeit von Frauen. Warum sagen viele nicht klar, was für sie akzeptabel ist und was nicht geht – oder warum haben sie es in der Vergangenheit nicht getan? Wieso kommt so plötzlich eine Debatte auf, obwohl es doch anscheinend jahrzehntelang gut ging am Arbeitsplatz zwischen Mann und Frau? Wieso kann eine nicht deutlich sagen: »Lass deine Hände bei dir!« oder »Hey, ich bin nicht dein Mäuschen, dass das mal klar ist!«? Wieso unterbindet eine Betroffene ein Zu-weit-Gehen nicht schon im ersten Moment, bei der erwähnten Hand auf der Schulter, mit einem nüchtern-freundlichen Hinweis wie: »Diese Berührung ist mir unangenehm, würden Sie bitte die Hand wegnehmen? Danke.« Sie tun es nicht, weil durch jeden dieser Kommentare der Arbeitgeber als übergriffig dasteht, als abgewiesener Trottel oder sonstwie als »falsch«. Untergebene – also meist Frauen – tun es ihren

Chefs nicht an, sie bloßzustellen. Sei es aus Angst vor Konsequenzen wie Ablehnung, berufliche Benachteiligung oder Kündigung, oder aus typisch weiblicher Sozialisierung. Was, wenn sie selbst falsche Signale gesetzt hat? Das Gefühl, schuld zu sein, wird Mädchen schon früh eingetrichtert. Nicht umsonst zeigte eine kanadische Studie der University of Waterloo, dass sich Frauen sehr viel häufiger als Männer entschuldigen – viel zu oft. Und das sogar, obwohl sie nicht wirklich schuld sind. Sie haben einfach viel weniger Gefühl dafür, wenn jemand sich stattdessen bei ihnen entschuldigen müsste.[49] Der Aufruf »Stop saying sorry!«, der über die letzten Jahre von verschiedenen großen feministischen Accounts durch die Netzwerke strömte, zeigt, wie wichtig diese Botschaft für Frauen heute ist.

Das liegt nicht daran, dass Frauen irgendwie die »Veranlagung« fehlen würde, sich zu verteidigen: Während Jungs schon früh zur Bewegung motiviert werden, auch zu eher ruppigen Sportarten, in denen sie sich körperlich durchsetzen müssen, wird bei Mädchen generell stärker auf soziales Verhalten geachtet. Schon früh wirkt Erziehung in unseren Kulturkreisen darauf hin, dass Mädchen ein fundamental anderes soziales Selbstverständnis entwickeln als Jungs, beispielsweise durch die Förderung von Spielverhalten wie Puppenpflege, sich selbst für andere schön machen oder anderen eine Freude bereiten. Mädchen lernen schon früh einzuschätzen, wie sie auf andere wirken, ob dieses Wirken verärgert oder Begeisterung erweckt. Sie lernen sich selbst so zu bewerten, wie Frauen in dieser Welt bewertet werden: Sie sollen nach wie vor etwas lieblich, hübsch und zart sein, während Männer für Durchsetzungsvermögen und sehr oft noch für Draufgängertum geschätzt werden.

Mit Vorbildern wie hübschen und jungfräulichen Prinzessinnen, die durch ihre edle Art von reichen Prinzen auf Händen getragen werden, ist es kein Wunder, dass Mädchen sich »schuldig« fühlen, wenn sie sexuell belästigt werden. Erst seit einigen Jahren thematisieren Frauenmagazine weibliche sexuelle Lust, bis vor wenigen Jahrzehnten schien es, als würde Sexualität Frauen »irgendwie passieren«, aber nie von ihnen ausgehen. »Passierte« sie ihnen auch noch ungewollt, mussten sie irgendetwas drastisch falsch gemacht haben. Über Jahrzehnte erklärten Eltern ihren Töchtern, wie sie sich gegen Übergriffe schützen könnten: »Zieh dich nicht so sexy an!«, »Lass dein Handy an, wenn du nach Hause gehst, sprich mit jemanden!«. Lange kam niemand auf die Idee, stattdessen laut zu fordern, schon in Schulen über Zahlen sexueller Gewalt zu sprechen und Jungen anzulernen, sich gegenseitig zu erziehen, keine sexistischen Sprüche zu tätigen oder Mädchen zu verängstigen oder zu bedrohen. Ebenso wie meine und die nachfolgenden Generationen nicht »schuld« am Holocaust sind und wir trotzdem in deutschen Schulen intensiv den Horror des Nationalsozialismus behandeln, damit so etwas nie wieder geschieht, ist kein Junge schuld an den hohen Zahlen sexueller Gewalt und Belästigung. Trotzdem wird er potenziell in einer Welt privilegiert sein, in der er nicht – wie Mädchen – zum Niedlichsein, sondern zum Raumeinnehmen erzogen wird. Trotzdem würde ein frühes Lernen über Sexismus die Zahlen drastisch verringern.

Dass Mädchen und Frauen sich stattdessen selbst um ihre Sicherheit kümmern müssen, erhöht das Gefühl, schuld zu sein, wenn ihnen etwas passiert. Die Scham, von einem Jungen oder Mann sexualisierte Belästigung, sexuelles Mobbing oder Gewalt erfahren zu haben, wiegt für Mädchen und Frauen nach wie vor riesig. Vor allem, weil sie ständig von anderen ermahnt werden, sich nicht so zu verhalten, dass sie angegriffen werden könnten. Darin wiederholt sich ihre frühkindliche Erziehung: Fall nicht auf, zieh dich keusch an, sei nicht zu wild. Erst neulich hörte ich zufällig eine Mutter, die zu einer Gruppe anderer Frauen sagte: »Meine Tochter kam neulich heulend nach Hause, weil sie – mit zwölf Jahren – in der U-Bahn von einer Gruppe Männern angemacht wurde. Ich habe ihr gesagt, da muss sie sich auch nicht wundern, bei den kurzen Hosen, die sie anhatte! Männer sind nun mal so!« Ein Polizist sagte 2012 einer Gruppe von Studierenden in Kanada, dass sie aufpassen sollten, wie sie sich kleiden, damit sie nicht vergewaltigt würden. Sie sollten nie wie »Schlampen« herumlaufen. Daraufhin starteten Studentinnen den ersten »Slutwalk« der Welt, den »Schlampenmarsch«. Der Marsch wird bis heute global, auch in Deutschland, immer wieder inszeniert. Frauen gehen dabei so sexy gekleidet, wie sie wollen, durch die Straßen und protestieren dagegen, dafür als »schuldig« gesehen zu werden oder als wandelnde Einladung, vergewaltigt zu werden. Mehrere prominente Ausstellungen tourten in den Jahren nach den Walks durch Europa. Zu sehen waren Kleidungsstücke, die Frauen anhatten, die tatsächlich vergewaltigt wurden: Darunter befand sich kein einziger Minirock, keine Hotpants.[50]

●

Die Angst, Männer zu erregen, »schuld« an der mangelnden Selbstkontrolle von Männern zu sein, ist in einer Gesellschaft begründet, die das kontrollierte Verhalten von Frauen strenger bewertet als das von Männern. Ungeachtet der tatsächlichen, juristischen Sachlage im Fall Johnny Depp und Amber Heard, wie sie sich im Mai 2022 in den Missbrauchsvorwürfen vor Gericht darstellte, hatte die Öffentlichkeit längst für Depp entschieden, bevor alle

Beweise »auf dem Tisch« waren: Der Filmstar, dessen Drogen- und Gewaltexzesse bekannt waren (er zertrümmerte einst ein Hotelzimmer im Wert von 10.000 Dollar), der schon in der Vergangenheit als Borderliner und Alkoholiker beschrieben worden war, hatte alle Sympathien, während die Schauspielerin Heard als »Zicke« und »Heulsuse« dastand. Ein wilder Hengst, der durch den Zaun geht, ist doch irgendwie immer wahnsinnig bewundernswert und faszinierend.[51]

Darf ich heute noch flirten?

Neulich kam ich mit dem Betreiber eines kleinen Einzelhandelsladens ins Schwatzen. Durch sein Schaufenster habe er vor Kurzem vier jugendliche Mädchen beobachtet, die etwas ziellos in der Einkaufsstraße herumstreunten. So, wie es Teenager oft tun: wahrscheinlich selbst nicht richtig wissend, wie sie die Zeit verbringen sollten, die in der Kindheit so klar mit außerschulischen Aktivitäten, Brett-, Verstecken- oder Puppenspielen strukturiert war – Beschäftigungen, die ab einem bestimmten Alter nicht mehr zur Verfügung stehen. »Die haben alle ihre Hupen hochgepusht gehabt, als schrien sie geradezu nach Aufmerksamkeit!«, kommentierte er die Gruppe von Mädchen. Das klang, ehrlich gesagt, weniger besorgt als empört. Er fügte hinzu: »Das war, als würden die sie dir direkt ins Gesicht pressen!« Der liebe Mann erzählte, er sei schon über sechzig Jahre alt und hat wohl selbst keinen regelmäßigen Kontakt mit der Generation, über die er sprach. Er kann also nicht wissen, dass das, was er besorgniserregend auffällig oder sogar provozierend fand, der Jugend selbst überhaupt nicht mehr auffällt. Es gibt, glaube ich, kaum noch BHs bei H&M zu kaufen, die keine Bügel und Push-up-Kissen haben. Schon von klein auf ist diese Generation gewöhnt, sexualisierende Kleidung zu tragen. Ob sie das nun »für sich« tun oder »für andere«, darüber können wir gerne und endlos streiten. Wie schon der Philosoph Theodor W. Adorno sagte, »Es gibt kein richtiges Leben im falschen«: Einer Generation, die schon ab fünf Jahren Hotpants trägt, weil ihnen und ihren Eltern keine Alternativen in den Bekleidungsläden angeboten werden, findet das einfach normal und fertig.

»Sie schrien ja geradezu nach Aufmerksamkeit« bedeutet nichts anderes, als dass sie doch dazu einladen oder selbst schuld seien, wenn man diese hochgepushten »Hupen« auch kommentiert, oder? Eben nicht. »Ich stelle meinen Körper nicht zur Schau«, heißt es im Mai 2022, kurz vor der Bikinisaison, viel auf Instagram, »Ich habe einfach einen Körper. Ich lade dich nicht ein, ihn zu kommentieren.« Männer müssen heute umdenken: Während Frauen es jahrzehnte- und jahrhundertelang duldeten, dass das eigene weibliche Aussehen bewertet und kommentiert wurde, verbitten sie sich heute einen sexualisierenden Kommentar wie »Sie können ein Dirndl aber auch gut ausfüllen!«. Was mit einem Streit zwischen Rainer Brüderle und Laura Himmelreich 2013 begann und zum Hashtag #Aufschrei führte, ist inzwischen eingeforderte Etikette geworden: Kenne ich eine Person nicht oder bin nicht auf Augenhöhe mit ihr, erspare ich mir Bewertungen und sexualisierte Bemerkungen zu ihrem Aussehen – auch, wenn ich »meine«, dass sie mich dazu eingeladen hat. Für meinen älteren Ladenbetreiber dann noch mal im Klartext: Ihn, den über Sechzigjährigen, wollen sie bestimmt nicht sexuell provozieren. Sie wollen sich höchstens davor schützen, als Mädchen gesehen zu werden, die »nicht dazugehören«: zu einer Generation, die täglich Tausende Bilder mit Körpern von angeblich perfekt weiblicher Schönheit vorgesetzt bekommt und sich gegenseitig verunsichert weiter danach bewertet, ob sie dem Standard auch wirklich entspricht.

•

Das Beispiel macht den Zwang deutlich, unter dem Frauen und Mädchen noch immer stehen, attraktiv sein zu müssen. Gleichzeitig werden sie in ihrem Versuch der Wehrhaftigkeit aber als Aggressorinnen gesehen. »Was darf man heute eigentlich noch sagen?!«, rufen Menschen, die sich ungerecht behandelt fühlen, protestierend. Sie geben sich dabei als Opfer einer neuen Welt oder Generation, die sie zensiert, beschneidet, ihnen den Mund verbietet und sie als übergriffige Monster darstellt, obwohl sie doch einen unschuldigen Geist zu haben meinen. Oder, wie es ein anderer älterer Mann einmal zu mir sagte: »Die am meisten diskriminierten Männer auf dieser Welt sind heute alte, weiße Männer! Wir dürfen gar nichts mehr sagen!«

Im vorherigen Kapitel habe ich genau jene in Schutz genommen und erklärt, dass auch sie unter dem Patriarchat leiden können. Eine komplette Umkehr des Verhältnisses zwischen Mächtigen und weniger Mächtigen in dieser Welt wäre jedoch etwas weit gegriffen. Was sich anfühlen mag wie eine Revolution derer, die sich mit ihren Befindlichkeiten aufhalten und die jetzt das Sagen haben, ist, wenn man genau hinschaut, bloß ein neues Mitreden. Mario Barth mit seinem traditionellen Herrenwitz hat noch immer ein Millionenpublikum, ebenso wie die sexistische Sendung »The Bachelor« – auch, wenn Feministinnen dazu heute kritische Tweets absetzen dürfen. »Layla« ist nicht verboten, sondern es wird nur gebeten, das Lied auf Familien-Volksfesten nicht zu spielen. Männer müssen heute keine Angst haben, das Falsche zu sagen und dann ihren Job zu verlieren: Sie sollen sich Frauen gegenüber nur so verhalten, wie sie es gegenüber männlichen Mitarbeitern tun. Das ist einfach und eine klare und angemessene Forderung. Trotz dieser Forderung müssen Firmen noch massenhaft gegen Sexismus am Arbeitsplatz vorgehen, es gibt jetzt öfter »Skandale« oder »Aufarbeitungen«, – weil Überraschung! – Frauen sich mit einem neuen Selbstbewusstsein formieren und gegen Zustände, die sie nicht mehr hinnehmen wollen, wehren. So kündigte der NDR[52] als Nachklapp der #MeToo-Aufarbeitungen an, es der BBC gleichzutun und auch eine 50/50-Quote anzustreben: Also genauso viel Frauen vor und hinter der Kamera zu beschäftigen wie Männer. Das wird das Mitreden weiter verbessern und doch sei klargestellt: Noch ist diese Quote längst nicht erreicht. Aber die Drohung, dass sich die Machtverhältnisse irgendwann angleichen, besteht. »Nichts darf man mehr sagen!«, kann auch übersetzt werden in »Früher durften wir alles sagen!«. Dass es traurig für Männer sein kann, diese unbeschränkte Macht und weitere Machtpositionen abgeben zu müssen, ist absolut verständlich. Aber es ist so was von an der Zeit.

Flirten ist nicht tot

Noch immer verlieben sich Paare, bringen Babys zur Welt, heiraten, treffen sich über Online-Partnervermittlungen. Man könnte meinen: Alles ist gut. Wer unsicher ist, wie er eine Frau ansprechen soll oder »was heute noch erlaubt ist«, sei beruhigt: Wer sich auf Augenhöhe begegnet, kann selbstredend flirten und sollte dies ausgiebig tun. Die Regeln haben sich nur etwas geändert. Anstatt zu meinen, eine Frau würde ausflippen vor Freude, weil man als Erstes kommentiert, dass man ihren Busen annehmbar findet, erwartet sie heute eher, dass ein Mann sich tatsächlich für sie, nicht nur für ihren Körper interessiert. Und dass er sich selbst verletzlich zeigt. Das ist besonders hart für Männer, die bisher die Frauen mit coolen Sprüchen oder sogar rüden Abwertungen herumbekommen konnten oder gelernt haben, so vorzugehen. »Pick-up-Artists«, die im Internet oder teilweise auf Live-Veranstaltungen verunsicherten Männern verkaufen wollen, dass eine altbewährte, chauvinistische Männlichkeit nicht ausgedient hat, sondern immer noch erfolgreich sein kann, bekommen harten Gegenwind in den Netzwerken. Zum Glück. Immer mehr Frauen und auch Männer tauschen sich darüber aus, wie schön es ist, wenn Männer nicht übergriffig sind, sondern vorsichtig anfragen: »Darf ich dir ein Kompliment machen? Ich finde dich nämlich echt toll.«

Das ist besonders für die schwierig, die denken, Frauen stünden ihnen zu. Wie »Pick-up-Artists« gehen Incels aber genau davon als »natürliche Ordnung« aus. »Incel« steht für »Involuntary Celibate«, also »Unfreiwillig im Zölibat«. In Web-Foren tauschen sie sich über ihre Einsamkeit und ihren Frauenhass aus. Wer meint, es handele sich hier um »bemitleidenswerte Kerle«, die nicht alle Tassen im Schrank haben, ignoriert, was für eine Macht die Incel-Szene hat. Über ihre weltweite Vernetzung im Internet bieten sie ein Refugium für unsichere Männer, in dem sie sich radikalisieren können. Der Amokschütze von Isla Vista, der 2014 in Santa Barbara sechs Menschen tötete und 14 verletzte, wird in der Incel-Szene für seine Taten gefeiert. Der Attentäter von Halle hörte während seines grausamen Verbrechens 2019 ein in der Incel-Szene beliebtes Lied und gab in seinem Live-Video zur Tat Incel-konforme Kommentare ab.[53]

Die Incel-Szene überlappt sich mit der »Masku-Szene«, die über den Nachrichtendienst Telegram sehr gut vernetzt ist. Was ist das nun wieder? Sogenannte Maskulisten – kurz »Maskus« – sind Männerrechtler, die sich politisch rechtsaußen verorten, so wird vermutet. Auf ihren Webseiten organisieren sie Shitstorms, in denen, gerne über Nacht, viele antifeministische männliche Kommentatoren in feministische Accounts einströmen und die Webseiten oder Netzwerke »vollspamen« (von Spam, also unerwünschte elektronische Post). Sie setzen so viele hasserfüllte, diskriminierende Kommentare ab, dass wir mit dem Löschen nicht hinterherkommen und unsere Arbeit blockiert ist. Wer meint, löschen ist doch einfach, kennt Social-Media-Management nicht. Hat man einen Kommentar gelöscht, der nicht klar diskriminierend war, kann auch das wieder einen Shitstorm auslösen. Maskus lesen sich tief in die feministische Literatur ein und können sich als »Insider« tarnen, in ihren Kommentaren dann aber bissige Abwertungen verstecken. Sie können Content Managerinnen ordentlich auf Trab halten.[54]

Der Hass auf Frauen, der daher rührt, dass diese nicht zur Verfügung stehen, macht die rechtsradikale Szene auch für Frauen gefährlich. Dieser Hass ist aber in gemäßigter Form immer dann zu spüren, wenn Unmut darüber aufkommt, dass eine Frau sich nicht über eine Anmache oder eine als Kompliment gemeinte Bewertung freut. »Sie steht nicht zur Verfügung« kann verschiedene Konfrontationsstufen auslösen. Aber schon das genervte Augenrollen, weil eine Frau sich über ein Verhalten ihr gegenüber beschwert, ist frauenfeindlich. Statt »Was hat sie denn jetzt schon wieder?« zu stöhnen, wäre ein Nachfragen oder eine vorauseilende Entschuldigung angebracht, und eine Frage, wie man es besser machen könnte. Das würde ehrliches Interesse daran signalisieren, das Gegenüber ernst zu nehmen und kennenlernen zu wollen.

Denn im Verhältnis zum anderen Geschlecht oder wenn Interesse an einer erotischen Verbindung besteht, sollte generell gelten: Nichts steht irgendwem zu. Die Einstellung »Das steht mir zu!« verhilft übrigens auch nicht dazu, ans Ziel zu kommen. Vielmehr verhindert sie ein knisterndes Flirten zwischen den Geschlechtern, das beiden Spaß bringt. Die gute Botschaft aber ist: Freundlich Fragen, ob man sein Interesse bekunden darf, kann man lernen. Und sehr viel dafür gewinnen.

#MeToo in der Kunst

Ich schlendere eines Abends mit meinem Mann durch Hamburg-Eimsbüttel, unseren Stadtteil, in dem noch kleine Läden, Cafés und Bars das Straßenbild prägen – wie lange noch? Jeder kleine Tante-Emma-Laden, der nach den langen Corona-Maßnahmen pleiteging, wurde durch einen weiteren fancy Coffeeshop oder Shellac-Nagel-Salon ersetzt: die Must-haves der Generation Instagram. So stehen wir beide freudig vor einer raren Entdeckung, einem kleinen Lebensmittel- und Weinladen, der nur ausgewähltes Hofgemüse, Käse und Wurst aus eigener Herstellung und erlesene Bioweine verkauft, und sagen uns gegenseitig, dass man so etwas eigentlich unterstützen müsse. Gerade will ich reingehen und mir einen Gutes-Gewissen-Käse kaufen, als ich mir die Weinflaschen genauer anschaue. Eine im Stil Oskar Kokoschkas gezeichnete, sich lasziv rekelnde nackte Frau ist auf die Etiketten gedruckt, als wäre der Wein der ideale Verführungstropfen. Och nö, denke ich, muss das sein? Wieso hat auf dem kleinen Weingut, das diese Etiketten verklebt, auch 2022 eigentlich noch niemand auf dem Schirm, dass sich Dinge durch sexistische Werbung nicht besser verkaufen? Doch warum ist hier Sexismus gleich meine erste Assoziation? Bei genauerer Betrachtung könnte die Abbildung doch auch als Kunst durchgehen. Sie ist doch ästhetisch! Oder etwa nicht?

Oskar Kokoschkas Werke wurden erstmals 1911 ausgestellt: Feminismus war bei seinen Zeitgenossen verpönt. Im Roman *Effingers* von Gabriele Tergit, der ein bewegendes Porträt Berlins von den 1880er bis in die 1940er-Jahre zeichnet, werden Frauen um die Jahrhundertwende, die sich dem Feminismus zuwandten, als »überspannt« bezeichnet. Genauso könnte man die Forderung, weibliche Nacktheit auf Weinetiketten zu verbannen, auch wahrnehmen: als »überspannt«. Hat die #MeToo-Bewegung hier den Bogen überspannt? Was ist los mit diesen »überspannten« Frauen, die überall Diskriminierung wittern?

•

Dass die ungefragte Sexualisierung von Frauen historische Dimensionen hat, zeigt ein junges Beispiel aus der Hamburger Kunsthalle. Dort hängt seit Oktober 2020 ein gigantisches Bild, fünf mal neun Meter, das den Einzug Karls V. in Antwerpen zeigt. 1878 wurde es erstmals in Wien und dann auf der Weltausstellung in Paris ausgestellt gezeigt. In der Hauptstadt der Donaumonarchie löste es einen Skandal aus: Der Maler Hans Makart hatte die Köpfe edler Damen der feinen Wiener Gesellschaft auf frei fantasierte, nackte Frauenkörper gesetzt, die den großen Herrscher auf dem Gemälde als »Ehrenjungfrauen« freudig begrüßen. Dadurch erhöhte sich die Bekanntheit des Kunstwerkes drastisch, ebenso wie sein Wert: Celebrities, nackt? Das musste man sehen. Als das Bild, frisch restauriert, in der Hamburger Kunsthalle 2020 präsentiert werden sollte, fragte mich das »heute-journal« des ZDF als Expertin für ein Interview an. Ich war aufgefordert, die Frage zu beantworten, ob man verbieten solle, das Bild zu hängen.

Stellen wir uns vor, ein *Spiegel*-Cover würde ein Bild von Joe Biden bei seiner Vereidigung als Präsident der Vereinigten Staaten zeigen – und drum herum die Köpfe und nackten Körper anwesender prominenter Frauen wie Jill Biden, Kamala Harris, Amanda Gorman, Alexandra Ocasio-Cortez und Lady Gaga, die freudig klatschen. Natürlich gäbe es heute einen riesigen Aufschrei. Die Damen sind jede für sich herausragende Größen, die respektiert gehören und nicht nackt und sexualisiert als Harem dargestellt. 1878, also vor 150 Jahren, durften Frauen in Europa jedoch weder wählen, in den meisten Fällen kein eigenes Kapital besitzen, nicht studieren und nur wenige Berufe ergreifen. Sie konnten kaum über ihr eigenes Leben bestimmen und hatten de facto so gut wie keine Rechte. Ihre Körper gehörten nicht ihnen, sondern zunächst der Familie, dann den Ehemännern.

Genau diese Geschichte, sagte ich, sollte man mit so einem Bild thematisieren und es deshalb unbedingt ausstellen: Nur bitte *mit* der dazugehörigen Entstehungsgeschichte des Bildes, und zwar direkt am Gemälde selbst. Doch anstatt offensichtlich und klar zu benennen, was für eine Abwertung von Frauen die Entstehung des Werkes zeigt, entschied sich die Leitung der Kunsthalle dazu, dem Museumsgänger nur auf begleitenden Publikationen weitere Informationen über das Bild zukommen zu lassen.[55] Als ich mit meinen Töchtern einige Monate später tatsächlich vor dem Werk in der Kunsthalle stand, war daneben nur ein Schild mit der Frage angebracht: »Finden Sie das sexistisch?« »Häh?«, konnte ich nur denken. Natürlich lädt ein solches Schild höchstens zur Antwort: »Nö, die Nackernden sind doch ganz nett!« ein. Wie soll jemand ohne Vorerfahrung mit dem Thema Sexismus und ohne Erklärung zu einem komplexen Sachverhalt verstehen, warum dieses Bild verletzend ist? Wird das dem Bildungsauftrag des Museums gerecht, wenn man zunächst weitergehende Informationen aus dem Internet fischen muss, bevor man das Bild betrachtet? Wenn wir also zurück zu der Frage gehen: »Ist eine Weinflasche mit einer nackten Frau darauf sexistisch?«, liegt die Antwort nicht im Auge des Betrachters, sondern in der Verknüpfung mit einem System, in dem Frauen noch immer nicht dieselbe gesellschaftliche Stellung haben wie Männer. Bin ich prüde? Nein, mitnichten. Ich wünsche mir sogar sehr viel mehr Nacktheit in Netzwerken und Werbung. Bilder von vielen, verschiedenen Körpern, Busen, Vulven und Penissen. In allen Größen und auch im hohen Alter, von Frauen nach der Geburt eines Kindes und Fotos vom geschrumpften Schniedel des greisen Firmenchefs. Wenn Nacktheit, dann bitte, von wirklich allen. Damit wir alle gleich vulnerabel dastehen.

Was #MeToo gebracht hat: neue Regeln in einer neuen Welt

#MeToo rüttelte die gesamte Welt auf, hinterließ aber kein Chaos, sondern neue Regeln. Wer also meint, dass nun niemand mehr wisse, was Sache sei, hat nicht recht: Darüber, wie eine Person angesprochen werden möchte, kann man sich nämlich jederzeit persönlich informieren. Das ist das gesellschaftspolitische Erbe von #MeToo. Wer aber eine Bedienungsanleitung braucht, findet jedenfalls gesetzliche Nachschärfungen im Fahrwasser von #MeToo: So ist zum Beispiel das Fotografieren unter den Rock seit 2021 gesetzlich verboten.[56] Also muss wenigstens hier schon gar nicht mehr diskutiert werden, ob die Tat »doch witzig gemeint war« oder eine Frau vielleicht zu verklemmt sei, um den Spaß an der Sache zu erkennen. Ferda Ataman[57] als neue Antidiskriminierungsbeauftragte des Bundes kämpft zudem gerade dafür, dass eine Person nicht nur acht Wochen, sondern zwölf Monate Zeit hat, um eine sexuelle Belästigung am Arbeitsplatz zu melden. Diese Fristverlängerung soll der möglichen Situation Rechnung tragen, dass gesellschaftlich erzeugte Schamgefühle, Ängste um den Arbeitsplatz und Schock oder Traumatisierung Betroffene daran hindern, einen Vorfall sofort zu melden. Allein, dass wir einer Diskussion hierzu medialen Raum geben, die vor einigen Jahren noch als lächerlich abgetan oder in der die betroffene Person als »selbst schuld«[58] beschrieben wurde, zeigt, wie sehr #MeToo die Gesellschaft gegen sexuell übergriffiges, meist männliches Verhalten sensibilisiert hat.

Auch wenn #MeToo sich zunächst und hauptsächlich Belästigungen am Arbeitsplatz zuwendete, strahlen die Diskussionen um die Aufklärung über Sexismus in Politik, Kultur und Gesellschaft aus. Manchmal überlappen sie sich auch, weil Politik, besonders aber Kultur Spiegel der Gesellschaft sind und diese gleichzeitig – wie Henne und Ei – auch prägen. Nicht nur die Menge an weiblichen Spitzenpolitikerinnen betrifft unsere Lebensrealität, weil wir uns in einer höheren oder geringeren Menge mehr oder weniger mächtig repräsentiert sehen. Jede Kunstausstellung, jedes Theaterstück oder jeder Songtext trägt zu unserer Wahrnehmung der Welt – und der in ihr akzeptierten Geschlechterrollenbilder – bei. Wenn jetzt vermehrt in der Musikbranche Sexismus aufgedeckt wird[59], der gefühlt aber schon immer da war, wundert es nicht, dass bis heute stark sexistischen Musikvideos kein Einhalt geboten wurde. Besonders im Gangsta-Rap finden wir noch Bilder von Frauenrollen, die oft von dem Teil der Jugend begeistert aufgenommen wird, der auch sonst wenig Kontakt mit Anti-Sexismus-Arbeit hat. Gerade deshalb ist es so wichtig, dass wir die Erkenntnisse aus #MeToo – durch Workshops, Arbeitsmaterialien und Diskussionen – auch in die Schulen tragen, um alle Kinder in eine Welt mitzunehmen, in der die hohen Zahlen von sexueller Belästigung und Gewalt mehr und mehr der Vergangenheit angehören. Nicht umsonst fördert das Bundesministerium für Familie, Senioren, Frauen und Jugend seit 2019 das Pinkstinks-Programm »Schule gegen Sexismus«, das mit kurzen Videos, Arbeitsheft und aufklärenden Texten Lehrenden hilft, mit ihren Schüler*innen über Sexismus zu sprechen.[60]

Doch wenn nun alles reguliert wird, wenn Anmache Regeln unterliegt oder sogar strafbar sein kann: Ist Erotik dann nicht tot? Ist Erotik nicht das genaue Gegenteil von Ordnung? Ja, Erotik ist unvorhergesehen, spontan, wild und gerne durchtrieben. Doch anstatt dass es nur eine, dereinst vom Patriarchat abgesegnete Form von Begehren gibt, in der Frauen lieb und zurückhaltend sind und Männer meist den kühnen, und oft gesellschaftlich sanktioniert, übergriffigen Part spielen, blühen seit #MeToo neue Begehrensformen auf, oder vorhandene erhalten mehr Sichtbarkeit. In einer Deo-Werbung aus den 1990er Jahren[61] wird erotische Anbahnung so dargestellt: Ein cool und erhaben wirkender Mann im Anzug, ein typischer Business- und Gentleman, hebt einer zarten Frau im Kleid den heruntergefallenen Handschuh auf. Dabei berühren sich ihre Hände kurz. Schaut man eine Werbung für dasselbe Deo von 2022[62], läuft ein junger Mann durch die Straßen, der nicht wie der alles-unter-Kontrolle-habende, schlanke, weiße, durchtrainierte und elegant gestylte Gentleman aussieht und bei seinem fröhlichen Gang durch die Stadt viele verschiedene Begehrensformen beobachtet, erlebt und gutzuheißen scheint. Ältere Frauen lieben jüngere Männer, Menschen werden als attraktiv gezeigt, ob sie groß, klein, hetero- oder homosexuell sind. Ohne Wertung ist Erotik in der Luft, bis der Mann zum Schluss von einer aktiv wirkenden Frau überredet wird, mit ihr mitzugehen. Auch hier dürfen Männer oder Frauen, die mit einem anderen Bild von Sexualität aufgewachsen sind, gerne trauern, dass sich das eine, mächtige Bild aufgelöst hat und durch viele andere ersetzt wurde. Aber niemand, wirklich niemand verbietet einem das Date mit dem eher »klassischen« Typen, den es noch zuhauf gibt. Schauen Sie sich nur die Werbung für die Modemarken Ansons oder Boss an: Herren im Anzug, die Stärke zeigen und einem charmant die Tür aufhalten, gibt es noch zur Genüge. Wenn diese ab und an auch durch Türen gehen, die von Frauen aufgehalten werden, dabei lächelnd und mit tiefem Blick in ihre Augen »Vielen Dank« sagen, ist doch niemandem etwas genommen. Töpfe werden weiterhin ihre Deckel finden, auch, wenn die Welt vielfältiger und komplexer geworden ist.

VIER

Sexismus in der Werbung – von Kampf zu Kooperation

Von radikalen Forderungen zu gesellschaftlichem Wandel

Als der damalige Bundesjustizminister Heiko Maas im Frühjahr 2016 Sexismus in der Werbung per Gesetz verbieten lassen wollte, schrien Bundestagsabgeordnete aus den CDU- und FDP-Fraktionen auf: Wie lächerlich – was wolle man denn heute noch alles verbieten? Die Forderung sei »maaslos daneben«, witzelte auch eine Überschrift der *Bild*-Zeitung.[63] »Spießig« fand besonders Christian Lindner das Vorhaben: Ob wir Frauen jetzt nur noch mit Burka in der Werbung präsentieren wollten?

Niemand hatte davon gesprochen, nackte Haut aus der Werbung zu verbannen. Niemand hatte gesagt, dass Busen per se ein Problem seien – nur fanden Kritiker*innen, dass beides eher in Anzeigen für Dessous und nicht für Klempnerarbeiten einen Platz haben sollte. Eine radikale Forderung traf hier auf eine uninformierte und ebenso radikale Gegenmeinung. Das ist nicht selten. Die Genese der Gesetzesinitiative zeigt jedoch, wie Radikalität zu mehr öffentlicher Diskussion und damit zu mehr Wissen und Bildung rund um einen bis dahin eher weniger beachteten Themenbereich führen kann.

Selbst Christian Lindner versteht heute sicher den Unterschied zwischen Sexualisierung und Sexismus, also zwischen »nackter Haut«, gegen die niemand etwas hat, und abwertend dargestellten Frauen in der Werbung.[64] Und während feministische Organisationen 2016 noch gegen stark sexistische Werbekampagnen bekannter Marken auf die Straße gehen mussten, ist diese Form der Werbung in Deutschland inzwischen eine absolute Rarität geworden. Die großen Werbeagenturen und viele Unternehmen sprechen sich heute klar gegen Sexismus und für die Gleichstellung der Geschlechter aus. Schauen wir uns an, wie es dazu kam.

•

Jede kennt das: Alle haben eine Meinung, aber mit der eigenen hat das oft wenig zu tun. Oft stehe ich auf einer Party in der Küche, schwatze mit verschiedenen Leuten und versuche, schnell von meinem Beruf abzulenken, um nicht in Genderthemen verwickelt zu werden. Die Fragen an mich ähneln sonst zu sehr denen, die ich tagsüber in der Presse beantworten muss, und wir brauchen ja alle in der Freizeit erholsame Abwechslung. Ich treffe dabei oft in derselben Küche auf komplett verschiedene radikale Meinungen, die ich zuhauf auch aus der Politik oder den sozialen Netzwerken kenne.

Die eine sagt: »Oh, so toll, was du machst! Ich finde es ja auch furchtbar, diese idiotischen Mädels, die sich auf Instagram wie Gummisexpuppen inszenieren. Diese halb offenen Münder und Schlafaugen! Wissen die Mädels eigentlich, wie bekloppt sie aussehen?« Die andere meint dagegen: »Also, ich finde das komplett übertrieben. Überhaupt, darf man in Deutschland ja gar nichts mehr. Meinungsfreiheit ist vorbei in diesem Land. Was, um Gottes willen, habt ihr gegen Models, die sich ausziehen wollen? Haben die überhaupt keine Freiheitsrechte mehr? Und darf man sich jetzt überhaupt nicht mehr über Männer und Frauen lustig machen? Ehrlich, so spaßbefreit kann man doch gar nicht sein!«

Mit beiden Personen würde ich nicht freiwillig ein Bierchen trinken wollen. Auf Partys, vor allem, wenn man hungrig in die Küche getappt ist, um sich was zu essen zu holen, hat man manchmal keine Wahl. Ein bisschen wie im gesellschaftspolitischen Aktivismus: Um voranzukommen, muss man in beide Richtungen erklären, dass die einfachen, scheinbar naheliegenden Wahrheiten oft nichts mit dem zu tun haben, worum es beim eigenen Anliegen im Kern geht.

●

Damit sich die Menschen überhaupt mit einem Thema beschäftigen, muss eine leider manchmal die Gemüter erregen. Und die Androhung eines Verbots erregt immer. Erst in der lebhaften Diskussion kann man Themen platzieren, die sonst als »Gedöns« unter den Tisch fallen würden. Genau so bezeichnete Gerhard Schröder nämlich 1998 das Bundesministerium für Familie, Senioren, Frauen und Jugend: das Ministerium für »Familie und das ganze Gedöns«.[65] »Gedöns« steht, um das nochmal deutlich in Erinnerung zu rufen, für Überflüssiges, Wichtigtuerisches, Unnötiges. Ein großartiges Wort, um einem politischen Anliegen vollständig die Relevanz abzusprechen. »Gibt es nichts Wichtigeres?« Diesen Satz hören Aktivistinnen ständig, wenn es um den Kampf gegen Sexismus in der Werbung geht. Dabei umgibt uns Werbung täglich und überall: auf dem Smartphone am Morgen, auf dem Weg zur Arbeit an Straßenrand, an Firmenautos, im Autoradio und in der U-Bahn, in der Zeitung und Zeitschrift in der Mittagspause und im Fernsehen am Abend. Werbung ist die Kirche unserer Zeit: Die Geschlechterrollenbilder, die man in früheren Jahrhunderten aus den Geschichten der Bibel vernahm, vermitteln heute Medien- und Werbebilder. Sich diese und ihre Wirkung auf uns genauer anzuschauen, ist nicht überflüssig, sondern hoch sinnvoll.

Die »Überflüssigen« wollen mitreden

Die CDU-Politikerin und promovierte Juristin Rita Süssmuth schlug in ihrer Zeit als Vorständin des »Ministeriums für Gedöns« 1988 erstmalig in Westdeutschland ein Gesetz gegen frauenfeindliche Werbung vor. Wie auch ihre Nachfolgerin Ursula Lehr, die Lehrstühle für Pädagogik, Psychologie und Gerontologie innehatte, scheiterte sie an einem damals wie heute überwiegend männlich besetzten Bundestag. Genau wie 2016 kommentierten die Gegner ihre Gesetzesinitiative damit, ihr Anliegen sei »spießig«, »prüde« und »unfrei«.

Es ist faszinierend, dass sich derart unsachliche Bewertungen feministischer Anliegen so lange hielten. Innerhalb von nur wenigen Jahren, nach dem lauten Aufschrei durch #MeToo, hat sich das Blatt jedoch gedreht. Inzwischen haben in Deutschland sieben deutsche Städte Gesetze gegen Sexismus in der Werbung erlassen: Berlin, München, Frankfurt, Bremen, Leipzig, Flensburg, Ulm und Pforzheim. Karlsruhe debattiert gerade noch. Spanien und Großbritannien sind sogar ein Stück weiter. Dort sind jüngst vor allem überzogene und einengende Geschlechterklischees in der Werbung landesweit verboten worden. Dabei gelten beide nicht gerade als spießige und unfreie Länder. Gerade unter Werbetreibenden wird der »typisch britische Humor« sehr geschätzt. Kreative, hochwertige Werbung kann also trotzdem weiterexistieren, auch, wenn sie sich keiner »Herrenwitze« mehr bedient.

●

Auch in Deutschland gibt es Werbeagenturen, die an den britischen Humor heranreichen. So las die Agentur Philipp und Keuntje in Hamburg die Zeichen der Zeit schon recht früh und produzierte bereits 2016 eine ebenso antisexistische wie auch überaus witzige Werbung, die Geschichte schrieb: Für das Astra-Bier in Hamburg, das als Marke mit dem urigen Flair von Rotlichtvierteln und Hafenarbeitern spielt und jahrelang eher sexistisch beworben wurde, bildeten sie eine prominente Hamburger Tattoo-Künstlerin nackt ab. Sie war derart von Tattoos übersät und hielt das Astra-Bier so gekonnt vor ihre Brust, dass erst beim zweiten oder dritten Blick auffiel, dass sie keine Kleidung trug. Ihr kühler, tougher Blick ließ keine Sexualisierung zu. Der Slogan dazu lautete auf trockene nordische Art: »Endlich mal Werbung ohne nackte Haut.« Die Kampagne leistete sehr vieles gleichzeitig: Sie zeigte einerseits auf, dass Werbung ohne Sexismus sehr wohl witzig, unterhaltsam und ansprechend sein kann. Und sie demonstrierte andererseits, dass moderne, starke Frauen in der Werbung problemlos mehr Raum einnehmen können. Sie öffnete zudem erstmals die öffentliche Diskussion darüber, dass nackte Haut in der Werbung an sich kein Sexismus ist – sondern dass es darum geht, wofür sie eingesetzt wird.

Ich erwähne die Marke Astra, weil ich den Wandel in ihrer Geschichte bemerkenswert finde und die zuständige Werbeagentur gerne im Zusammenhang mit dieser Wandlungsfähigkeit und steilen Lernkurve herausstelle. Die Agentur, zu deren Kunden auch Audi und andere große Marken gehören, beschäftigt sich seit einiger Zeit regelmäßig mit Sexismus, bleibt dazu im Gespräch und bildet sich fort. Sie setzt interne Standards, um kreative Exzellenz ohne Abwertung gesellschaftlich Schwacher zu erreichen. Am Erfolg des Hauses, das 170 Mitarbeitende hat, sieht man: Es geht – sogar sehr gut. Witze zu produzieren, bei denen alle mitlachen können, ist eine sehr hohe Kunst. Auch, wenn Agenturen zu dieser Spitzenleistung ein wenig gezwungen werden mussten – durch Shitstorms, Pressekampagnen und feministischen Aktivismus – ist diese Leistung nicht weniger sexy geworden, im Gegenteil. Gute Werbung zeigt heute eine Sexyness, die inklusiver ist, indem sie nicht auf Kosten von Frauen geht. Sexismusfreie Sexyness, sozusagen.

Eine kurze Geschichte der sexistischen Werbung

Als in den 1960er- und 1970er-Jahren die Röcke kürzer und die Ausschnitte in der Mode tiefer wurden, fing man in der Werbung an, mehr Haut zu zeigen: Bei den Frauen, natürlich, die Männer blieben in Hut und Anzug. Sogar eine Zarges-Box aus Leichtmetall wurde in den 1970er-Jahren mit einer Frau in Dessous beworben, die darin sitzt. Darunter steht zu lesen:»Die Kiste für den Mann und seine Hobbys. Und manchmal ist es ein teures Hob, da möchte man den Schatz sicher aufbewahren. Manchmal ist es ein liebes Hob, dann möchte man es immer griffbereit haben.«[66] In einer Zeit, in der Ehefrauen erst seit wenigen Jahren, 1958, ihr in die Ehe eingebrachtes Vermögen nicht automatisch an den Mann abtreten mussten, und seit 1962 ohne dessen Zustimmung ein eigenes Konto eröffnen durften, fiel der Mehrheit der Deutschen nicht einmal auf, wie übergriffig, besitzergreifend und abwertend diese Anzeige war.

Als 1974 in der UNESCO erstmals Debatten laut wurden, Sexismus in der Werbung zu verbieten, war nackte Haut dort zwar jung, Sexismus aber fast schon ein alter Hut. »Reklame«, die seit der Jahrhundertwende und industriellen Massenproduktion erstmals im großen Stil betrieben wurde, hatte von Anfang an die Frau als Dekorationsobjekt für alle möglichen Produkte im Sinn.

●

Die Strategie dahinter ist simpel: Frauen kaufen ein. Frauen bestücken den Haushalt mit allen Dingen, die täglich benötigt werden. Sie tätigen die Kaufentscheidungen, während der Mann länger bei der Arbeit ist. Deshalb werden auch hauptsächlich Frauen als Rezipientinnen von Werbung angesprochen. Das war auch um 1900 so. Warum aber, fragt man sich, sieht oder sah man in der Werbung seitdem dann hauptsächlich Frauen als Dekoration und Männer eher als Macher? Wollen Frauen das wirklich sehen? Die Antwort ist schwierig.

Jede*r kennt es: Oft sehen wir Anzeigen für Mode, die wir grauslich finden. Am Ende der Saison haben wir trotzdem ein Teil dieser neuen Mode im Schrank, weil alle, aber wirklich alle das jetzt tragen und wir die Bilder davon tausendfach in der Werbung gesehen haben. So oft, bis die ungemütlich enge Hose oder der Plateauschuh – wer bitte, will wirklich Plateauschuhe tragen? – begehrenswert wirken.

Schon vor rund 120 Jahren, als die ersten Frauenrechtlerinnen höhere Bildung sowie das Wahlrecht forderten und dafür als »Blaustrümpfe« oder »Mannsfrauen« verachtet wurden, war die träumerisch und sanft blickende, hübsch zurechtgemachte Frau auf großen Plakaten, die Seife anpries, ein Bild, das Ruhe, Stabilität und Ordnung verkaufte. Wenn du *so* aussiehst und dich *so* verhältst, sagte das Bild, gibt es auch keinen Stress mit deinem Mann. Das ist doch das entspanntere Leben!

●

Während des Zweiten Weltkriegs und in den Jahren danach waren Frauen in Massen und oft aus reiner Not in traditionell männliche Sphären der Berufstätigkeit vorgestoßen. Die Männer waren gefallen, an der Front oder noch in Kriegsgefangenschaft. Doch die Frauen wurden in der Nachkriegszeit wieder aus dem Arbeitsmarkt gedrängt. Auch die Werbung holte sie aus den Fabriken, den Werkstätten und vom Feld an den Herd und in den Haushalt zurück. Nicht, dass sie sich in der Wirtschaft, der Erwerbsarbeit und in einigen Fällen auch in der Geschäftsführung zu sehr einrichteten! Stattdessen sollten Frauen sich wieder den wichtigen Dingen in ihrem Leben zuwenden. »Eine Frau hat zwei Fragen«, heißt es in der berühmten Dr.-Oetker-Puddingwerbung von 1956, »was soll ich kochen, und was soll ich anziehen?«. In dem bekannten Werbespot wird gezeigt, wie eine halbtags als Sekretärin arbeitende Frau ihren hungrigen Mann glücklich machen kann: indem sie sich abends für ihn hübsch macht, Braten und Dr.-Oetker-Pudding serviert. Subtiler wurde diese Notwendigkeit in den 1960er- und 70er-Jahren verkauft. Anstatt perfekt zu kochen, sollten Frauen jetzt stets sexuell attraktiv und verfügbar sein.

Die Verhütungspille hatte für Frauen neue Freiheiten gebracht, die jedoch schnell wieder eingeschränkt wurden: Sie durfte gerne sexy sein, aber bitte auf eine ganz bestimmte, männlich-definierte Weise. Frauen wurden nicht als sexuelle Prädatoren gezeigt, sondern zuhauf als lieb lächelnde, nackte Wesen. In einer Anzeige der Firma boco für Arbeitskleidung, in der viele nackte, weibliche Arbeiterinnen in der industriellen Fertigung zu sehen sind und schüchtern schauen, steht: »Wer hat die Verantwortung für die Kleidung ihrer Mitarbeiter? Ihr Betriebsleiter? Der Personalchef? Das Lohnbüro oder ein Prokurist? Jeder von ihnen ist zu teuer. Geben Sie *boco* die Verantwortung ...«[67] In dieser vulnerablen Nacktheit wurden Frauen auch bewertet und abgewertet, so zum Beispiel für das D&W Autosport-Team: »Für Männerhände gerade richtig« ist ein Slogan für Autoteile, in der dazugehörigen Werbung ist auch ein nackter Frauenhintern samt langen Beinen und Highheels zu sehen – natürlich ohne Gesicht.[68]

●

Spätestens ab den 1970er-Jahren war die »Blickfangwerbung« geboren: Alles, aber auch wirklich alles konnte mit einer nackten Frau beworben werden: Notenständer, Logos von Rohrreinigungsfirmen, Hotdogs oder Hundefutter – man muss mir nur ein Produkt nennen, ich kann die dazugehörige sexistische Werbung und vielleicht sogar das Jahr dazu nennen. Sollte ich wider Erwarten eines Tages zufällig zu »Wetten, dass?« eingeladen werden, habe ich mit diesem Ausnahmewissen sicher Chancen auf den Titel als Wettkönigin. Sexualisierte »Blickfangwerbung« als Diskriminierungskriterium für sexistische Werbung tauchte aber erst 2014 auf der Webseite des Deutschen Werberats auf. Überhaupt rügte der Werberat bis vor fünf Jahren eher selten und ließ sich mit einer Antwort an Beschwerdeführende auch gerne mal ein paar Wochen Zeit. Bis dahin war die Werbung dann meist wieder aus den teuren Digitalscreens verschwunden. Als wir 2012 die Organisation Pinkstinks gründeten, um sexistische Werbung in Deutschland zu reduzieren, galt der Werberat vielen eher als zahnloser Tiger, der nicht wirklich etwas zur Verbesserung der Lage beizutragen hatte.

Von der Straße in die Politik – Pinkstinks fordert ein Gesetz

In Deutschland regeln keine Gesetze, was in der Werbung gezeigt werden darf und was nicht. Es sei denn, es handelt sich um vergleichende oder andere Firmen herabsetzende Werbung. Dann kommt das Gesetz gegen den unlauteren Wettbewerb ins Spiel. Weil es unter dem Nationalsozialismus noch eine sogenannte Vorzensur gab – Werbung musste also vorab behördlich erlaubt werden –, und man diese diktatorisch anmutende Praxis in der jungen Bundesrepublik nicht erneuern wollte, stellte sich die Frage, wie man fortan menschenabwertende Inhalte in der Werbung regulieren sollte. Für die Werbewirtschaft war es ein Leichtes, dafür zu plädieren, dass die Wirtschaft sich selbst Kriterien für nichtdiskriminierende Werbung stellen sollte.

Als Kontrollinstanz gründete der Zentralverband der Deutschen Werbewirtschaft (ZAW) den Deutschen Werberat. Im ZAW tummeln sich bis heute die großen werbenden Verbände: Tabak-, Pharma- und Alkoholindustrie, Nahrungsmittel- und Automobilbranche ebenso wie alle anderen großen Branchen. Zu diesen Interessenvertretungen gesellen sich auch die Kreativagenturen mit ihrer Muttervereinigung, dem Gesamtverband der Werbeagenturen (GWA). Aus der Mitte all dieser Vereinigungen werden dann ein Gremium und eine Geschäftsführung gewählt, die Beschwerden entgegennehmen und Unternehmen ermahnen, die frauenfeindlich, entwürdigend, rassistisch, anders diskriminierend oder einfach nur geschmacklos geworben haben. Bei so vielen Köchen und den vielen Interessen, die im Spiel sind, darf man durchaus kritisch bleiben: Wem dient der Werberat mehr, der Wirtschaft oder den Konsument*innen von Werbung?

●

Die Soziologin Christiane Schmerl war 1980 eine der Ersten, die sammelte und aufzeigte, wie viel Sexismus es in der Werbung gab und wie wenig der Deutsche Werberat dagegen tat. Ihre Publikationen waren die Basis für die erste Gesetzesinitiative von Rita Süßmuth und später Ursula Lehr. Sie dienten nach deren Scheitern auch der Juristin Berit Völzmann von der Goethe-Universität Frankfurt dazu, eine neue Gesetzesnorm zu definieren, die wiederum ins Gesetz gegen den unlauteren Wettbewerb eingepflegt werden und so Sexismus in der Werbung verringern könnte. Völzmann erhielt 2015 für ihre Doktorarbeit hierzu den Preis des Deutschen Juristinnenbunds. Auch ich war begeistert von ihrer Arbeit. Was mich überzeugte: eine klare, wissenschaftliche Darstellung, wie Geschlechterrollenstereotype durch Werbung verfestigt wurden, und drei Fallbeispiele in einer vorgeschlagenen Gesetzesnorm, die erklärten, wann in einer Werbekampagne Sexismus vorliegt. Die Norm schien klar anzuwenden zu sein.[69] Ganz verkürzt waren die wichtigsten und anwendbarsten Kriterien in dieser Norm a) einengende Geschlechterklischees (z. B. »Nur Frauen können kochen!«) und b) Blickfangwerbung (sexualisierte Frauen neben Produkten, die nichts mit Erotik oder Nacktheit zu tun hatten).

Nachdem wir von Pinkstinks mit Petitionen, Demonstrationen und Presseauftritten die Diskussion um diese Gesetzesnorm in den Bundestag gebracht hatten, der *Spiegel* groß berichtet hatte und CDU und FDP sich anfänglich quergestellt hatten, gab es einen

Kompromissvorschlag der SPD-Fraktion: Anstatt das Gesetz sofort zu implementieren, sollten über zwei Jahre Daten zu Sexismus in der Werbung gesammelt und ausgewertet werden. Ziel war, herauszufinden, ob die Gesetzesinitiative überhaupt sinnvoll, anwendbar und notwendig ist. Das sollte Pinkstinks machen. Finanziert vom Bundesfamilienministerium wurden wir beauftragt, eine Web-Applikation zu gestalten, um Beschwerden entgegenzunehmen, die gemeldeten Anzeigen auf einer Deutschlandkarte sichtbar zu machen und einzuordnen: Waren sie tatsächlich sexistisch oder »nur« nervig-stereotyp? Würde eine Gesetzesnorm sie vom Markt fegen? Wie viele mutmaßlich sexistische Werbeanzeigen gab es überhaupt und wo genau? Und welche Möglichkeiten gibt es sonst, Sexismus zu reduzieren? Diese Möglichkeiten sollten wir nun erstmalig entwickeln und auswerten.

Im Sommer 2017 ging unsere App *Werbemelder.in* an den Start. Weil wir bekannt und in Social Media und Presse präsent waren, kamen bei uns in zwei Jahren siebenmal so viele Beschwerden an wie beim Deutschen Werberat im gleichen Zeitraum. Wir sprachen mit Unternehmen – oft kleinen Firmen – die sexistisch warben, suchten das Gespräch mit großen Werbeagenturen, hielten bundesweit Vorträge, kreierten witzige und ansprechend produzierte Social-Media-Kampagnen und konnten so erklären, was sexistisch ist und was nicht.[70]

Salonfähiger Aktivismus – wenn Gutes Fuß fasst

Wir lernten unglaublich viel in den zwei Jahren, in denen das Projekt offiziell lief – und fast noch mehr in den Jahren danach, in denen wir das Monitoring sexistischer Werbung in Deutschland mithilfe von Spendengeldern weiterführten. Die offizielle Unterstützung der Politik und auch der Stadt Hamburg, die mit uns für Projekte kooperierte, verlieh unserem Projekt Autorität.

»Die Werbe-Aufseherin!« betitelte mich ein konservatives Blatt einmal, mit einem ernsten Bild von mir daneben. Alles, was auch nur entfernt an Verbot und Zwang erinnert, erregt bekanntlich die Gemüter. Gleichzeitig schlug uns sehr viel Wohlwollen entgegen, auch aus der Industrie. Schließlich klärten wir mit Unterhaltungswert und Spaß auf, anstatt rüde zu belehren. Wir lachten mit Celebrities wie Collien Ulmen-Fernandes oder Katja Eichinger, die unsere Veranstaltungen moderierten. Das gab unserem Anliegen ein sympathisches Gesicht, eines, das ganz anders aussah als das der verbitterten Feministinnen − regelrechten Aufseherinnen −, die anderen einfach nur den Spaß vermiesen wollten. Die radikale Zeit lag hinter uns, jetzt zeigten wir entspannt und mit Witz, was wir konnten. Ich kann rückwirkend nicht klar benennen, was hilfreicher war, um die Werbeindustrie vom Wandel zu überzeugen: unsere radikalen Shitstorms und die Verbotsforderung oder die fluffig-freundlichen Veranstaltungen, die folgten, viel Presse hatten und einen neuen Trend setzten. Ich glaube aber fest, dass zu jener Zeit das eine ohne das andere nicht entstanden wäre. Dass sich das Miteinander aber viel besser und produktiver anfühlte, als immer »anti« sein zu müssen, war eine wichtige Erfahrung.

Die Stadt Hamburg förderte unseren Werbefilmpreis *Pinker Pudel*, der als deutsches Pendant zu renommierten Werbe-Awards wie dem *Glass Lion* schnell Bekanntheit erlangte. Der *Gläserne Löwe* von Cannes wird für Werbefilme vergeben, die mit Geschlechterstereotypen brechen. Den *Pinken Pudel* haben wir für Werbung verliehen, in denen erstmals Frauen als Macherinnen zu sehen waren, beispielsweise im bekannten Werbeclip für die Commerzbank, der die DFB-Frauen prominent in Szene setzte. Im Film wurde sich über Fußballfans lustig gemacht, die die Spielerinnen nicht kennen, weil sie sich nur für Männerfußball interessieren. »Wir brauchen keine Eier – wir haben Pferdeschwänze«, ist ein Satz aus dem Clip, der vermutlich vielen im Gedächtnis geblieben ist. Die Frauen machen ihr Ding, gewinnen eine Weltmeisterschaft nach der nächsten und pfeifen auf Fans, die ihre Expertise nicht sehen wollen – sie wissen einfach, wer sie sind und was sie können. Gleichzeitig präsentiert der Clip damit aber auch ein ganz anderes Bild von Frauen, als es Werbung, speziell für Finanzprodukte und Fußball, in Deutschland lange Zeit tat.

Solche Filme waren 2018 noch rar. Schon 2022 beschlossen wir zusammen mit der Stadt Hamburg, den *Pinken Pudel* einzustellen und nicht mehr zu verleihen – einfach, weil die Werbelandschaft in der Zwischenzeit so viel diverser und gleichberechtigter geworden war. Im Herbst 2021 brachten wir mit den größten Werbeagenturen Deutschlands eine Broschüre heraus, in der sich die Werberiesen gegen Sexismus aussprachen, erklärten, warum der heute überholt ist und alles sich ohne ihn viel besser verkauft. In der Broschüre haben große Agenturen Bilder aus der App *Werbemelder.in*, mit denen kleine Firmen sexistisch warben, umgearbeitet. Die neuen Versionen waren witziger, ansprechender und hochwertiger. Eine solche Kooperation hätten wir uns vor zehn Jahren nie vorstellen können. Heute halte ich gemeinsam mit Werbeagenturen Vorträge über moderne Werbung, die ohne Diskriminierung auskommt: vor Hochschulen, kleineren Werbeagenturen oder Marketingabteilungen von Unternehmen.

Von den großen Agenturen in Hamburg und Berlin strömt mittlerweile ein neuer Trend durch Deutschland, ein neues Gefühl für Werbung. Ein Gesetz, das sexistische Werbung grundsätzlich reguliert, brauchen wir nun nicht mehr. Es gibt zwar noch zu viel sexistische Werbung, die von kleinen Unternehmen produziert wird. Sie wird aber immer weniger, wie die Analysen von Pinkstinks zeigen.

Der Deutsche Werberat hingegen hat 2021 einen Zuwachs von Beschwerden über diskriminierende Werbeanzeigen vermeldet – er bekommt aber immer noch nur die Hälfte der Beschwerden, die Pinkstinks erreicht. Dass dem Werberat mehr gemeldet wird, ist ein gutes Zeichen – wir Aktivistinnen wollen ja nicht ewig seinen Job machen, was sexistische Werbung angeht. Das ihm mehr gemeldet wird, liegt sicher auch daran, dass die Deutschen heute mehr über Sexismus wissen als früher. Und vermutlich ebenso daran, dass sie durch #MeToo erfahren haben, dass man ihn gemeinsam reduzieren kann. Der Werberat hat in den letzten Jahren mehr Kampagnen gerügt, sich mehr um Aufklärung bemüht und reagiert heute viel schneller auf Beschwerden. Jetzt müsste die milliardenschwere Werbeindustrie ihn nur noch personell besser ausstatten, dann kann die App *Werbemelder.in* getrost in Rente gehen.

Wenn passiert, was man sich erträumt hat

Was mit einer radikalen Bewegung, mit Petitionen, Shitstorms und einer Gesetzesinitiative startete, ist heute eine Bewegung aus der Wirtschaft selbst geworden. 2020 hat sich der Ad Girls Club gegründet, eine Initiative für mehr Gleichberechtigung in der Werbung. Geführt wird der Club von zwei Werberinnen, Isabel Gabor und Lisa Eppel, die aus den Reihen des weiblichen Nachwuchses in den großen Agenturen den Widerstand organisieren wollten und damit scheinbar offene Türen eingerannt haben. Inzwischen sind es stolze 49 Agenturen, die das Manifest des Ad Girls Club unterschrieben haben und sich damit folgenden Punkten verpflichten: einer Frauenquote von 50 Prozent ab Führungslevel, einer Ansprechperson für Sexismus am Arbeitsplatz, gleichem Lohn für gleiche Arbeit, Vereinbarkeit von Elternsein und Karriere und gendergerechter Sprache.

Die Agenturen, die das Manifest unterschrieben haben, tauschen sich nun untereinander aus, wie diese Ziele erreicht werden können. Sie bieten interne Weiterbildungen an, stehen regelmäßig mit Expertinnen wie den Ad Girls oder mir in Kontakt und haben eine offene Fehlerkultur: Was ist mit Blick auf Gleichberechtigung in den letzten Monaten nicht so gut gelaufen? Was kann noch besser gehen? Vor einigen Jahren noch bekam Pinkstinks häufig Anfragen von meist männlichen Kreativdirektoren, ob sie für uns nicht kostenlos eine Kampagne gestalten dürften. Wir verstanden schnell, dass es ihnen darum ging, einen der Preise für soziales Engagement zu gewinnen, von denen die Werbebranche international einige aufweist. Oft hatten sie eine weibliche Praktikantin oder Mitarbeiterin bei sich sitzen, um so zu tun, als seien sie ein gemischtes Team. Diese Zeiten sind zum Glück vorbei. Wir merken, dass in den Agenturen ernsthaft thematisiert wird, wie häufig die Kreativdirektionen männlich sind, und dass sie mehr durchmischt werden müssen.

Dabei geht es nicht nur darum, Frauen per se in Führungspositionen zu bringen, sondern auch, dass von Männern gemachte Werbung für Tampons und Co. gerne danebengeht. Frauen wollen nicht mehr hübsch sportlich reiten gehen, top gestylt durch die Weltgeschichte fliegen und ultrafit in der Werbung aussehen, wenn sie ihre Tage haben. Da hilft es auch, wenn eine Frau darauf herumdenkt, wie eine Mercedes S-Klasse beworben werden kann, damit

Frauen sie ebenfalls kaufen wollen. Sinnvoll ist zudem, dass zum Beispiel eine Muslima mitredet, wenn ein Produkt »multikulturell« ausgerichtet werden soll, damit man keine Fehler macht und einen Shitstorm erntet. Die Ansprüche der Kaufenden haben sich entwickelt, Frauen sind selbstbewusster geworden – unter anderem, weil so viel über Sexismus geschrieben und gesprochen wurde.

●

Noch im Frühjahr 2022 muss ich mich manchmal kneifen. Ich kann es einfach kaum glauben, wie sehr sich die Werbung in den letzten Jahren verändert hat. Von Jahr zu Jahr, seit Pinkstinks diesen Wandel dokumentiert und mit vorantreibt, gibt es eine enorme Steigerung hin zu mehr Geschlechtergerechtigkeit. Noch 2021 kritisierten wir die Kosmetikfirma Dove von Unilever dafür, zwar eine Schwarze Frau in schicken Dessous in Größe 40/42 statt 34 auf ihrem Werbeplakat zu zeigen, darüber aber den Satz zu schreiben: »Body-Shaming muss aufhören!«.[71] Das war, als würden sie sagen: »Ihr seht hier eine normalgewichtige Frau, wir lassen das endlich zu in der Werbung, so nett sind wir, aber da draußen finden sie ja – außer uns, natürlich! – alle dick und hässlich. Nur wir können sie erlösen, mit Dove Körperlotion!« Auch H&M hatte eine umwerfend schöne Bademodenkampagne mit dem »Plus-Size«-Model Paloma Elsasser, ließ ihr aber beim Gang zum Meer alle Hater-Kommentare durch den Kopf gehen, bis sie sich – mit Sprung ins Wasser – wortwörtlich reinwaschen konnte von all den bösen Kommentaren. Dank H&M-Bikini!

Diese Werbung nennen wir eher »Pinkwashing« als wirklich ermächtigend. Dahinter steht keine klare Intention, Frauen ein gesundes Körpergefühl zu vermitteln, sondern immer noch die Strategie, Frauen zu verunsichern. Im Frühjahr 2022 schien es dieses Problem in der Außenwerbung auf einmal nicht mehr zu geben. Die italienische Dessous- und Bademodenmarke Intimissimi, die jahrelang mit sehr schlanken Frauen geworben hatte, zeigte als eine der Ersten ein Model, das nicht Size Zero trug. Einfach so, ganz allein, auf einem Plakat. Sie sah nicht gewollt aus, da sie nicht künstlich neben drei superschlanken Models hindrapiert war nach dem Motto: »Okay, da habt ihr euer diskriminiertes Extra!« Stattdessen glänzte sie ganz entspannt und allein auf einem riesigen Digitalscreen. Wow. Wir waren angekommen. Von Demonstrationen mit Megafon über Shitstorms und Hasskommentare hin zu einer neuen, entspannten Normalität.

Es gibt aber immer noch viel Luft nach oben, insbesondere in einer Zeit, in der durch den gesteigerten Medienkonsum und die Einsamkeit im Rahmen der Coronamaßnahmen 50 Prozent mehr Essstörungen unter jungen Mädchen erfasst wurden. In einer Zeit, in der gerade sie sich mitunter kaum trauen, ihre über zwei Jahre im Schulunterricht getragenen Masken abzusetzen, weil sie nie gelernt haben, ihren Mitschülern ihr Gesicht zu zeigen. Wir haben noch sehr viel zu tun. Aber es scheint machbarer geworden zu sein.

◦

Werbung alleine macht keine Gleichberechtigung. Doch unsere Entwicklung von einem Land, in dem das Credo *Sex sells* in jedem Marketing-Kurs an der Uni unterrichtet wurde, hin zu einer Wirtschaft, in der diese Meinung als gestrig angesehen wird, ist bemerkenswert. Und sie hatte einen durchaus radikalen Anfang. Heute wird Pinkstinks bundesweit angefragt: für Vorträge, für Arbeitsmaterialien an Schulen, für Theaterprojekte in Schulklassen.[72] Manchmal noch schreit ein Elternteil, das sei »Frühsexualisierung!«, weil darin erklärt wird, dass auch Jungen mit rosa Ponys kuscheln dürfen. Aber heute sind eher *das* die radikalen Meinungen, denen ein breiter Mainstream, der sich verändern und mehr Geschlechtergerechtigkeit will, verwundert gegenübersteht.

Von Generation Burn-out zur Work-Life-Balance: Was heißt das für den Feminismus?

Die Geschwindigkeit der Medien und sozialen Netzwerke heute ist verrückt. Das zeigt sich vor allem daran, wie sehr sich unser Arbeitsalltag verändert hat. Gut zehn Jahre lang saß ich oft spät am Abend oder am Wochenende auf dem Sofa, arbeitete, Handy am Ohr und Laptop auf dem Schoß, und sagte Dinge wie: »Das muss *jetzt* raus!« Ob Fundraising-E-Mail, Newsletter, Social-Media-Post oder -Kommentar zu den neuesten Entwicklungen beim *Playboy* – jahrelang galt es für mich auf jeden Zug aufzuspringen, egal, ob Wochenende, Freitagabend oder früh am Morgen. Jede Information in Windeseile in eine Kampagne verwandeln, Pressemitteilungen schreiben, recherchieren, Journalist*innen hinterhertelefonieren und Social Media managen: Das gehörte einfach zum ganz normalen Arbeitsalltag dazu. Work-Life-Balance hingegen war ein Wort, das Nils Pickert und ich, die Pinkstinks ins Rollen brachten, nicht kannten. Mit Kindern und ebenso erwerbsarbeitenden Partner*innen waren es Jahre voller anhaltender Cortisol-Schübe.

Das ging so lange, bis einige der jungen Menschen, die bei uns einstiegen, uns von Anfang an klarmachten, dass sie nach Feierabend und am Wochenende einfach nicht erreichbar sein würden. Diese neue Generation brachte auch für uns eine neue Arbeitskultur mit: Überstunden wurden genau aufgeschrieben, wir achteten auf »Ausgleich« (ein uns absolut fremdes Wort). Das beeindruckte uns und nervte gleichzeitig ungemein. Wenn ich jüngeren Aktivistinnen erzähle, mit welchem Aufwand wir Pinkstinks aufgebaut haben, können die das häufig kaum glauben. Anfänger*innen in unserer verrückten Welt würden gerne bei den Sendern und Presseagenturen als Kontaktperson hinterlegt sein, um ihre Anliegen oder das einer Organisation, der sie verbunden sind, voranbringen zu können. Aber dahinzukommen ist sauschwere Arbeit. Besonders Millennials scheinen häufig kaum noch bereit, sich dafür derart zu verausgaben und zu überfordern, wie wir es taten.

»Wir« zwischen 45 Jahren und Rentenalter kommen noch aus einer Generation, die für Praktika nicht bezahlt wurde – sich aber anders als die heutigen Jungen auch nie getraut hätte, eine Bezahlung für dieses Lernendürfen einzufordern. Wir hätten nicht gewagt, etwas besser zu wissen als unsere Vorgesetzten und über unsere Arbeitskonditionen mitreden zu wollen. Auf uns wirkt diese neue Generation manchmal merkwürdig »befindlich« – und gleichzeitig sind wir ganz schön neidisch auf sie. Wie, die dürfen sich Überstunden auszahlen lassen? Müssen neben Praktika nicht abends noch kellnern? Ja, natürlich. Alles andere ist und war ja auch verrückt.

●

In vielen Dingen erleben wir gerade eine gute, richtige Wandlung, keine Frage. Für den Feminismus bedeutet die beschriebene Veränderung auf dem Arbeitsmarkt jedoch: Es gibt keine große, feministische, gemeinnützige Organisation mehr, die tages- oder besser gesagt minutenaktuell arbeiten kann, wie wir es jahrelang tun mussten, um gehört zu werden. Zwar schreiben wirtschaftliche Medienunternehmen wie *Edition F* oder das *Missy Magazine* tagesaktuell. Wir sehen auch coole Menstruationskampagnen von Firmen, die Sanitärprodukte herstellen oder Vielfaltskampagnen von Kleidungsmarken – aber es steht immer Wirtschaft dahinter.

Heute sind es einzelne Aktive oder Autor*innen – wie Sophie Passmann, Jasmina Kuhnke oder Ninia LaGrande – die auf Twitter oder Instagram laut werden und raushauen, wenn es etwas zu vermelden gibt. Oft macht das auch eine Welle, mit Glück eine gewaltige, wie 2017 die #MeToo-Bewegung. Aber es gibt im Feminismus keine prominente Non-Profit-Organisation mehr, die eine solche Welle mit vehementem Bewerben im Netz, mit Pressemitteilungen und -gesprächen vorantreibt oder mit konzertiertem Shitstorm das Fehlverhalten von Firmen oder Werbeagenturen verfolgen kann, Druck macht und aufklärt.

Pinkstinks ist inzwischen die wichtigste Bildungsorganisation Deutschlands zu den Themen Antisexismus und Geschlechterrollen geworden, aber ohne dass sich die Mitarbeitenden immer noch im früher bei uns üblichen Tag-und-Nacht-Aktivismus komplett überfordern müssten. Darüber freue ich mich riesig. Aber manchmal trauere ich auch den alten Zeiten nach, als wir sofort, sehr laut und wütend im Netz Wirbel machten, die halbe Nacht durch, bis *Stern, Focus, Spiegel* und dann die TV-Sender bei uns anriefen und sich alle mit den Themen beschäftigen mussten. Aber dass wir Alten heute im warmen Wohnzimmer sitzen, Vorträge und Bücher schreiben können, ist ja vielleicht auch ganz schick. Man wird ja nicht jünger.

Wenn wir genau hinschauen, stellt sich die Frage: Braucht es diese Form von Aktivismus heute überhaupt noch? Müssen wir als Generation nicht eher aushalten, dass wir ein Stück überflüssig geworden sind? Pinkstinks, das bestätigten uns viele große Werbeagenturen, war anstrengend, nervig, hartnäckig – und hat gerade deshalb viel erreicht.

Eine junge Generation Kreative wurde von unseren Aktionen, Broschüren, Videos und Veranstaltungen inspiriert und mitgenommen. Sie verändert heute die Agenturwelt von innen. Der Ad Girls Club hat es geschafft, die größten deutschen Werbeagenturen unter einer gemeinsamen Agenda zu versammeln, die die Agenturen zu mehr Gleichstellung und Anti-Sexismus-Arbeit verpflichtet. Wenn man heute im Video-Call mit einem (leider meist noch männlichen) Geschäftsführer der großen Werbeagenturen sitzt, ist daneben oft eine zweite, jüngere, meist weibliche Person zugeschaltet, bei der ab und zu ein Regenbogenbanner den Hintergrund ziert: eine sogenannte DEI-Beauftragte (das steht für Diversity, Equity and Inclusion).

Die Gedankenwelt der alten weißen Männer in den Agenturen hat es mittlerweile schwerer: Sexistische Kampagnen kommen aus diesen Häusern heute garantiert nicht mehr. Mit einer jungen Generation, die nicht nur auf Work-Life-Balance, sondern auch auf gendergerechte Sprache, antisexistische Kampagnen und Ansprechpersonen für Sexismus am Arbeitsplatz setzt, ist die Ausbeutung von jungen Frauen schwer geworden. Vor allem, weil die heutigen Interessenvertretungen wie der Ad Girls Club neben ihren Gender-Kernthemen in den Netzwerken immer wieder das Thema Mentale Gesundheit aufbringen und davor warnen, sich verbrennen zu lassen. Gerade in der Kreativszene, in der gute Ideen gefühlt im Sekundentakt rausgeschossen werden müssen, ist dieser Punkt so wichtig: Burn-out ist hier ein noch immer großes und viel zu häufiges Problem. Auch, wenn die Arbeitszeiten in gemeinnützigen Organisationen heute regulierter sind, hat die Werbeszene hier noch großen Aufholbedarf.

Der Widerstand und die Klarheit, die diese Generation aufbringt und mit der sie verhandelt, imponiert mir gerade deshalb mächtig.

Die neue bunte Welt der sozialen Netzwerke

Die Nachwuchskräfte sind heute nicht nur in der Werbebranche rar geworden – denn wer will schon zwölf Stunden am Tag dafür arbeiten, dass sich der Chef die eigenen Ideen klaut? Eine geburtenschwache Generation darf wählen, wo und wie sie arbeiten möchte, und Bedingungen stellen. Wenn diese Bedingungen durch unsere Generation und unseren Aktivismus beeinflusst wurden, können wir uns nur freuen, denn dann führen die Jungen unsere Forderungen auf ihre – sehr viel gesündere – Weise weiter.

Wenn wir Älteren wie Waldorf und Statler aus der Muppet-Show vom Balkon heruntermeckern, dass heute niemand mehr so arbeiten kann wie wir: Ist das besonders originell? Nein. Wohl kaum eine Generation fand je, dass die nach ihr etwas besser macht oder effizienter arbeitet. Schon Eichendorffs bekannte Novelle *Aus dem Leben eines Taugenichts* war 1826 gerade deshalb ein Bestseller: Die Verachtung der Generationen, die das Buch thematisiert, richtet sich nicht nur nach oben, sondern auch nach unten. Das Thema ist zeitlos. Wir wollen für unser Leistungen respektiert und nicht einfach vergessen werden von jenen, die nach uns kommen. Dafür tragen wir bisweilen etwas dick auf: *Wir* haben das am besten gemacht! Vielleicht sollten wir uns öfter selbst auf die Schulter klopfen und uns versichern, dass wir getan haben, was wir konnten, und dass das wahrscheinlich nicht schlecht war. Dann müssten wir weniger Anerkennung von den Jungen fordern.

Für mich ist es eine Riesenfreude, beispielsweise mit dem Ad

Girls Club heute gemeinsam Vorträge zu geben und zu sehen, wie grandios diese junge Generation arbeitet. Ganz anders als wir damals, aber mindestens ebenso wirkungsvoll. Sicher auch, weil wir ihnen mit unserer Arbeitsform einige Widerstände aus dem Weg geräumt haben, so wie die Generation vor uns noch dickere Brocken aus dem Weg räumte. Gerade deshalb geht das Meckern nicht auf: Wenn wir von jeder nächsten Generation Dank einfordern wollen, müssen wir uns erst mal umdrehen und uns vor der Generation vor uns verbeugen. Deshalb lassen wir diesen Wettstreit doch lieber ganz und bleiben liebevoll bei uns.

•

Heute setzen Aktivist*innen für die große Reichweite, die für die Sensibilisierung gegen Sexismus wichtig ist, auf Social Media, wie zum Beispiel Instagram. Auf Kooperationen und klickbare, hochprofessionelle Videos, Mediagelder für Posts und Content-Planung: alles, was zwischen neun und maximal 17 Uhr eingeplant, abgesprochen, effizient und durchdacht produziert und organisiert werden kann. Das bringt Ruhe, Machbarkeit und Planungssicherheit und ist trotzdem sehr effektiv. Aber heute wie damals sind wir abhängig von den Algorithmen der Social-Media-Plattformen.

Vielleicht kennen Sie den Film *The Circle* mit Emma Watson nach dem gleichnamigen Buch von Dave Eggers. Darin wird ein Web-Unternehmen dargestellt, das versucht, die Welt zu beherrschen. Der Film zeigt eine Dystopie, die nicht allzu weit weg von realen Entwicklungen spielt. So hat Google nach Erscheinen des Films auf Druck der Öffentlichkeit hin seine Privatsphäre-Einstellungen optimiert. Trotzdem kennen wir es alle: Ein »Like« für die schicke Pluderhose von der netten Bio-Firma, und wir bekommen auf Instagram nur noch gemütliche Hosen von zahlreichen mehr oder weniger nachhaltigen Unternehmen angezeigt. Auch im Feminismus brauchen wir Daten von ganz vielen Menschen. Nur so erreichen sie Videos, die sie gegen Sexismus sensibilisieren sollen und dafür, ihr Verhalten zu ändern. Wir sind abhängig von Meta und Google, diese Daten für uns zu erheben. Wir müssen wahnsinnig gut aussehen, um auf Instagram Beachtung zu erfahren. Glossy, toll designt, jedes Bild perfekt. Das alles kostet Geld. Auch in dieser Hinsicht ist der Selfmade-Aktivismus von früher einfach vorbei.

Wenn ich bedenke, dass wir 2012 halb nackt im Schneesturm Straßentheater spielten, um auf sexistische Werbung aufmerksam zu machen, und dass das funktionierte! Erst berichtete eine Zeitung, dann die nächste – auf die Art könnte das heute nichts mehr werden. Gelesen wird in den sozialen Netzwerken immer weniger. Und die Bilder dazu – ein paar halb nackte Durchschnitts-Menschen im eklig nasskalten Schnee, niemand von uns war jung, groß und hatte »perfekte« Körpermaße – würden in den kurzen Aufmerksamkeitsspannen von Instagram keine Beachtung finden. Vermutlich würden nicht mal mehr die Frauen von Femen, die oft Modelmaße hatten und oben ohne demonstrierten, heute noch entsprechende Klicks bekommen, weil soziale Netzwerke von US-amerikanischen Konzernen wie Meta eher auf prüde Weltbilder setzen und nackte Busen grundsätzlich zensieren.

Die wenigen Einzelaktionen, Flashmobs und kleinen Demonstrationen zeigen heute kaum noch Wirkung – es sei denn, sie sind so radikal, dass sie als gefährdend eingestuft werden, wie aktuelle Debatten um Klimaproteste zeigen. Höchstens große Demonstrationen, in denen sich Zehntausende auf eine Botschaft einigen können, erregen noch die Gemüter in der Presse. Das sind Entwicklungen, die uns zu Recht Angst machen können. Auf der einen Seite ist das Internet ein Segen: Nie konnten wir so schnell so viele Menschen sensibilisieren. Andererseits müssen wir wachsam bleiben. Wie sehr vereinnahmt uns der digitale Kapitalismus, was ist in seinem Rahmen überhaupt noch möglich? Wie weit führen wir Sensibilisierung für Sexismus ad absurdum, wenn wir dabei Beauty-Filter benutzen müssen? Wie viel Macht haben wir noch im digitalen Zeitalter, wenn für jedes Thema so geringe Aufmerksamkeitsspannen vorhanden sind, dass wir nichts zu Ende diskutieren können? Und wie anders hart ist in dieser digitalen Schnelligkeit das Arbeiten geworden?

Dies sind die großen Themen, denen sich die nächste Generation stellen muss. Sie wird sie anders angehen, auf ihre Weise, mit ihren Möglichkeiten und Arbeitsweisen. Ich bin gespannt darauf, was sie kreieren, was da kommen wird. Sie findet eine wieder andere Welt und andere technische Entwicklungen vor, als wir es taten. Gleich bleibt aber, dass Bilder, die uns umgeben, uns prägen – sei es die um 1900 in der Zeitung gedruckte »Reklame« von Maggi mit Köchin im hochgeschlossenen Kleid oder 2023 das Instagram-Reel von einem Wechseljahre-Eiweißshake gegen Müdigkeit und Leistungsabfall. Bilder, bewegt oder nicht, die Produkte verkaufen, tun dies oft über Menschenbilder, die man nachahmen möchte. Während wir kritisch beobachten, was da mit uns gemacht wird, sollten wir gut schauen, wie wir uns selbst über diese Mechanismen verkaufen, welches Menschenbild wir darstellen, bekräftigen oder erfolgreich verändern. Vom Medium, das wir einst stark bekämpften und heute noch kritisch kommentieren, können wir sehr viel lernen und für unsere eigene Arbeit mitnehmen. Und umsetzen in gute Kampagnen, mit denen wir Menschen für den Feminismus begeistern.

FÜNF

Gendersprache nervt!

Feuerpause

Der Automechaniker meines Vertrauens ist eine coole Socke. Man sollte das in den 2020er-Jahren nicht mehr betonen müssen, aber Paul ist ein Vater, der zu Hause nicht nur »mithilft«. Weil seine Frau feste und lange Bürozeiten hat, er als Selbstständiger hingegen halbwegs zeitlich flexibel arbeiten kann, ist er tagsüber Hauptsorgeperson für seine kleinen Söhne. Für aktive Väter habe ich einen »soft spot«. Zudem ist er wahnsinnig lieb mit den Kids. Er ist schnell und schlau, und während er meinem Fiesta die Reifen wechselt, quatschen wir meist in einer Tour. Über Kita-Essen, Kryptowährung, Europapolitik oder unsere Gemüsegärten – egal, welches Thema, wir sind sehr oft derselben Meinung und lachen oft.

Umso mehr überraschte es mich neulich, als Paul schlechte Laune hatte. Ich fragte ihn, ob er okay sei. Ach, die Kinder hätten schon wieder keine Schule, wieder eine Lehrerin corona-positiv. Und überhaupt: Aus Deutschland müsste man eigentlich auswandern. Meine britische Hälfte lachte zustimmend auf, denn Deutschland ist mir manchmal zu ernst, negativ, zwanghaft und bürokratisch. Ich fragte Paul, warum er das finde. Seine Antwort brachte mein »Modern-Dad«-Bild, das ich von ihm hatte, gehörig durcheinander: »Wegen dieser Scheiß-Gendersprache. Das hält doch kein Mensch mehr aus. Die ruinieren doch alles. Ein reines Verhunzen!« Oh je, dachte ich. Was machte ich nun damit?

»Weißt du was, du Lieber«, sagte ich so locker und fröhlich, wie es meine Erschrockenheit zuließ, »ich verdiene ja mit Dingen wie Gendersprache mein tägliches Brot. Wenn du möchtest, kann ich dir gerne ein paar Lesetipps geben, und wir unterhalten uns irgendwann mal ganz in Ruhe darüber?« Er drehte sich um, und das machte mich nervös. Ich redete schneller. »Ich will dich überhaupt nicht bekehren, du darfst Gendersprache auch gerne ätzend finden, das ist dein volles Recht. Niemand muss das Neue toll finden und wir werden uns alle vermutlich noch viel darüber streiten. Aber deine Kinder werden wahrscheinlich irgendwann gendern und vergessen haben, dass es jemals anders war.« Zugegeben, das war vielleicht nicht die diplomatischste Antwort, die ich hätte geben können. Und danach passierte etwas, das uns noch nie passiert war: Wir schwiegen.

Ich hielt mich unsicher an meinem Fiesta fest, während Paul die letzten Schrauben anzog, seinen Rücken in meine Richtung gedreht. Ich weiß nicht, ob er mich einfach saudoof fand oder nachdachte. Ich fühlte mich einmal wieder als anstrengende Feministin und spürte, wie blöd das war. Dieses Anecken, Nicht-gemocht-Werden, nachdem wir doch eben noch auf einer Seite gewesen waren. Als er fertig war, gab ich ihm das Geld, er lächelte mich entspannt an und wir beide verabschiedeten uns so freundlich wie immer. Das beruhigte mich. Es war die Sprachlosigkeit, das Ungeklärte, das stille Aushalten der Nicht-Einigkeit, die ich als schmerzlich empfunden hatte. Aber schlimm, nein, schlimm war das eigentlich nicht. Auf der Autofahrt nach Hause merkte ich, dass dieses Nichtssagen eigentlich besonders war und öfter vorkommen sollte. In Uneinigkeit gemeinsam zu schweigen, aber freundlich und sanft in Kontakt zu bleiben.

Gendern ist hässlich

Die Gründe, die Paul in seinem kurzen Wutausbruch angeführt hatte, sind dieselben, die fast jede Gegenmeinung zum Gendern aufruft. Paul sagte, er habe wirklich Wichtigeres zu tun als zu gendern. Überhaupt gebe es sehr viel wichtigere Dinge auf der Welt. Gendern sei künstlich und vor allem wahnsinnig hässlich. Ganz ehrlich: Er hat damit überhaupt nicht unrecht.

Wenn ich während meiner Begegnung mit Paul nicht so baff gewesen wäre und in meiner Freizeit so ungern über Genderthemen reden würde, hätte ich ihm in allen Dingen zugestimmt. Gendern ist unfassbar hässlich. Die inklusiven Substantive mit Doppelpunkt oder Sternchen (Mechaniker*in) finde ich gar nicht so schlimm, an die kann man sich schnell gewöhnen. Aber was, wenn Artikel oder Possessivpronomen dazukommen? Was soll eine an diesem Satz begeistern: »Egal, welcher*m Mechaniker*in ich von meinem Job erzähle, sie*er schaut erstmal etwas skeptisch.« Eingeschworene Gender-Profis rügen sogleich, dass ich ja auch nicht so kompliziert daherreden muss. »Autobegeisterte finden Gendersprache nicht immer einleuchtend«, wäre ja auch ein möglicher Satz gewesen, in dem kein einziges Sternchen vorkommt. Nur, wer redet denn bitte so? Wer denkt erst mal lange nach, damit nur substantivierte Adjektive (Begeisterte, Zu-Fuß-Gehende, Buchlesende) im Satz vorkommen? Mal davon abgesehen, dass ich nicht von Autobegeisterten als solchen, sondern meinen Bekannten in Pauls Werkstatt sprach. Ganz speziellen »an Autos Schraubenden« also. Was weiß ich, wie es im Umland von Berlin oder Stuttgart aussieht und wer da Reifen wechselt.

Nicht alle Menschen in bestimmten Gruppen sind nämlich gleich. Wenn ich genau und ohne Generalisierung benennen will, an wen oder was ich denke und dabei gendere, wird es potenziell höllenhässlich. Dafür darf mich die bierernste Seite der Gender-szene jetzt hassen, aber das ist meine werte Meinung. Auch wenn ich mich daran gewöhnen kann, konsequent zu gendern, sodass es nicht mehr nach Schluckauf klingt –»welcher*m Mechaniker*in« bereitet mir trotzdem ein leicht rhythmisches Kopfzucken, das mich wie einen Leguan beim Fliegenschnappen aussehen lässt. Völlig verständlich, dass Leute das bescheuert finden.

Neulich erklärte ich in einem meiner Seminare zu Gendersprache, wie man mit Unternehmensvorständen das Gendern üben kann. Ich witzelte, dass man den Glottisschlag, also die in unserer Sprache in manchen Wörtern wie Ei-klar bekannte Lücke, sehr leicht auch mit resistenten älteren Herren trainieren könnte: »Sprechen Sie mir nach: Ver-ursachen. Versicherungsbetrüger-in. Versicherungsnehmer-innen. Ja, sehr gut, die Herren!« Gendern fühlt sich mit etwas Übung nämlich gar nicht mehr so merkwürdig und fremd an, und bei gegendertem Plural oder Singular finde ich unsere aktuelle Art, inklusiv zu gendern, auch hilfreich. Aber bekommen wir die Pronomen-Aufreihung (er/ihr/sie oder er*sie) auch so locker von der Zunge, oder die Aneinanderreihung von männlichen, weiblichen und non-binären Fallversionen (seiner/deren/seinem oder seiner*m)? Puh. Also bitte, das darf man schon kompliziert und umständlich finden. Vor allem, wenn man den Sinn darin nicht erkennt.

Warum Sprache so wichtig ist

Als junge Feministin, frisch promoviert und Anfang dreißig, plä-dierte ich dafür, das mit der Gendersprache bitte zu lassen. Ich war blutjunge Mutter, Genderforschungsdozentin an der Universität

Hamburg und ehrenamtlich die erste Genderbeauftragte einer großen Hamburger Kirchengemeinde. Dort organisierte ich Gender-Kino-Abende, an denen wir Science-Fiction-Filme wie *Matrix* oder *Alien* schauten und uns über darin vorkommende Bezüge zu Religion und Gendertheorie unterhielten. Das Programm war besonders an ältere Teilnehmende gerichtet. Für sie waren diese Filme zunächst ungewohnt futuristisch und befremdlich, sie nahmen das Angebot aber interessiert an: Die Abende ebneten ihnen nämlich einen Zugang zu ihren Enkelkindern. Sie eröffneten ihnen neue Möglichkeiten, mit den Jugendlichen über deren Themen zu sprechen. Viele Ältere bemühen sich liebevoll und geduldig um diese Verständigung, obwohl ihre Welt und die der Jugend vielleicht nie unterschiedlicher waren als heute. Das imponiert mir unglaublich.

Über meine Tätigkeit und die Organisation dieser Abende hatte ich mit der Generation direkt über mir zu tun. Darunter waren auch ältere Feministinnen im Kirchenvorstand. So sehr ich die ganz Alten reizend fand, gab es in meinem Verhältnis zu denjenigen, die rund zwanzig Jahre älter waren als ich, eine gewisse Spannung. Sie mochten meine Energie und meine Ideen, korrigierten mich aber immer wieder in meiner stur maskulinen Sprache. »Wieso bist du Feministin und genderst nicht?« Ihr kritischer Blick ging mir unglaublich auf die Nerven. Da sie a) alt waren und b) alt waren und c) alt waren, hatten sie doch eh keine Ahnung. Ich konnte sie einfach nicht ernst nehmen. Sie kamen für mich aus einer anderen Welt, die im Feminismus nichts mehr zu sagen hatte. Ich wusste es einfach besser, das war doch glasklar.

Diese Frauen waren so alt wie ich heute, um die fünfzig, nach meinen heutigen Kriterien also noch ziemlich jung. Sie waren nicht nur hoch studiert und belesen und hatten schon fast drei Jahrzehnte beruflich Großes geleistet, sie hatten auch zwanzig

Jahre mehr Erfahrung darin, als Frau in dieser Welt zu leben. Wieso meinte ich, mit meinen paar popeligen Jahren auf dem jungen Buckel so viel schlauer zu sein? Wir sprachen eingangs darüber: Kinder – und die Frauen hätten ja knapp meine Mütter sein können – wissen es einfach besser. Wenn Kinder diese sture Überzeugung nicht hätten, wie sollten sie durch die ersten Jahre im Erwachsenenleben kommen? Woher sollten sie den Mut nehmen? Sie kennen das sicher: Ständig wird man von seinen Kindern belehrt,»wie man das heute macht«, und dass das natürlich die»richtige« Art ist.

Hinzu kam, dass ich damals auch noch aus dem angesagten London zurück ins»provinzielle« Hamburg umgezogen war und zur aktuellsten Genderforschung promoviert hatte. Na also! Wie sollte ich nicht im Recht sein? Ich hatte die letzten zehn Jahre in England verbracht, war dort akademisch sozialisiert worden und hatte mir über Gendersprache nie groß Gedanken machen müssen. Die Diskussion über Pronomen war noch am Anfang, auch in Großbritannien, und eine weibliche Berufsform gab es im Englischen selten (a police officer*ess* gibt es nicht). Ich verstand nicht, warum diese Frauen das generische Maskulinum abschaffen wollten und nicht einfach nur umdefinierten: Frauen und nichtbinäre Personen waren ab heute tatsächlich und wirklich mitgemeint und fertig. Was machten die das so kompliziert!

●

Natürlich kannte ich die Studien, dass Kinder traditionell männliche Berufe wie Arzt, Geschäftsführer oder Ingenieur gerade in der männlich geschriebenen Form nicht als potenzielle Berufe für Frauen wahrnehmen und Mädchen sich deshalb selten vorstellen können, Ärztin, Ingenieurin oder Geschäftsführerin zu werden.

Oder Studien, die beweisen, dass Menschen Frauen gar nicht mitdenken, wenn sie nicht die männliche und weibliche Form eines Substantivs hören. Es gibt ausreichend Forschung, die zeigt, dass gendergerechte Sprache dringend notwendig ist, wenn wir Frauen fördern und ihnen zu Sichtbarkeit in unserer Sprache verhelfen wollen. Diese Studien interessierten mich jedoch nicht, also nahm ich sie auch nicht ernst.[73] Ebenso kennen sicher viele hier Mitlesende das folgende Rätsel, das den Sinn der Gendersprache begründen soll:

Vater und Sohn haben einen Autounfall. Der Vater stirbt am Unfallort. Das Kind wird direkt ins Krankenhaus gefahren, es ist schwer verletzt. Im Krankenhaus werden die Chefchirurgen gerufen, einer davon tritt an den OP-Tisch und sagt:»Oh nein, ich kann das Kind nicht operieren, es ist mein Sohn!« Wie kann das sein?

Dieses Gedankenexperiment funktioniert leider nur in einer Welt, in der man automatisch von Vater und Mutter ausgeht und ein homosexuelles Elternpaar aus zwei Vätern nicht naheliegend ist. Weil wir es so gewohnt sind, uns unter Chirurgen – vor allem Chefchirurgen! – Männer vorzustellen, verwirrt uns die Geschichte, weil der Vater doch schon tot ist. Wie kann er gleichzeitig im OP sein? Er ist es nicht. Der diensthabende Chirurg ist natürlich die Mutter des Kindes.

Wie alle Gegner der Gendersprache brachten mich solche Geschichten kurzzeitig zum Stutzen. Ich befand dann aber, dass jetzt »einfach« nur ganz viele Frauen »Arzt« oder »Chirurg« werden mussten, dann würde sich das schon ändern. Dann würde man sich auch sofort unter »Chirurgen« mindestens eine Frau vorstellen können. Immerhin hatte meine Mitbewohnerin an der Universität Nottingham gerade in Neurobiologie promoviert! Na also! Es ging doch voran!

●

Was ich heute einer jüngeren Generation vorwerfe, ist, was mir selbst mit dreißig Jahren eigen war: Ich sah selten über meine eigene hochstudierte Blase hinaus. Meine Eltern hatten Realschulabschluss, nicht studiert und vertraten daher bei vielen unserer Diskussionen andere Ansichten als ich. Wir hatten andere Rede- und Lesegewohnheiten und andere Quellen, derer wir uns bedienten. Für mein damaliges Ich kamen sie damit praktisch von einem anderen Stern. So wie man Eltern ab einem bestimmten Alter nicht mehr richtig ernst nimmt, nahm auch ich kaum etwas ernst, was nicht in meiner direkten Welt vorkam. Wie so oft waren es Kinder, in diesem Fall meine Kinder, die mich aus meiner Bubble herausrissen. Menschen, die uns sehr am Herzen liegen, sind oft die Einzigen, die uns umstimmen oder unseren Blick weiten können, weil wir nur das Beste für sie wollen oder sie schützen möchten und uns deshalb und für sie in Bewegung setzen. Diese Bewegung fällt schwer und schmerzt, weil die gefestigte Meinung auch einen sicheren Hafen, eine Schutzburg der Identität bietet. Aus der treten wir oft nur heraus, wenn es um eine sehr wichtige Sache geht. Zum Beispiel – um jemandem entgegenzukommen, den wir lieben. Den wir verlieren oder dem wir schaden könnten, wenn wir seine Sicht nicht beherzigen. Also waren es meine Lütten, die mich von der Notwendigkeit der Gendersprache überzeugten.

Meine kleinere Tochter hatte als Kind die charmante (und für Eltern zugegebenermaßen ziemlich herausfordernde) Angewohnheit, alles ganz genau wissen zu wollen. Vor allem Sprache interessierte sie mächtig. »Und was heißt dieses Wort?«, fragte sie schon, während andere noch über vieles weghörten oder im Gesamtzusammenhang eine Deutung fanden, die sie zufriedenstellte. Während ich noch Verfechterin des generischen Maskulinums war, fragte meine Fünfjährige mich eines Tages, als ich sie aus der Kita abholte: »Mama, wieso sagst du immer ›Erzieher‹? Wir haben doch nur Sven. Alle anderen sind doch Erzieher*innen*.« Das hatte gesessen. Der Kampf in mir, die Studien auszublenden, die genau dies immer bezeugt hatten – dass Kinder das Genus von Berufsbezeichnungen viel ernster nehmen als wir Erwachsenen –, endete in diesem Moment zugunsten der Gendersprache. Ich gab auf. Die hatten recht. Ich begann, von einem Tag auf den nächsten, zu Hause zu gendern: Meine kleine Tochter war fünf, meine große acht Jahre alt. Interessanterweise hinterfragten sie diesen Schritt nie, sie schauten nur kritisch oder korrigierten mich, wenn ich es nicht tat, denn Gendern war für sie das »Logischste« der Welt.

Das Sternchen als Einladung, Neues auszuprobieren

In vielen Bereichen bietet gendersensible Sprache ganz konkrete Nutzversprechen, vor allem im Berufsalltag. Frauen, die in der »Teilzeitfalle« landen oder in der Hausarbeit bleiben, sind selten finanziell abgesichert und riskieren viel. Auch die Doppelbelastung von beruflicher und häuslicher, also bezahlter und unbezahlter, auch emotionaler Arbeit, trägt dazu bei, dass Frauen in geringerem Umfang erwerbstätig sind und deshalb auch weniger verdienen, was schließlich zu weniger Mitsprache in Politik und Wirtschaft führt. Gerade Hausfrauen arbeiten grundsätzlich in einem sehr prekären Business. Altersarmut unter Frauen, die während der Jahre der Kindererziehung gar nicht oder nur wenig verdienten, ist nach wie vor ein großes Thema. Es gibt noch zu viele Mütter, die aus Liebe zu den Kindern oder aus Angst, als »Rabenmutter« zu gelten, gar nicht, oder wenn überhaupt nur wenige Stunden in der Woche berufstätig sind. Dadurch entgehen ihnen für ihre Karrieren Verwirklichungschancen, und die Rente bleibt klein. Sehr oft arbeiten sie in traditionell weiblichen Berufen wie Arzthelferin, Verkäuferin, Tagesmutter. Wie viel besser ließe sich als Elektrikerin die Rente aufstocken, und wie viel mehr würde eine Erzieherin verdienen, wenn mehr Männer in diesem Beruf arbeiten und ihn dadurch aufwerten würden? Gerade deshalb ist es wichtig, von Elektriker*innen und Erzieher*innen zu sprechen und Kindern zu zeigen, dass alle alles werden können.

Die Belastung für Frauen kann nur geringer werden, wenn wir schon Jungen beibringen, dass auch sie Care-Arbeit übernehmen können: damit sie einerseits den Blick und die Sensibilität dafür erwerben, es sich aber andererseits auch zutrauen. Wir können durch frühen Kontakt mit Vorbildern Jungen und Männern die Angst davor nehmen, traditionell »Weibliches« zu tun. Und erst, wenn auch Männer pflegen und zu Hause emotionale Verantwortung und Tätigkeiten im Haushalt übernehmen, können Frauen entspannter und ohne Schuldgefühle auf dem Arbeitsmarkt tätig sein.

Leider haben wir nach wie vor zu wenig Männer in den Pflege- und Sozialberufen. Sie wären ihren eigenen Söhnen und anderen Jungen ein Vorbild. Vielleicht könnten junge Männer mit einem Praktikumstag in einer Kita, an dem ein männlicher Erzieher von seinem Arbeitsalltag erzählt, rechtzeitig lernen, dass auch Männer »Frauenarbeit« machen können. Vielleicht sogar, dass auch er Erzieher werden kann, und dass das für viele Männer ein cooler, erfüllender Job ist. Mein Jugendfreund Florian wurde erst Jurist, wie man es von ihm in den 1990er-Jahren erwartet hatte.[74] Er war in dem Beruf bitter unglücklich, bis er sich mit über vierzig Jahren traute, umzusatteln und eine Ausbildung zum Erzieher zu machen. Als ich ihn vor Jahren auf der Straße wiedertraf, erzählte er, ein sehr viel glücklicherer Mann und Vater zu sein. Mit vielfältigen Vorbildern ist es viel einfacher, selbstsicher zu handeln. Und wenn eine Berufsbezeichnung nicht Erzieher heißt, sondern Erzieher*in, sind in der gesprochenen Lücke im Glottisschlag oder im gelesenen Doppelpunkt oder Sternchen tatsächlich alle mitgemeint und aufgezählt: alle Frauen, nichtbinäre Menschen und auch die Florians, die jungen Menschen etwas beibringen und sie begleiten können. Das Sternchen oder der Doppelpunkt sind eine Einladung. Eine Öffnung im alten System.

Sprache kann nicht alles bewältigen. Dass wir alle optimalerweise etwas kürzer arbeiten, mehr Zeit für die Familie haben und uns trotzdem beruflich entfalten und aufsteigen können sollten, daran müssen wir parallel mit Druck auf Politik und Wirtschaft arbeiten. Wir brauchen jedoch ein Umdenken auf allen Ebenen. Das Neudenken unserer Sprache, die Männer bevorzugt meint, das Aufbrechen von jahrtausendealten, starren Geschlechterrollen und -normen, in der die Frau meist nur Verzierung am Rand und politisch und wirtschaftlich unsichtbar war, gehört dazu. Was nicht heißt, dass man nicht weiterhin als Mann Betriebswirtschaft studieren kann. Oder als Frau Hausfrau sein kann, wenn man will und es sich leisten kann. Für alle anderen Optionen brauchen wir jedoch dringend Vorbilder, Motivation und Förderung. Damit Männer zu Hause mit anpacken und Frauen Berufe ergreifen, die sie sich sonst nicht zutrauen würden und die sie vielleicht nicht nur finanziell gut aufstellen, sondern auch faszinieren und reizen würden. Vor allem brauchen wir positive Beispiele, damit Frauen und Männer in allen sie betreffenden Bereichen mitreden. Männer würden sicher mehr für ihre Gesundheit tun, wenn das männliche Kümmern und Sorgen – auch für sich selbst! – nicht so verpönt wäre. Auch die aktuelle Gender-Medizin, also die wissenschaftliche und mediale Aufbereitung des Zustands, dass man Frauen als Studienobjekte über Jahrzehnte einfach vergessen hat, zeugt von den Problemen, die sich auftun, wenn wir nicht alle Perspektiven und Wissensquellen einbeziehen.[75]

Deshalb brauchen wir dringend Vorbilder für Mädchen in den MINT-Berufen, alleine schon deshalb, um den Nachwuchsmangel in Deutschland zu beheben. Gerade in den Ingenieurwissenschaften haben wir nach wie vor dramatisch niedrige Zahlen. In die Chefpositionen kommen deshalb auch – nach wie vor – meistens Männer.[76] Sprache allein wird das nicht richten: Wir müssen dringend auch an frühkindliche Vorbilder ran, die noch bei Grimms Märchen feststecken. Aktionen wie ein Boys and Girls Day, an dem Jungen traditionell weibliche und Mädchen klassischerweise männliche Berufe kennenlernen können, sollten eigentlich schon in der Kita stattfinden. In manchen Einrichtungen kommt schon die Schornsteinfeger*in* oder Feuerwehr*frau* zu Besuch.

Auch wenn Sprache allein nicht ausreicht, Veränderung in Gang zu setzen, kann sie – wie Studien klar zeigen – eine große Unterstützung sein.[77] Sie kann einladen, aufrütteln, aufzeigen. Dennoch klammern sich viele an ihren Sprachgewohnheiten fest, versuchen unsere Sprache einzufrieren und als Bollwerk zu nutzen, weil Dinge wie das generische Maskulinum eine Welt repräsentieren, die ihnen vertraut ist, in der für sie kein Veränderungsbedarf besteht und die jetzt in Gefahr zu sein scheint.

Wie die Medien uns gegeneinander aufhetzen

Genau dieses ängstliche und gleichzeitig wuterzeugende Gefühl, das »Alte« verteidigen zu müssen, bedienen Medien gerne mit Schlagzeilen. Sie legen damit nahe, dass Gegenwehr notwendig sei, um nicht der Gender-Meute ausgeliefert zu sein, die wie die russische, französische oder sonst eine Revolution brutal und vernichtend daherkommen könne. Denn bedrohliche oder provokante Schlagzeilen verkaufen sich hervorragend. »Hebammen sollen nicht mehr ›Muttermilch‹ sagen«, hieß 2021 eine Schlagzeile im *Nordkurier*.[78] Wenige Wörter sind ähnlich emotional aufgeladen wie Muttermilch: Der Begriff klingt nach Geborgenheit, Sicherheit, Umsorgtwerden, Babys, die geschützt werden müssen. Die Überschrift suggerierte, dass es das Wort ab sofort nicht mehr gebe und gegen das kühle, sachliche, genderneutrale »human milk« (Menschenmilch) im Englischen ersetzt worden sei – ohne dass irgendwer habe mitsprechen dürfen. Was natürlich riesiger Unfug ist. Jede und jeder darf so oft »Muttermilch« sagen, wie er oder sie will, wenn Mütter laktieren! Die Meldung bezog sich lediglich auf einen Fall, in dem es um gebärende trans Männer ging, denn dann sind die Stillenden Väter, nicht Mütter. In einer Klinik im englischen Bristol (das bekannt für seine queere Szene ist) wurde das Klinikpersonal geschult, bei trans Männern, die dort gebären und ihr Kind stillen, nicht von Mutter-, sondern Menschenmilch zu sprechen. Mehr Information beinhaltete die Meldung nicht. Durch besagte Überschrift landete der Artikel aber bundesweit in den Timelines von Menschen, die sich aufregten und den Untergang des Abendlandes witterten. Dabei hatte niemand gefordert, es solle verboten werden, »Muttermilch« zu sagen.

Als der Ukraine-Krieg begann, meinte Ulf Poschardt[79], Chefredakteur der konservativen *Welt*, Sätze schreiben zu müssen wie:»Die Freiheit wird nicht am Tampon-Behälter in der Männertoilette verteidigt, eher am Hindukusch und ganz konkret bei unseren Freunden in der Ukraine […].« Oder:»Man mag sich das Amüsement über die Idee einer feministischen Außenpolitik vorstellen, während im Kreml die Invasion in die Ukraine minutiös geplant wird.« Diese Sätze sollten die These seiner Überschrift untermauern:»Putin hat keine Furcht vor dem Westen – weil wir so schwach geworden sind.«[80] Der Kommentar versprüht Homofeindlichkeit, Abneigung vor »weichen« Männern und Gender-Diskussionen wie der Transdebatte. Mit Wörtern wie »luschig«, »eitle Dekadenz« und »Bundesclownsrepublik« zeigt Poschardt meiner Meinung nach seine Verachtung für das ganze Gender-Gedöns. Er spricht von einem »verlorene[n] Menschenbild«.[81] Liest man rhetorisch ungeschult seinen Kommentar, könnte man wirklich meinen, der ganze Genderwahn, trans Menschen und »verweichlichte« Männer, die sich irgendwas zu feministischer Außenpolitik anhören, seien schuld daran, dass Putin in die Ukraine einmarschieren konnte.

Dabei hat die Abschaffung der Wehrpflicht in Deutschland nichts mit Gender zu tun, sondern damit, dass wir meinten, mit dem frühen Berufseinstieg und Wirtschaftswachstum Chinas mithalten zu müssen.[82] Wir hätten auch, wie in Israel sehr erfolgreich, Frauen in die Wehrpflicht holen können. Wir glaubten aber, eine große Armee brauche man nicht mehr. Und obwohl diese Fehler jetzt eingesehen und behoben werden, obwohl wir jetzt aufrüsten, sollten wir dringend über feministische Außenpolitik sprechen. Sie kommt vor allem Männern, auch starken Männern zugute, die unter anderem in der Ukraine wenig Lust haben, sich ins Gemetzel zu stürzen. Denn gefordert wurde feministische Außenpolitik als Erstes von kriegsmüden afrikanischen Frauen, insbesondere der

Diplomatin Bineta Diop, Präsidentin der Organisation Femmes Africa Solidarité, die dafür sorgte, dass die Charta der UN um die Resolution 1325 ergänzt wurde. Diese fordert, dass in allen Friedensverhandlungen auch Frauen, Repräsentantinnen der weiblichen Zivilbevölkerung, mit am Tisch sitzen müssen. Denn Frauen haben Söhne, die im Krieg sterben. Sie sehen ihre Kinder leiden, an die sie aufgrund der Arbeitsteilung stärker gebunden sind als Männer. Frauen werden in Kriegsverbrechen vergewaltigt. Sie sehen daher eher Kompromissmöglichkeiten als Konfliktpotenzial. Sie sind oft diejenigen, die mit den Ressourcen haushalten müssen, die Friedensverträge aufteilen.

Deshalb sollten Frauen dringend mitreden, wenn es um Außenpolitik und Friedensabkommen geht. Das haben sie aber weder beim Minsker Vertrag[83] noch beim Friedensabkommen 2020 in Afghanistan. Wir sehen, wozu das geführt hat. So, das ist das eine. Zweitens ist der Krieg in der Ukraine brutal und furchtbar. Aber täglich werden und wurden in Russland schon vor dem Krieg Menschen umgebracht, gefoltert und in ihren Rechten beschnitten, die nichts mit Ulf Poschardts stolzem, kämpferischen, heterosexuellen Soldatenbild zu tun haben. Der Krieg tobte schon längst, bevor er über die Grenze schwappte, um »die westliche Dekadenz« auch im Ausland zu bekämpfen. Der Krieg kam nicht, weil Putin über diese »Luschen« lachte, sondern weil er – als orthodoxer Christ, ultrakonservativer Nationalist und toxischer Männlichkeits-Anhänger – Angst vor ihnen hatte. Weil viel, was sie wollen, sein Regime bedroht. Jede Regenbogenflagge auf den St. Petersburger Protesten am Anfang des Ukraine-Kriegs musste mit Wasserwerfern und Festnahmen bekämpft werden und kann nach wie vor potenziell seine Macht bedrohen, indem diese Menschen mit ihrem »verlorenen Menschenbild« zu viele werden. Die Aktivist*innen, die sich gegen Putin stellen – zum Beispiel die

Nachrichtensprecherin Marina Owsjannikowa, die in einer Nachrichtensendung spontan und unerlaubt auf den Krieg aufmerksam machte – haben unendlich viel Mut. Held*innenhaften Mut. Auch, ohne starke Männer zu sein.

Trotzdem, denke ich, werden Menschen wie Ulf Poschardt von rechts gefeiert dafür, dass sie es »endlich mal aussprechen«: Nur »wahre« Männer können Deutschlands Grenzen schützen! Die wirklichen Feinde sind Gender-Gaga und Gendersprache! Ja, Muskeln, Kraft und Ausdauer helfen in einem Krieg, auf jeden Fall. Schon allein, um durchzuhalten, verletzte Kinder in Krankenwagen zu hieven und vieles mehr. Um jedoch unsere Grenzen zu schützen, brauchen wir eher politische Stärke, sehr gute Diplomatie und erst dann gut ausgerüstete und einsatzbereite Soldatinnen *und* Soldaten, die mit Stahl und Technik umzugehen wissen, wenn alle Stricke reißen. Machotum und reine Muskelkraft werden modernen Bedrohungslagen nicht im Ansatz gerecht, wie wir auch an der Häufung von Cyperattacken rund um den Ukraine-Krieg gesehen haben. Auch, wenn mich Poschardt in seiner ultrakonservativen Rhetorik nervt, bin ich beruhigt, dass in der *Welt* auch andere Autor*innen zu Wort kommen. Ich lese die *Welt Plus* regelmäßig als Ausgleich zum einseitig rot-grünen *Spiegel Plus*. Nicht nur, weil sie manchmal gute Analysen bringt, die meine eher links-grüne Weltsicht herausfordern, sondern auch, weil sie trotz und jenseits von Poschardt positiv von der feministischen Außenpolitik berichten kann und sie sogar in Kommentaren fordern lässt.[84] Von den eher konservativen Blättern konnte ich die *Welt* am ehesten ertragen, als ich auf die Suche nach einem Ausgleich ging – andere empfinden die *Frankfurter Allgemeine Zeitung* oder die *Neue Züricher Zeitung* als ausgewogener.

Gut ist, wenn wir alle breit – von linken bis zu konservativen Medien – lesen, um unseren Horizont zu erweitern und unsere Einstellungen zu hinterfragen. Damit es für uns nicht nur ein Entweder-oder gibt. Wir brauchen Männer, Frauen und Nichtbinäre in der Politik und Diplomatie. Es hilft auch, wenn so viele Menschen wie möglich an die Waffen können, wenn wir sie tragischerweise einsetzen müssen. Ich kann mich freuen, dass mein Mann groß und stark ist, mir das Holz für den Holzofen hackt und mich zur Not vor einem wilden Bären verteidigen kann, weil er zudem ziemlich furchtlos ist und ich eine schreckliche Memme bin. Und gleichzeitig wäre ich nicht mit ihm zusammen, wenn er nicht eine zarte Seele hätte und wir uns nicht alle Arbeiten im Haushalt teilen würden. Es ist absolut okay, Traditionelles schön zu finden oder dem Impuls nachzugeben, das Bekannte dem Neuen zunächst einmal vorzuziehen. Doch es schadet nichts, gleichzeitig eine Sprache zu etablieren, die niemanden ausschließt. Wir sind komplexe Wesen und können das alles gleichzeitig.

Gebe ich nicht meine Freiheit auf, wenn ich alles gendere?

Die wahre Freiheit, von der die Ulf Poschardts dieser Welt so gerne in ihren Artikeln, Kommentaren und Berichten sprechen, liegt doch darin, Systeme zu hinterfragen, gegen den Strom zu schwimmen oder Dinge einfach mal nur sein zu lassen. Anstatt immer nur das generische Maskulinum zu nutzen und Feminismus zu bashen, wäre es doch ultrafrei, wenn beispielsweise Poschardt, der ja durchaus diverse Texte in seiner Zeitung erlaubt, einfach mal zugeben würde, dass ihn seine eigene aufhetzende Marke »Ulf Poschardt« und die konsequente Einhaltung seines einseitigen Storytellings zutiefst langweilt. Das gilt ebenso für Harald Martenstein, Roland Tichy, Don Alphonso, Birgit Kelle oder Jan Fleischhauer, um nur einige zu nennen. Aber der Zwang der Markenstringenz, des »Brandmanagements«, würde das nie zulassen. Das sind eben die Unfreiheiten des Erfolgs und des Geldverdienens, denen wir alle in der ein oder anderen Weise unterworfen sind.

Als ich durch meine eigenen Blogtexte, Interviews und Vorträge der »Marke Stevie Schmiedel« die Plattform Pinkstinks aufgebaut hatte, als ich genug Spenden für ein Büro und Angestellte generiert und wir irgendwann Tausende von Followern in den Netzwerken und einige Tausend Fördermitglieder hatten, standen wir auf einmal vor einem Problem: Ich durfte nicht mehr einfach schreiben, was ich dachte. Was lange funktioniert hatte – dass ich sagte, was ich meinte, auch, wenn das unkonventionell war oder ich mal die Richtung änderte – wurde auf einmal reglementiert. Jeder Shitstorm gegen uns, vor allem aus der eigenen Szene, hätte Arbeitsstellen oder Kooperationen kosten und unseren assoziierten Botschafter*innen Probleme bereiten können. Das Risiko bestand, kostspieliges Chaos im Netz zu produzieren, hätte ich Zweifel an den von »der Genderszene« gemachten Regeln laut geäußert. Hatten wir einmal in einem Text ein Wort nicht gegendert, gab es flugs Kritik, aus der potenziell ein »Pinkstinks ist transfeindlich!« entstehen konnte, ein Satz, der kopflos durchs Netz schoss. Das musste dringend vermieden werden: Nicht auszudenken, wie viel uns ein »falsches« Wort hätte kosten und damit unsere gesamte Arbeit vom einen auf den nächsten Tag hätte stoppen können.

●

Wenn ich nach der Arbeit manchmal zum Reiten aufs Land fuhr, genoss ich es deshalb richtig, nicht gendern zu *müssen*. Obwohl überzeugte Feministin, überkam mich dann manchmal ein innerer Gender-Boykott, eine krasse Genervtheit mit der strengen Genderszene aufgrund des medialen Stresses, unter dem meine Arbeit stand. Gleichzeitig konnte ich hier kreativ mit Sprache umgehen, so frei, wie es mir beliebte. Wenn ich mit jemandem sprach, den ich vielleicht durch meinen eingeübten Glottisschlag hätte verunsichern können, ließ ich es bleiben. Wenn ich nicht anecken wollte, weil ich wusste, dass plötzliches Gendern hier eher Argwohn erregen oder ich als arrogant gelten würde, ließ ich es oder wechselte ab: Mal genderte ich, mal nicht. So machte ich mir mit allen anderen im Frühling Sorgen, wenn kein Regen fiel und das Gras nicht wuchs: »Ob man sich Reiten überhaupt noch irgendwann leisten kann?«. Oder ich fluchte wie ein Rohrspatz, wenn die Pferdeäpfel-Schaufel nicht an ihrem Platz war: »Wie soll eine denn so ihren Putzplatz saubermachen?« Wenn man nicht muss, kann man viel kreativer, sanfter und effizienter die Brüche einbauen, die dem Patriarchat in seinen Grundfesten kleine Risse bescheren sollen. Man kann diese Risse strategischer platzieren – mal hier einen kleinen, hier einen aussetzen und das Gegenüber Luft holen lassen, dort dann wieder einen großen riskieren – sodass vielleicht irgendwann das ganze Haus zusammenstürzen kann und sich alle darüber freuen, weil die Fassade eh renovierungsbedürftig war. Deswegen nutze ich gegenderte Formen mit Sternchen und Co. auch in diesem Buch nicht durchgängig, sondern so, wie es mir passt. Das lässt die Freiheit, niemandem auf die Nerven gehen zu müssen, vermeidet vermaledeite Sätze, die niemand lesen kann und will – und hält dennoch überall dort, wo es nötig ist, einen der Risse zu provozieren, den kleinen, passenden Meißel bereit.

War Sprache nicht schon immer so?

Dieses weniger penetrante, aber effiziente Stören findet sich übrigens ganz großartig und charmant betrieben in der *Bibel in gerechter Sprache*. Diese Bibelversion, die 57 Theologinnen und Theologen 2006 aus den alten Quellen neu ins Deutsche übersetzt haben, soll den Antisemitismus und Sexismus Martin Luthers so weit wie möglich umgehen. Ich finde, sie liest sich wahnsinnig schön. Vor allem kann man wählen: Überall, wo Herr oder Gott steht, gibt es eine Wortleiste oben auf der Seite mit Alternativen, die man statt diesen Benennungen einsetzen kann. Die Alternativen kommen teilweise aus der Thora, teilweise aus anderen Primärquellen, oder es sind von den Theologinnen erdachte Nennungen, die die moderne Gendersprache aufnehmen (Sie*Er). Das liest sich undogmatisch, lässt einem alle Freiheiten und bietet Möglichkeiten, die zum Nachdenken anregen.

Das gilt insbesondere, weil der christliche Gott gar kein Mann ist. Richtig gehört! Doch das wissen nicht alle. Gehen wir zurück zu den Originaltexten, wird Gott an mehreren Stellen der Bibel als Mutter oder weiblich bezeichnet, im Korintherbrief weder als Mann noch als Frau. Ein Bild von ihm machen sollen wir uns ohnehin nicht. Trotzdem wurde Gott über Jahrhunderte als männlich interpretiert, was aus historischer Perspektive für die Entstehung des monotheistischen Gottesgedanken auch sinnvoll erscheint. Denn die aus Ägypten heimkehrenden nomadischen Stämme trafen auf Kanaanäer, die die Gegend des späteren Israels mittlerweile bewohnten. Während die neuen Siedler patrilokal organisiert waren – die Frau zog also ins Elternhaus des Mannes ein – waren die Kanaanäer matrilokal organisiert: Frauen blieben nach der Heirat mit ihrem Mann bei ihrer Familie. Damit einher ging ein höherer gesellschaftlicher Status von Frauen und somit gab es auch weibliche Gottheiten, die verehrt wurden. Da die aus dem heutigen Israel stammenden Siedler die Kanaanäer gerne regieren wollten, greift die jüdische (und später christliche und muslimische) Schöpfungsgeschichte die vielen kanaanäischen Gottheiten auf, vor allem die weiblichen.[85] Die Schlange, die wir in der Entstehungsgeschichte finden, ist an Aschera angelehnt, die kanaanäische weibliche Schöpfungsgöttin, die aber in der Bibel nicht so richtig gut wegkommt. Sie ist zwar schlau, dennoch sollte man ihr nicht trauen. An erster Stelle sollte deshalb lieber ein weiser, starker und gerechter Gott kommen. Am einfachsten, zeigte die Erfahrung, ließen sich Menschen regieren, wenn es eine klare Hierarchie gab. Diese etablierten die Siedler, indem sie sich unter einem männlichen König, Saul, vereinten und eine patriarchale Entstehungsgeschichte niederschrieben: die Genesis. Unter ihrer Führung gab es einen Rat der männlichen Ältesten, eine klare Arbeitsaufteilung zwischen Männern und Frauen, eine Regelung der Erbnachfolge nach Geschlecht und einen männlichen Gott, der all dies legitimierte. Der wurde wiederum legitimiert durch eine Entstehungsgeschichte, in welcher der Mann zuerst da war.[86]

»Adam« heißt zunächst »Erdenmensch« auf Hebräisch und könnte somit genderneutral gelesen werden. Daraus wurden aber zwei Personen, Adam und Eva, und Adam ist ab der Entstehung des nackten, im Paradies herumtappenden Pärchens ein Männername. Außerdem wird Eva in mehreren biblischen Versionen aus einer Rippe dieses Wesens geformt, das einen männlichen Namen trägt. Eva ist also nur ein Zusatz, ein Add-on, irgendwie extra. Genauso liest sich auch die deutsche Sprache, in der die Stammform immer männlich ist und ein Wort nur durch die Endung »-in« weiblich wird. Sprachlich gesehen ist der Mensch oder das Menschenwesen »Adam« immer ein Mann.

Die Entwicklung der deutschen Sprache und Kultur ist eng mit der Bibel verwoben. Der Buchdruck begann mit der deutschen Übersetzung der Bibel, unser Grundgesetz ist von den zehn Geboten geprägt, unsere Kultur zutiefst christlich (unsere Feiertage liegen weiterhin am siebten Tag der Woche, an Ostern, Pfingsten und Weihnachten). Ebenso ist auch das Deutsche, wie wir es heute kennen, in hohem Maß von der Sprache der Bibel beeinflusst: Man(n) spricht eine Sprache, die für regierende Männer gemacht ist. Ist dann das heute als geschlechtsneutral geltende Wort »man« dementsprechend direkt mit »Mann« gleichzusetzen? Und »eine« oder »eine*r« dann nur eine Art Nebenform? Hier gibt es verschiedene etymologische Deutungen. Die einen sagen, Ja. Die anderen, dass »man« indogermanisch von »Mond« abstammt, der im Deutschen eher männlich, in anderen Sprachen aber weiblich ist. Was nun? Was tun? Wer klärt das denn jetzt alles?

Zu überlegen, wo ein Wort herkommt, ist sicher spannend und wichtig. Noch wichtiger ist es jedoch, herauszufinden, wie ein Wort heute gedeutet wird. Auch, wenn »man« möglicherweise eine etymologische Verbindung zu »Mond« hat, wird das Wort heute als »Mensch« genutzt und gelesen. Wir könnten auch davon ausgehen, dass es – ähnlich wie die männlichen Berufsformen in den oben erwähnten Studien – eher als männliche Grundform gehört oder gelesen wird. Wir können daraus persönlich schlussfolgern, dass wir das Wort ersetzen oder umgehen möchten – aber müssen muss das niemand. Es gibt keine feste Regel, der wir uns beugen müssen. Die Freiheit, darüber zu sinnieren, ob uns selbst das Wort zusagt oder nicht, haben wir trotzdem. Ich finde das großartig, sehr liberal und fair: Wir können mit Sprache unsere individuelle Meinung ausdrücken und trotzdem verständlich bleiben. Für klare Regeln gibt es die Kultusministerkonferenz, die die Verbreitung eines Wortes oder einer Sprachgewohnheit analysieren lässt, bevor sie neue Regeln bestimmt. Der Rat für deutsche Rechtschreibung, der 2004 eingerichtet wurde und die Deutungshoheit des Dudens ablöste, erstattet alle paar Jahre Bericht, wie sich unsere Sprache und Rechtschreibung gewandelt haben. Zurzeit sieht er eine gendergerechte Sprache mit Sternchen oder Doppelpunkt als verfrüht an, weil sie noch nicht bundesweit breit genutzt wird. Nimmt diese Nutzung zu, wird der Rat vorschlagen, die Rechtschreibregeln zu ändern, sonst nicht.

Unser Sprachgebrauch unterliegt schon immer ständiger Veränderung. Stellen Sie sich vor, 2022 wurden die Wörter »Hackenporsche« und »Fernsprechapparat« einfach aus dem Duden gestrichen. Ist das nicht furchtbar? Einfach weg! Das Wort Hackenporsche fand ich besonders schön. Ich darf es auch weiter gebrauchen, das verbietet mir niemand, nur in Behörden oder offiziellen Schreiben sollte ich es unterlassen. Damit kann ich leben. Was viele nicht wissen: Uns werden sprachlich gar nicht so viele Vorschriften gemacht, wie wir meinen. Wir dürfen viel kreativer mit Sprache umgehen als häufig angenommen. Gerade deshalb nehme ich mir das Recht heraus, mal zu gendern, mal nicht, das Wort »man« mal zu ersetzen und mal nicht. Probieren Sie es doch mal aus: wie es für Sie, oder wie es für eine, einen oder eine*n passt. So frei sollten wir sein dürfen.

Die Krux mit der Krücke – was ist dran, an den Gegenargumenten?

Der berühmte deutsche Liedermacher Rolf Zuckowski (bekannt für Lieder wie »Wie schön, dass du geboren bist«, »In der Weihnachtsbäckerei« oder »Stups, der kleine Osterhase«) findet Gendern furchtbar. Mit ihm durfte ich mich im Sommer 2021 für eine Doppelseite in der *Hamburger Morgenpost* über Gendersprache streiten. Vorab startete ich einen E-Mail-Verkehr mit ihm. Sich mit Zuckowski zu streiten, ist ein Privileg im Hauen und Stechen des Genderkriegs: Als älterer, in einem der wohlhabenderen Hamburger Stadtteile residierender Herr hat er wunderbare Manieren und ist ein echter Gentleman. Man stelle sich vor, ich hätte den Schlagabtausch mit Harald Martenstein oder Jan Fleischhauer führen müssen – die sollten sich mal ein Vorbild an alten weißen Männern wie Zuckowski nehmen. Der wich zwar auch keinen Deut von seiner Meinung ab, so sehr ich mit Engelszungen auf ihn einredete, aber er tat das wenigstens mit Stil und Freundlichkeit. Um es genau zu nehmen, hörte mir Zuckowski nicht wirklich zu und zog eisern seinen zurechtgelegten Argumentationsstiefel durch. Aber wenigstens ließ er mich ausreden. Das ist schon sehr viel in der Männerwelt des Feuilletons.

Es gibt viele Argumentationsweisen, die gerne gegen die Verwendung von genderneutralen oder -gerechten Sprachvarianten ins Feld geführt werden. Eine der beliebtesten ist sicherlich, die empirische Faktenlage schlicht zu ignorieren. So schien Zuckowski von meinem Argument mit den Kindern und der Frage, welches Geschlecht sie in Berufsbezeichnungen sehen, nicht allzu sehr überzeugt. Er meinte, man müsse Kindern nur erklären, dass Frauen mitgemeint seien, dann würden sie das »irgendwann« verstehen.[87] Dass Mädchen schon in der ersten Klasse meinen, für mathematisch-technische Dinge nicht begabt zu sein, deutet an, dass man sie bis zum Grundschulalter nicht überzeugt hat, auch »Ingenieur«, »Computerfachmann« oder »Mathematiker« werden zu können. Das hat sicher noch mehr Gründe als unsere maskuline Sprache, aber sie hilft sicher auch nicht unbedingt dabei. Zuckowskis Vorstellung, wie die Berufswahl von Kindern funktioniert, fand ich somit etwas unterkomplex. Die Geschlechterklischees, die wir durch Spielwarenwelt, Erziehung, Gesellschaft, Medien sowie generisches Maskulinum vermitteln, beeinflussen nicht alle Kinder gleich: Aber wenn es Studien gibt, dass sie viele Kinder in ihrer Berufswahl stereotyp beeinflussen, sind das nun mal Studien, die man nicht einfach wegwischen kann.

Ein weiteres Argument, das Gendergegner oft anbringen, ist, dass zum Beispiel in Turksprachen wie dem Türkischen kein generisches Maskulinum und stattdessen eine genderneutrale Anredeform existiert. Das scheint aber nicht viel gebracht zu haben: Die Türkei sei nicht gerade Schweden, was den Aufbruch von Geschlechterrollen betrifft, mahnen Kritikführende. Das mit der genderneutralen Sprache ist aber nicht ganz korrekt. Auch in der Türkei kann man das Geschlecht im Nomen, zum Beispiel in der Berufsbezeichnung, durch einen Zusatz markieren. *Polis* heißt Polizist*in, *erkek polis* heißt Polizist, *kadın polis* Polizistin. Die weibliche Markierung wird viel öfter genutzt als die männliche, was andeutet, dass die männliche Form als generell grundlegende angesehen wird, auch, wenn es keinen männlichen Artikel dazu gibt.[88]

Eine andere Kritik am Gendern, die Zuckowski und andere gerne anführen, lautet: Substantivierte Adjektive wie Radfahrende würden als Ersatz für Tätigkeitsbeschreibungen keinen Sinn machen, denn Fahrradfahrer und Radfahrende sind nicht das Gleiche. Ein Radfahrer kann Rad fahren oder fährt des Öfteren Fahrrad. Radfahrende fahren just in dem Moment, in dem sie genannt werden, Rad. Hier gebe ich Zuckowski und seinen Freund*innen unumwunden recht. Ich kann auch verstehen, dass Menschen, die sich vorrangig mit Sprache und ihren Regeln beschäftigen, zum Beispiel für Liedtexte, Lyrik, Literatur, verärgert sind, wenn sich gesetzte Regeln auf einmal ändern sollen. Vor allem, wenn vieles in der Gendersprache noch nicht durchdacht ist. Die letzte Rechtschreibreform hat schon die Gemüter erregt: Mein Mann fand sie super einleuchtend und hilfreich, während ich an ihr verzweifelte. Wenn es damals schon Social Media gegeben hätte, ich hätte bei einem Shitstorm gegen die Kultusministerkonferenz mitgemacht. Bis heute schreibe ich in handgeschriebenen Notizen und Briefen »dass« mit ß! Ist das nicht unfassbar altmodisch und kindisch? Aber mein ß lasse ich mir nicht nehmen. Da strecke ich störrisch das Kinn in den Himmel und schaue wie eine beleidigte Leberwurst. An der Stelle zelebriere auch ich gerne meinen Widerstand! Und ich war ja nicht allein. Die Debatte ab 1996 tobte so wild, dass daraufhin der Rat für deutsche Rechtschreibung eingesetzt wurde, den es vorher nicht gab, und der 2006 die schon eingeführte Rechtschreibreform aufgrund der großen Kritik noch einmal modifizierte. Was für ein Chaos! Über zehn Jahre gab es also diese scharfe Rechtschreib-Diskussion, die Gesellschaft war gespalten und die Zeitungen voll mit Kritik oder Verteidigung. Und? Reden wir heute noch davon? Nein, wir haben uns daran gewöhnt und wundern uns, wenn Menschen wie ich noch so verbiestert am Alten festhalten. Wenn es Sie also kolossal nervt, dass manche Menschen gendern, bitte ich Sie, sich daran zu erinnern: Gendersprache wird erst zur Regel (und auch dann nur in offiziellen Dokumenten), wenn mehr als die Hälfte der Deutschen diese Sprache schon anwendet. Da sind wir noch gar nicht. Und zweitens haben wir uns über die Rechtschreibreform einmal so massiv aufgeregt, dass wir Schnappatmung bekamen, und heute haben wir vergessen, dass wir mal anders geschrieben haben. Wir könnten also sagen: Eigentlich ist alles gut.

●

Ich habe größtes Verständnis, wenn man Bekanntes beibehalten will. Und ich denke, dass man Menschen mitentscheiden lassen sollte, wie viel sie, und in welchen Schritten, sie vom Neuen annehmen können und wollen. Kein Mädchen wird über Nacht Elektrikerin, weil ihr Großvater den Beruf jetzt gendert. Und wenn er das in diesem Leben nicht mehr lernen möchte, ist das völlig okay. Viel wichtiger ist doch, dass das Verständnis da ist, warum manche von uns diesen Sprachzirkus betreiben. Warum Gendern kein neues, dogmatisches System sein sollte, sondern ein kreatives Stören des Status quo, das bei jeder weiblichen Nennung zeigt, wie patriarchal wir noch denken, und bei jeder gesprochenen Lücke aufzeigen kann, dass wir mehr sind als Mann und Frau. Das sture »Aber das war schon immer so!« (Nein, war es nicht – Sprache hat sich schon immer entwickelt, wie wir gesehen haben) ist genauso engstirnig wie das dogmatische Verordnen einer neuen Sprachpolitik, die viele noch nicht erklärt bekommen haben – und die selbst noch in Entstehung ist.

Ich bin gespannt, was Linguist*innen in den nächsten Jahren und Jahrzehnten entwickeln werden. Vielleicht gibt es tatsächlich noch eine sinnige Reform, die aber – weil Gesellschaft sich wandelt – vielleicht auch wieder nur eine Zeit lang Bestand hat. Bis dahin hangle ich mich persönlich mit kreativen Gendermomenten durch unsere Sprache und lasse mich – solange ich nur für mich schreibe und keine Institution repräsentiere – auch nicht festlegen. Ich fände es großartig, wenn wir das alle so handhaben würden. Denn ich finde Gendern eine wunderbare Möglichkeit, zu zeigen, dass ich mehr will für mich, meine Töchter, die weiblich gelesenen und sozialisierten Menschen um mich herum, als sich stumm und still ins generische Maskulinum einzuordnen. Ja, Gendern nervt manchmal ungemein. Aber wenn wir es alle schaffen, unsere Autonomie zu wahren und gleichzeitig zu einem guten Umgang mit Sprache zu finden, von dem auch unsere nachfolgenden Generationen nachweislich profitieren können, dann ist das doch was. Und vielleicht findet sich ja gerade durch unsere Kreativität und Abstimmung auf unsere Bedürfnisse eine Sprachform, auf die sich mehr Menschen einigen können.

●

Rolf Zuckowskis Hauptargument war, dass die gesprochene Lücke furchtbar belehrend klinge, Menschen aber nicht belehrt werden möchten. Das kann ich gut verstehen. Genau deshalb schreibe ich dieses Buch, um zu erklären, anstatt zu predigen. Und ich möchte von Herzen und ohne Strenge etwas anregen, wenn ich darf. Dass eingefleischte Gendergegner um sich schauen, ihre eigene Welt genau betrachten und sich fragen, ob sie wirklich alle im Blick haben. Man muss die nicht alle mögen oder in seinem Wohnzimmer haben wollen. Gott bewahre! Aber wenn es uns nicht wehtut, ab und zu alle mitzumeinen, sollten wir es tun – einfach, weil wir es können, weil es uns nichts kostet und man mit einer einzigen Lücke so viele Menschen sichtbar machen kann. Ist das nicht eine tolle Sache?

SECHS

Alle reden von Geschlecht – aber was ist das überhaupt?

Du gehörst zu mir!

Wenn wir einen Menschen beschreiben wollen, sagen wir selten: »Da! Den meine ich! Den Menschen mit den blauen Augen!« oder »Da drüben, die Person mit den blonden Haaren!«. Als Erstes nennen wir das Geschlecht: »Der Mann mit der blauen Jacke!« oder »Die Frau mit dem gelben Rock!« Sehen wir eine Person, suchen wir als Erstes nach Anhaltspunkten, mit deren Hilfe wir das Geschlecht deuten können. Körpergröße, Haarlänge, Knochenstruktur oder Bekleidung: Unsere Gesellschaft kennt viele Codes, die uns das Geschlecht weisen können oder sollen. Diese Codes sind allerdings nicht in Stein gemeißelt. Sie können sich auch mit der Zeit verändern. Die Farbe Rosa ist dafür ein schönes Beispiel. Zu Zeiten des französischen Sonnenkönigs Ludwigs XIV. galt sie noch als Zeichen von Macht (und übrigens auch Rüschen, lange Locken und hochhackige Schuhe, was alles als sehr männlich und mächtig galt)[89]. Rot, somit auch abgeschwächtes Rot, war die Farbe der Könige sowie das Erkennungsmerkmal der Kardinäle. Heute ist Rosa für weibliche

Babys und kleine Mädchen vorgesehen, die früher eher im sanften und hellen Marienblau zu sehen waren. Der Wandel kam in den 1930er-Jahren, als Arbeiter, also starke Männer, zunehmend »Blaumänner« trugen. Heute möchten Bekannte wissen, ob sie etwas Rosafarbenes oder Hellblaues schenken dürfen, wenn eine Geburt ins Haus steht. Wandel hin oder her, Geschlecht ist in unserer Gesellschaft extrem wichtig. Nicht nur deshalb hören die werdenden Eltern als eine der üblichen ersten Fragen aus dem Bekanntenkreis: »Und, wisst ihr schon, was es wird?« Die Antwort ist dann selten: »Ja, ein Kind, wahnsinnig schlau und am liebsten gesund!«, sondern eher: »Wir lassen uns überraschen, aber ein Mädchen wäre schon toll« oder »Hehe, ja, das Ding war nicht zu übersehen im Ultraschall! Jörn macht sich schon Sorgen, ob das wirklich sein Sohn ist!«

●

Geschlecht ist wohl eine unserer wichtigsten Denkkategorien überhaupt. Auch, wenn wir uns selbst beschreiben, starten wir mit unserer Geschlechtszugehörigkeit, noch bevor wir Ethnie, Nationalität, Religion, Beruf, Sexualität oder Behinderungen benennen. Auch andere Primaten schauen ihrem Neugeborenen als Erstes zwischen die Beine. Wo sortieren wir das Kind ein? Dieses Einsortieren ist sehr wichtig, denn auch Affen besitzen sozio-kulturelle Strukturen. Die gleiche Art Makaken hat in der Mittelmeerregion zwei verschiedene davon ausgeprägt. In Marokko kümmern sich vorrangig weibliche Affen um den Nachwuchs und bringen ihnen alles bei, was sie wissen müssen; in Gibraltar tun dies vorrangig die männlichen.[90] Wo Arbeitsteilung für das gesamte Funktionieren und die Organisation einer Gesellschaft fundamental ist, ihr Regeln und eine hierarchische Ordnung verleiht, ist es wichtig zu wissen, wer was ist und welche Aufgaben er oder sie in Zukunft haben wird. Denn von Geburt an muss man ihn oder sie darauf vorbereiten.

Diese starre Arbeitsteilung bricht bei Menschen langsam auf – möchte man meinen. Männer sind ebenso in der Lage, sich um Kinder zu kümmern, wie Frauen Bundeskanzlerin werden können. Aber noch haben wir einen weiten Weg vor uns. Angela Merkel sagte zu ihrer seltenen Position in der Politik einmal: »Eine Schwalbe macht noch keinen Sommer.«[91] Wir werden noch etwas Zeit brauchen, bis im Bundestag deutlich mehr als 35 Prozent Frauen sitzen und insgesamt mehr Väter Elternzeit nehmen.

Wir Menschen lassen Regeln und Bräuche ungern los – auch wenn diese heute keine dringende Notwendigkeit mehr sind. Früher träumte Papa davon, dass sein Sohnemann den Bauernhof oder die Firma übernimmt, so wie er einst die Position von seinem Vater übernahm. Heute kann das auch die Tochter. Auch wenn wir in Teilen schon weiter sind, haben Traditionen nach wie vor einen hohen emotionalen Wert für uns. Unsere Kultur ist geprägt von Erinnerung und der Weitergabe von Ritualen, Geschichten und Bräuchen. Sie geben uns Halt, sie verbinden uns als Menschen, sie stellen einen Rahmen dar, an dem wir uns orientieren können. Die Ritterburg wird vom Großvater weiter an den Sohn vererbt. Die Familie freut sich riesig darauf, dass Omi ihrer Enkelin Dornröschen oder die kleine Meerjungfrau vorliest, obwohl es Ritter oder Prinzessinnen heute kaum noch gibt. Oder man sich darunter selten einen Sir Elton John oder die rebellische Stéphanie von Monaco vorstellt. Trotzdem sind Kinderläden zu Karneval voll von Ritterhelmen und Prinzessinnenkostümen. Kein Wunder, dass Eltern wissen möchten, was es wird. Es gehört zum Ritual, wenn der werdende Papi nach wie vor davon träumt, mit seinem Kleinen zum Fußball zu gehen und Flugdrachen zu bauen, oder wenn Mami in der Schwangerschaft hofft, in ihrer Tochter eine Verbündete zu finden, mit der sie später shoppen, das Abiball-Kleid aussuchen und »Mädchendinge« machen kann.

●

Glückliche Kindheitserinnerungen, die wir mit unseren Kindern oder anderen Menschen zum Leben erwecken, geben uns ein Gefühl von Beständigkeit, Sicherheit und Wärme. Der Papa, der mit großer Freude daran zurückdenkt, wie er mit seinem Vater das erste Mal zum Fußball ging, oder die Mutter, die erinnert, wie liebevoll ihre eigene Mutter sie zum Karneval als Prinzessin schminkte, möchten dies oft gern wiederholen. Beim Fußball wurde der kleine Junge von seinem Vater in den Männerbund aufgenommen, beim Schminken die Lütte als Mamas kleine Version bestätigt. Man gehörte jetzt dazu. Wenn diese Nähe und Bestätigung für die Eltern früher schön waren, muss es doch auch für das eigene Kind wunderschön sein. Die Mutter kann sich eher selten vorstellen, das Schmink-Erlebnis mit dem Sohn zu teilen oder dass er dies genießen würde. Mal davon abgesehen, dass andere davon verwirrt sein oder Kritik üben könnten: Es gibt in unserer Welt nun mal Vater-Sohn- oder Mutter-Tochter-Sachen. Das machen alle so – und wenn alle das so machen, muss es richtig sein. Diese Traditionen und Rituale schweißen uns zusammen. Sie stellen uns auf eine »richtige« Seite. Dank ihnen wissen wir, wer wir sind und wohin wir gehören: Die Werte, die wir rund um unser Geschlecht vermittelt bekommen, sind ein Teil von uns, sie geben uns eine Identität, die von anderen anerkannt wird. Und das fühlt sich gut an.

Die Natur denkt nicht

Wenn man diese Bräuche hinterfragt, erzeugt dies unbewusste Angst und oft Kritik: »Wie bitte? Sollen wir etwa unsere Identität, unseren sicheren Hafen verlassen?« Oder: »Männer sind nun mal Männer, Frauen eben Frauen! Mädchen spielen gerne mit Puppen, Jungen mit Bällen, Waffen und Autos!« Über Jahrtausende haben wir Menschen dieselbe Arbeitsteilung etabliert. Frauen bemuttern, pflegen und erziehen, Männer erobern und haben Macht. Dieses Muster sind wir gewohnt. Obendrein fühlt es sich gut für uns an, die damit verbundenen Rituale zu pflegen. Da liegt es gar nicht so fern, sich beim Gedanken zu ertappen, dass sich die Natur »schon was dabei gedacht« habe. Vielleicht ist die Geschlechterordnung aber auch nur so, weil wir Mädchen und Jungen, Männer und Frauen schon so lange trennen, dass sich dieser Zustand »natürlicher« anfühlt, als er in Wahrheit ist. Von einer allgemein angenommenen »Natur der Dinge« ausgehend moralische Rückschlüsse darauf zu ziehen, dass etwas richtig oder falsch sei, wird als naturalistischer Fehlschluss bezeichnet. Tatsächlich ist diese Denkweise auch evolutionsbiologisch nicht haltbar: Die Natur kann nicht »denken«. Sie hat sich nie aus einer Laune heraus zu etwas entschieden wie: »Oh cool, wir haben auf den Galapagosinseln verschiedene vegetative Zonen, dann machen wir den Darwin-Finken einmal mit einem Schnabel zum Knacken, einem zum Schlürfen und einem zum Picken. Super, das wird schick!« Vielmehr ist es so, dass die Evolution Anpassungen von Arten an verschiedene Gegebenheiten bewirkt. Und das passiert einfach – ohne einen Masterplan dahinter. Auch Menschen haben sich entsprechend über die letzten knapp 300.000 Jahre angepasst und verändert. Sie werden es auch in Zukunft tun. Diese Wandlungen genauer anzuschauen, kann beängstigen und uns in unserem

Selbstbild verunsichern. Das fühlt sich vielleicht blöd an, ist aber die »Natur« von Entwicklung. Unsere heutigen Vorstellungen von Geschlecht sind dabei nur ein winziger Baustein unserer Entstehungsgeschichte, der sich immer weiter verändern wird.

•

Wie unterschiedlich Menschen jeweils lebten, zeigen uns anthropologische Erkenntnisse aus der Zeit unserer direkten Vorfahren. In einer Welt, in der wir noch nomadisch umherzogen, sah es selten so aus wie in der Zeichentrickserie *Familie Feuerstein*, in der eine Mami mit Wespentaille niedlich schaut und ihrem bärenstarken Mann den Haushalt führt. Auch wenn die Feuersteins schon in einer sesshaften Gesellschaft gezeigt werden, stellte man sich die gesamte Steinzeit ein bisschen so vor. Zumindest bis in die 1950er-Jahre, als sie erstmalig intensiver erforscht wurde. Heute wissen wir: Damals haben Frauen, ebenso wie Männer, gejagt. Die wenigen Männer im Clan hätten Riesentiere wie Mammute gar nicht allein erlegen können.[92] Dass männliche Primaten größer wurden als weibliche, hatte evolutionär vor allem die Funktion, besser auf sich aufmerksam machen zu können. Denn die Clans wurden immer umfangreicher, sodass immer mehr Kerle um die Weibchen buhlten. Und auch, wenn Männer schon damals im Schnitt acht Zentimeter größer waren und 20 Prozent mehr Muskelmasse hatten als Frauen, was vielleicht nützlich zum Schutz bei der Geburt der Kinder war, gilt es heute nicht als gesichert, dass Frauengruppen auch immer mit Männern unterwegs waren: Vielleicht kamen sie auch allein klar. Frauen waren damals zudem ziemlich zottelig und saßen bestimmt nicht mit heutigen Modelmaßen, einem trendy Fell-Outfit, Knochen im Haar und Baby im Arm am Feuer, wie manche Kinderbücher sie darstellen. Sie waren eher sehr mus-

kulös und entsprachen sicher nicht unserem heutigen Schönheitsideal. Und dem Mutterideal erst recht nicht! Es ging sicher etwas
rauer zu als bei den Feuersteins:»Was, Pebbles, du magst deinen Sä-
belzahntiger-Burger nicht? Oh je. Soll ich dir was anderes kochen,
mein Schatz?« Kinder mussten schon früh und hart mitarbeiten,
um das Überleben der Sippe zu gewährleisten. Ebenso können wir
heute davon ausgehen, dass Mütter gleich nach der Geburt wieder
auf den Beinen waren, um zu jagen und sammeln.

Es ist naheliegend, dass wir von unserer heutigen Vorstellung
von»Mann« und»Frau« zurückschließen auf Vergangenheit und
Zukunft und meinen, dass es immer so war und sein wird, wie im
heutigen Mainstream oft beschrieben. Und wenn unsere Vorstellung von Geschlecht viel zur eigenen Identität beiträgt, kann es be-
unruhigend sein zu realisieren, dass Geschlechterbilder mitnichten universal sind, sein werden oder waren. Aber biologische und
historische Forschung bestätigen, dass die Beziehung zwischen
Männern und Frauen und die Art und Weise, wie sie»wirklich«
seien, sich ständig verändert.

Die Mär von der lustlosen Frau

In seinem Buch *Die Wahrheit über Eva* erklären der Evolutionsbiologe Carel van Schaik und der Historiker Kai Michel einleuchtend, dass es in der Steinzeit noch keine männliche Herrschaft
gab und diese erst mit der Sesshaftwerdung der Menschen vor ca.
10.000 Jahren startete. Eine These, die schon Friedrich Engels for-
mulierte: Mit Feldarbeit kam die Not zu wissen, welche Arbeitskräfte einem zustehen, also welche Kinder. Zweitens musste man
wissen, wem welcher Hof, welches Vieh und welches Feld gehörten und an wen man all das weitervererbt. Es gab noch zu wenig

Menschen, als dass man in größeren Kommunen hätte denken können. So vererbten die im Vergleich zu Frauen körperlich stärkeren Männer an ihre Söhne und hatten somit gleich ihre Arbeitskräfte. So etablierte sich eine männlich-hierarchische Ordnung. Aber um zu wissen, wer die eigenen Söhne waren, musste man die Sexualität von Frauen kontrollieren. Fröhliches Herumschlafen der weiblichen Gruppenmitglieder war hoch ungünstig dafür. So entwickelten sich Geschichten, Mythen, kulturell etablierte Regeln und die Religion, um Frauen ihren Platz zuzuweisen – und ihnen die Lust abzusprechen. Nicht umsonst wird schon in der Thora das Weib fürs Naschen bestraft und ist seit dem Rausschmiss aus dem göttlichen Paradies »sündig«. Sie soll »unter Schmerzen Kinder gebären«, er hingegen soll »auf dem Feld arbeiten«.

Später, im Christentum, wird mit der heiligen Maria (die sogar ganz ohne Sex ein Kind bekam) und der Jüngerin Maria Magdalena, die oft als geläuterte, ehemalige Hure gezeichnet wird, klar etabliert: Frauen haben bis zur Ehe keusch zu sein. Außerdem lieb, brav, abhängig und devot. Biblische Vorbilder und weitere Mythen setzten Frauen ein klares Rollenbild vor. Weibliche Sexualität durfte gar nicht erst stattfinden: Wer sich nicht den patriarchalen Regeln beugte, blieb gesellschaftlich außen vor. Frauen verinnerlichten diese über Angst. Geschichten und Vorbilder vermittelten Regeln und das damit verbundene Rollenbild als Selbstanspruch. Denn nur, wenn ein Rollenbild internalisiert ist und nicht hinterfragt wird, ist es nachhaltig wirksam. Noch heute kämpfen wir im Streit um die sexuelle Selbstbestimmung für Frauen manchmal auch gegen jene, die ein eher zurückhaltendes Frauenrollenbild immer noch befürworten. Sie werden jedoch weniger, je mehr Aufklärung es gibt, wie dieses Bild entstanden ist, besonders in der jüngeren Generation.

●

Man muss sich nur die Bonobo-Affen als unsere nächsten Verwandten anschauen und ihr fröhlich-aktives Sexualverhalten, um sich zu fragen, wieso der Protest gegen die vermeintlich weibliche Unlust erst heute kommt. Bei vielen Säugetieren finden wir eine überbordende, sexuelle Lust: bei Eisbärenweibchen, rolligen Katzen oder läufigen Hündinnen. Wenn Sie ein Haustier mit Eierstöcken haben, kennen Sie das. Das wildeste, positivste Anti-Beispiel dafür, dass weibliche Lebewesen nicht natürlicherweise zurückhaltend sind, war eine junge Stute, die ich einmal mit meinen Kindern betreute: Ich war immer froh, sie meinen Töchtern als weibliches, raumgreifendes Vorbild zu verkaufen. Sie persönlich stand auf hübsche Kerle. Hätte ich sie nicht zurückgehalten, hätte sie jedem Wallach, den sie scharf fand, ihre Vulva präsentiert und ihm ihre Rosse vor die Nase gespritzt. Stuten können sich, wenn sie beeindrucken wollen, schön machen wie ein junger Hengst: Sie biegen den Hals, machen die Nüstern weit, lassen die Hufe in alle Richtungen fliegen. Wie die Bestseller-Autorin Katja Lewinski es ausdrücken würde: »Sie hatte Bock.« Als ich das einmal in einem Blogartikel für Pinkstinks schrieb, schrien Kommentatorinnen auf: »Aber das ist Belästigung! Das ist sexuell übergriffig! Die armen Wallache!« Und: »Das empfiehlst du deinen Töchtern?« Hach. Wie ich sagte, Social Media ist die Hölle. Davon mal abgesehen: Wie konnte es über Jahrhunderte möglich sein, Frauen und Männern einzureden, Frauen fänden Sex nicht so toll? Sie würden bei der Sache nur still mitmachen, um ihm einen Gefallen zu tun, aber eigentlich fänden sie Sticken viel aufregender? Es braucht ein verdammt gutes Storytelling, um Menschen einen derartigen Bären aufzuschwatzen. Ein ganzes Gewebe aus Geschichten sorgte über die Jahrhunderte dafür, die Mär von der sexuell unbedarften, zurückhaltenden Frau, die nur einen einzigen Mann (und natürlich bloß keine Frauen) lieben kann, zu kreieren. Dafür griffen das keusche Frauenbild der Bibel und später gesellschaftlich tradierte Geschichten und Erzählungen, wie zum Beispiel Grimms Märchen, ineinander. Nicht umsonst schläft Dornröschen in der Pubertät erst mal ein und muss wach geküsst werden – andersherum hätte sich das niemand vorstellen können. Die Verteufelungen von Frauen, die vor der Ehe schwanger und in Klöster abgeschoben oder ausgegrenzt wurden, taten ihr Übriges und vermittelten die Botschaft: So was tut frau nicht! Und mehr noch: So etwas wollen höchstens Frauen, die keine echten, keine guten Frauen sind.

Wenn es möglich war, Frauen derart zu formen, ist es nicht verwunderlich, dass sie es auch so lange hinnahmen, nicht zu erben und keine politische oder wirtschaftliche Macht zu haben. Fast 10.000 Jahre lang durften Frauen in der Ehe in Europa kein eigenes Eigentum besitzen, und dies wurde bis zum »Gleichstellungsgesetz« 1958 in Deutschland vielfach als »natürlich« angesehen: Die Frau unterstand dem männlichen Haushaltsvorstand. Wie wir schon zum Thema Gendersprache betrachteten: Er war Mensch, sie irgendwie »extra«, eine »-in«, sein Anhängsel. Dieses Bild hat sich so fest in uns eingeprägt, dass wir es uns gar nicht anders vorstellen können und den Kopf schütteln, wenn eine Frau mehrere Kinder von mehreren Männern hat und mit keinem von ihnen zusammenwohnt. Dabei sind, werfen wir noch einmal einen kurzen Blick ins Tierreich, sehr viele Säugetiere in der Natur mit ihrem Jungen auf sich allein gestellt und kommen dennoch hervorragend klar. Erdferkel, zum Beispiel. Bachen, Stuten und Wölfinnen – Letztere führen sogar ganze Rudel an. Während junge Fohlen schon am ersten Tag mit auf die Weide können, brauchen Menschenbabys aber Ewigkeiten, um selber laufen und sich versorgen zu können.

Das lange Stillen und Kümmern bedeutet, dass Menschenfrauen in der Regel nur alle vier Jahre ein Baby bekommen, dadurch ihre Kräfte schonen und älter werden als viele Säugetiere. Sogar Großmütter können sie werden, die wiederum der Tochter bei der Aufzucht des Nachwuchses helfen. Außer bei menschlichen Primaten gibt es das bei keinem anderen Säugetier. Dass Großmütter, andere Frauen und Männer bei der Care-Arbeit mithelfen, ist nach van Schaik und Michel ein Grund[93], warum unser Hirn so komplex wurde: Mehr Bezugspersonen bedeutet, mehr zu lernen. Das Argument, das Kind brauche vorrangig die Mutter, gilt also nur begrenzt: Je mehr »Mütter«, desto schlauer und kompetenter. Das dürfen gern auch mal Vater, Onkel, Großvater oder Erzieher*in sein.

•

Heute sind wir sehr viele Menschen, leben in organisierten Kommunen und haben bundesweit Kitas (zwar noch immer nicht genug, aber immer mehr). Frauen müssen nicht mehr zu Hause bleiben, wie am Anfang der Industrialisierung, die so lange Arbeitszeiten verlangte, dass Care-Arbeit neben der Erwerbsarbeit nicht möglich war. Wir haben uns aber entwickelt. »Natürlich« ist auch das nicht. Natur ist, wenn man die humanen Anfänge als »Natur« bezeichnen möchte, Hauen und Stechen, Nomadentum und Vielvögelei. Natur hat aber andererseits kein Start- oder Konservierungsdatum – oder sind die pflegenden Makaken-Papis nicht auch »natürlich«? Anhänger der »natürlichen« männlich-weiblichen Ordnung picken sich immer gerne die Rosinen aus unser aller Studentenfutter, aber es hilft nichts: Alles ist unordentlicher, als wir wahrhaben wollen. Die »natürliche« Ordnung, auf die sie sich berufen, ist erst 10.000 Jahre jung – und der Mensch schon sechs Millionen Jahre auf der Erde.

Es gibt kein Geschlecht

Noch unordentlicher wird es, wenn wir uns die Geschlechter genauer anschauen. Wie viele von ihnen gibt es eigentlich? 150 als »divers« eingetragene Babys wurden 2019 in Deutschland registriert. Bei 778.100 Geburten insgesamt ergibt sich ein Verhältnis von knapp 1:5000. Das werden intergeschlechtliche Babys gewesen sein, also Säuglinge mit gemischt »männlichen« und »weiblichen« Geschlechtsteilen. Die Mehrheit der intergeschlechtlichen Menschen weist solche nicht klar einem Geschlecht zuzuweisenden Merkmale auf, die sich in 85 Prozent der Fälle jedoch erst in der Pubertät zeigen. Deshalb schätzen manche die Menge der Inter-Personen bis zu zehnmal höher ein. Ein Mensch von fünfhundert, könnte man also argumentieren, weist ein diverses Geschlecht auf. Na und? Sollten wir die ernst nehmen? Den Geburtseintrag ihretwegen verändern? Arbeitsstellen neuerdings mit »Lkw-Fahrer (m/w/d) gesucht« ausschreiben? Menschen mit Sehbehinderung gibt es in Deutschland sehr viel mehr, ca. 1,2 Millionen.[94] Sie mussten sich Ewigkeiten lang anhören, dass man »mit dem Zweiten besser sieht«. Mittlerweile hat das ZDF die vielen Beschwerden von Blinden ernst genommen und seinen alten Werbespruch eingemottet. Aber wie lange, bitte, hat das gedauert? Zwei Jahrzehnte! Und nun sollen wir alle und sofort von Geschlechtervielfalt sprechen, wegen 150 Babys im Jahr oder jedem fünfhundertsten Menschen, weil sie nicht ganz in die Kategorien »Mann« oder »Frau« passen? Wegen denen also genderten Petra Gerster und Claus Kleber über Nacht mit Glottisschlag?

Nein, denn wenn man es genau nimmt, ist es sogar noch komplizierter: Wie wir sehen werden, gibt es nämlich tatsächlich gar keine Geschlechter – oder aber unzählig viele.[95] Schreibt man das ins Internet, erntet man Protest: »Was bitte? Unendlich viele?

Bei Mann und Frau hat sich die Natur doch was gedacht!« Gut, in Bezug auf die »denkende Natur« wissen wir ja mittlerweile schon Bescheid. Wenn aber mit diesem Protest der Nutzen unseres praktischen Stöpsel-Stecksystems für die Fortpflanzung gemeint ist, können wir ganz klar zustimmen: Super Entwicklung, bringt auch noch großen Spaß und funktioniert bestens. Tatsächlich brauchen wir zu jeder Zeit ein paar Menschen, die in dieses Schema passen und da mitspielen, damit die Menschheit überlebt. Wie viele, hängt von der Menge der Menschen auf der Erde ab. Erst, wenn wir unter eine Anzahl von 2000 Menschen rutschen, die munter miteinander Kinder zeugen, wird es eng mit dem genetischen Pool, aus dem geschöpft werden kann.[96] Aber ich denke, wir können uns alle einig sein: In der heutigen Zeit müssen wir uns nicht alle ständig fortpflanzen. Da reicht es vollkommen, wenn bei aktuell rund acht Milliarden Menschen ab und zu mal ein Baby geboren wird. Da könnte sogar ein großer Teil der Weltbevölkerung nicht einmal fruchtbar sein oder sich schlicht nicht reproduzieren wollen, und es wäre dennoch alles gut.

Der Druck, den Eltern oder Bekannte beim Kinder- oder Enkelkriegen hin und wieder machen, gehört schlicht zur menschlichen Angst, seine *eigene* Familie aussterben zu sehen. Oder keine Enkelkinder zu bekommen, denen man Gutenachtgeschichten vorlesen darf. Aber ansonsten sind wir genug Menschen auf der Welt, das passt schon. Erzählen Sie das gerne weiter, wenn Sie das nächste Mal Stimmen hören, die Ihnen weismachen wollen, dass die Menschheit ausstürbe, »wenn jetzt auf einmal jeder sein eigenes Geschlecht erfindet«. Alle anderen kann man indes ruhig ermutigen, auch weiterhin ihr Ding zu machen.

Für unseren Arterhalt ist völlig ausreichend, wenn es bei einigen Menschen hormonell und geschlechtlich so aussieht, wie sich Verfechter der »natürlichen Ordnung« Mann und Frau vorstellen. Wenn es daneben Menschen gibt, die in diese Ordnung nicht hineinpassen, liegt es in der Kultur der Betrachtenden, ob sie diese Menschen als »krank«, »falsch« oder aber überaus wichtig bewerten. Die »Two Spirit People« vieler indigener Kulturen Amerikas, die weder als männlich noch weiblich angesehen werden und oft intergeschlechtlich sind, wurden teilweise sogar als Heilige verehrt. Inter-Personen, also Menschen mit hormonellen oder chromosomalen Abweichungen von der definierten Norm oder mit Sexualitäten, die nicht auf Fortpflanzung ausgerichtet sind: All jene hat man in der westlichen Welt in der Vergangenheit als »krankhaft« oder »mangelhaft« bezeichnet, und das nur, weil sie dem christlichen Adam-und-Eva-Bild widersprachen. Heute sind sie zum Glück Teil des großen Spektrums »Mensch« oder sollten es wenigstens sein.

●

Geschlechtervielfalt bedeutet aber noch viel mehr, als zu akzeptieren, dass das patriarchale Rollenbild nur eine von vielen Betrachtungsweisen ist, die im Verlauf der Menschheitsgeschichte auftauchen und dann irgendwann wieder an Erklärungswert verlieren. Wie genau ich und andere Forschende das meinen, wenn wir von dieser Vielfalt sprechen, lässt sich nicht mit einer Disziplin, sondern einem Mix von Biologie und Sprachwissenschaften erklären: Nichts auf der Welt existiert für uns Menschen, bis wir es nicht mit Sprache in seine Existenz berufen. Konzepte wie »Ich« und »Du« erwirbt ein Säugling mit dem ersten Verständnis von Sprache. Wir strukturieren unsere Welt mit unseren Worten.

Was wir nicht ausdrücken können, existiert für uns auch nicht. Ich möchte Sie nun in diesem und im folgenden Kapitel einladen zu einer Entdeckungstour hinter unsere eigenen Worte – wie in der *Matrix*, in der Neo entscheiden kann, die sprichwörtliche bittere Pille zu schlucken, mit der er hinter die bisher von ihm als »wirklich« angenommene Welt schauen kann. Blicken Sie mit mir hinter die Vorstellung, die wir durch unsere Sprache ständig wiederholen: dass es »Männer« und »Frauen« gibt und wir genau wissen, wie diese Gruppen aussehen.

Ab wann ist man Frau oder Mann?

Genau genommen und biologisch gesehen sind Mann und Frau keine klar abgegrenzten Geschlechter, sondern durch eine sogenannte Schwellendichotomie verbunden. Das ist eine Art Grauzone von einem Extrempol zum anderen, in der man nicht sagen kann, wo das eine aufhört und das andere anfängt. Frauen, würde man meinen, haben Busen, Eierstöcke, Gebärmutter, Vagina und Vulva, mehr Östrogen als Männer und zwei XX-Chromosomen im DNA-Strang. Männer hingegen haben Penis, Prostata, Hoden, keinen Busen, XY-Chromosomen und so weiter. Richtig? Nun: Ich bin bei Geburt als weiblich bestimmt worden, habe zwei Kinder bekommen und darüber hinaus wurde mir von männlichen Journalisten oder Beratungskunden unpassend oft gesagt, dass ich für eine Feministin recht hübsch sei. Ich bekomme also ein Häkchen bei einigen Punkten, die mich als »Frau« definieren. Ich habe aber, wie meine Mutter und Großmutter auch, dramatisch wenig Progesteron und etwas wenig Östrogen. Mit viel Akupunktur und widerlich schmeckenden chinesischen Kräutern hat es gerade dazu gereicht, um Kinder zu bekommen – aber »perfekt Frau«, das bescheinigte mir mein Arzt, geht anders. Als ich noch jünger und schlanker war, hatte ich mal einen Freund, etwas dicklich, der fast mehr Busen hatte als ich. Und über mein breites Kreuz scherzte mein bester Freund in der Schule immer: »Alter, Stevie, wie ein Kerl! Zum Glück hast du so ein hübsches Gesicht!« Ja, zum Glück! Sonst würde man mich ja nicht als Frau erkennen! Oder? Zur Frage, wo Frausein genau anfängt und wo es aufhört, können wir endlos diskutieren – ebenso zur »Grenze« von Männlichkeit. Was ist mit den Männern, deren Penisse gerade mal etwas größer als eine Klitoris sind? Sind die weniger männlich? Was ist mit den kleinen Männern und sehr großen Frauen, die der gewohnten Norm widersprechen? Sind die »falsch«? Und wo stufen wir beispielsweise Frauen ein, bei denen nach zufälliger Testung ein Y-Chromosom oder »zu viel« Testosteron entdeckt wird?[97] Das ist übrigens gar nicht selten, wird aber, wenn überhaupt, nur im Frauenleistungssport entdeckt, wo eine Überprüfung der Geschlechtschromosomen zur Leistungsanerkennung üblich ist. Sind diese Frauen jetzt plötzlich intersexuell, auch, wenn sie sich nie so empfunden haben? Es gibt Frauen, auch nicht selten, die vier Brustwarzen haben. Werden die zum Tier, wie das gesellschaftliche Vorurteil oft lautet? Das Bestialische ist ja nun der absolute Gegensatz zum Erhaben-Weiblichen. Und zu welcher Zeit ist welches weibliche Schönheitsideal das absolute Maß der Dinge im Spektrum zwischen Mann und Frau? Ist die Frau mit der Monobraue, die bei Frida Kahlo noch als erotisch galt, jetzt mehr in die Grauzone gerutscht, weil Körperbehaarung aktuell tabu ist? Überhaupt: Wie viele Frauen kennt man mit starker Bein- oder Armbehaarung? Könnte das angesichts der Schönheitsideale der heutigen Zeit schon als intersexuell gelten? Wo genau wir die Geschlechter trennen, darüber besteht nur ein vager Konsens. Die Grauzonen machen uns Angst, da gehen wir selten ran. Schon bei diesen hier gestellten Fragen wird die eine oder

der andere Leser*in leicht gezuckt und gedacht haben: »Oh je, das will man ja nicht wirklich.« Die Angst, das anerkannte Geschlecht zu verlieren, sitzt bei uns allen sehr tief.

●

Die Biologin Anne Fausto-Sterling ging in den 1990er-Jahren von fünf Geschlechtern aus, der französische Philosoph Gilles Deleuze sprach in der gleichen Zeit von »n-1« Geschlechtern, weil nicht einmal die Zahl der Unendlichkeit ausreiche und ein Geschlecht seiner Definition immer entwische. Wir sind nie »perfekt« in unserem Geschlecht. Das ist niemand. Selbst von Supermodels und Schauspielern, die wir als Ideale anhimmeln, lesen wir in der *Gala*, wie sehr sie sich bemühen müssen, um ihr Gewicht, ihre Figur, ihr Lächeln oder ihre Muskeln zu erhalten. Stets müssen wir daran arbeiten, diese Perfektion, den Anspruch an »Mann« oder »Frau«, zu erfüllen. Schon wenn wir eine simple Definition unseres eigenen Geschlechts lesen und merken: »Oh, ich passe ja selbst gar nicht in alle Kriterien herein!« oder »Ich kenne jemanden, die nicht ganz passt!«, können wir erahnen, dass Geschlecht vorrangig sozial konstruiert ist – und das, auch ohne die hochkomplexe Philosophie Judith Butlers gelesen zu haben.

Dieselbe Form von gesellschaftlicher Konstruktion lässt sich besonders gut am Beispiel von Hautfarben nachvollziehbar machen. Denn ab wann hat jemand für uns eine bestimmte Hautfarbe? Gilt jemand, der üblicherweise etwas »blass um die Nase« ist, eher als »weißer« als andere weiße Menschen? Oder würden wir andersherum eine weiße Person, die stets stark solariumsgebräunt ist, als »Schwarz« einstufen? Bevor in den deutschen Medien bekannt wurde, dass Meghan Markle Schwarz ist, hätte sie hier kaum jemand als nicht-weiß beschrieben, sondern allenfalls als amerikanische Schauspielerin, was wohl vielen ausreichend erklärte, warum sie nicht so käsig und potenziell rothaarig war, wie man es vom stereotypen Bild einer Britin erwarten würde. Ebenso berichten beispielsweise Schwarze Menschen mit Albinismus häufig, dass sie als weiß eingestuft werden.[98] Ab wann welcher Hautton genannt wird, obliegt also eher sozialen Bedingungen, als es sich an einer tatsächlichen Hautfarbe festmachen lässt. So fragte mich neulich eine Freundin, deren Schwarzsein ihr nicht sofort »anzusehen« ist und häufig angezweifelt wird: »Wie schwarz muss ich sein, um als Schwarz zu gelten?«

Und genau das ist die Frage: Wie »weiblich« muss ich sein, um als Frau zu gelten? Eine meiner besten Freundinnen war schon als Kind körperlich viel stärker als ich. Während ich in vielen Dingen ein unglaublich klischeehaftes Mädchen war – ich tanzte begeistert Ballett, hatte Angst vor allem Wilden und fing schnell an zu heulen –, trug sie ungern Röcke, war unglaublich tough, hatte mehr Energie als wir alle und erbrachte große sportliche Leistungen. Ich Sensibelchen hingegen ging ihr mit meiner Ängstlichkeit gerne auf die Nerven: Sie spielte lieber mit den wilderen Kerlen als mit uns Mädchen, die wir zur Vorsicht erzogen waren. In unserem Bekanntenkreis fragte man sich: »Na, hat Sabine schon eine Freundin?« In den 1980er-Jahren bedeutete Lesbisch sein noch »eigentlich keine richtige Frau sein«. »Ach, Sabine, die ist doch eigentlich ein Kerl!«, hieß es gerade von den Männern oder von konservativ denkenden Frauen. Dabei hatte Sabine nie Menstruationsbeschwerden, menstruierte pünktlicher als wir alle, bekam später ein wunderbares Kind mit ihrem Mann und meistert die Wechseljahre mit links. Hormonell läuft im medizinischen Sinne also alles »perfekt« – und sicherlich perfekter als bei mir. Besonders eher konservativere Menschen aus unserem Umfeld fanden es aber immer wichtig, Sabine abzusprechen, eine »normale Frau« zu sein. Dabei hat sie, auch, wenn sie eher traditionell männliche Attribute für sich beanspruchte, ihr weibliches Geschlecht selbst nie angezweifelt. Gar nicht so einfach also, das mit dem gefühlten und von außen gelesenen Geschlecht. Vor allem dann nicht, wenn man aktuelle psychologische Studien mit in Betracht zieht. Dort bestätigen nämlich mittlerweile Erhebungen, dass sich weit mehr als ein Drittel aller befragten Menschen nicht nur einem Geschlecht zugehörig empfinden. Eine Studie der Neurowissenschaftlerin Daphna Joel zeigte 2019, dass 38 Prozent der Teilnehmenden angaben, sich zu einem gewissen Grad dem jeweils anderen Geschlecht zugehörig zu fühlen.[99] Sich »wie eine Frau fühlen«, ist wirklich höchst vielfältig.

Die Schauspielrolle, die sich in den Körper einbrennt

Geschlechtliche Diversität gesellschaftlich auszuhalten und öffentlich darzustellen ist jedoch schwer in einer Welt, in der Medien und Unternehmen von Klischees profitieren. »Alle Frauen denken doch …«, »Jeder Mann braucht doch …« – wir haben noch sehr feste Vorstellungen davon, was Männer und Frauen sind, fühlen und möchten. Bei diesem engen Rahmen ist es kein Wunder, dass wir immer wieder anzweifeln, ob wir da hineinpassen, und in ständiger Not sind, unser eigenes Geschlecht selbst zu inszenieren. Judith Butler spricht hier von »Performances«, als wäre unser Auftreten als Frau und Mann eine Schauspielrolle, die wir verinnerlicht haben.[100] Mehr noch: eine Rolle, die das Empfinden unserer Körper mitgestaltet. So, wie der Schauspieler sich wirklich nach der Vorstellung wie ein tapsiger Bär fühlt, wenn er ihn im Kindertheater lange genug spielt, fühlen wir uns weiblich oder männlich, wenn wir unsere Rolle lange genug und immer wieder »aufführen«. Nur, dass dieses Gefühl viel tiefer geht, länger anhält, und weil wir uns ständig in dieser Aufführung befinden, schwerer als eine Rolle zu erkennen ist. Wir haben keine Sekt- und Pinkelpause, in der wir kurz »neutral« sind.

In ihren bahnbrechenden Werken wie *Das Unbehagen der Geschlechter* zeigte Butler, dass die Tabus und Traditionen unserer Kulturen bestimmen, wie ein Mann oder eine Frau sich rund um die Uhr selbst spürt – oder besser, zu spüren hat. Und zwar bis hinein in sexuelle Regungen, die, so meinen doch die meisten, instinktiv oder biologisch bestimmt sind. Wenn wir aber darüber nachdenken, was Männer und Frauen fühlen »dürfen« oder »sollen«, wird verständlich, dass die Sinne auch gesellschaftlich geformt werden. Dürfen zum Beispiel männliche Brustwarzen erogene Zonen sein? Ist ein Mann, der seine Brust sexy findet und sie gerne stimulieren lassen möchte, überhaupt noch ein »richtiger« Mann? Das ist doch nur Frauen erlaubt, oder? Als Frau stellen sich Fragen wie: Was dürfen meine Vulva und Vagina eigentlich spüren – hole ich mir einfach Sex von Menschen, die mich begeistern, oder brauche ich dafür eine exklusive Beziehung und einen Partner fürs Leben? Oder das richtige Gewicht? Was macht mein Selbstbild mit meiner Lust? Verinnerlichte Tabus bestimmen, mit wem und wann wir Sex haben oder uns selbst sexy fühlen. Soziale Ängste, die durch gesellschaftliche Normen ausgelöst werden, können unser Begehren fundamental prägen.

●

Unsere Biologie, also unsere Nerven, Sinne und sogar unsere Hormone, werden durch gesellschaftliche Vorgaben und Tabus beeinflusst. Sie nehmen eine »Materialisierung« des Körpers vor, wie es schon der Philosoph Michel Foucault ausdrückte, auf den sich Judith Butler oft bezieht. Gesellschaftliche Vorgaben können somit Gefühle an- oder abschalten.[101] Denn erst, wenn wir eine Idee davon haben, was wir überhaupt fühlen können oder sollen, sind wir in der Lage, ein Gefühl auch zu benennen und damit einen Menschen seinen Körper als eher »männlich« oder »weiblich« empfinden zu lassen – wobei wir »männlich« oder »weiblich« vorher gesellschaftlich definiert haben. Geschlecht ist also viel komplexer, als uns unser jüngstes kulturelles Erbe, unsere Vorstellung von »männlich« und »weiblich«, glauben lässt. Und so ist es auch verständlich, dass ein Mensch mit Penis sich selbst eher so spüren, sich so wahrnehmen kann, wie eine Frau sich doch »eigentlich« fühlen sollte.

Wenn Frausein mehr ist, als nur einen Uterus zu haben, und Mannsein mehr, als nur einen Penis oder eine Prostata zu besitzen, könnte man sagen: Frau oder Mann sein kann jede*r. Egal welche Geschlechtszuschreibung als Ausgangspunkt dahintersteckt. Oder?

Aber gibt es nicht männliche und weibliche Gehirne?

Wenn jemand sich einem bestimmten Geschlecht zugehörig *fühlt*, also sich als weiblich oder männlich »empfindet«, bekommt man heute relativ oft zu hören, dass das ganz logisch sei, da es schließlich für diese beiden Geschlechter ein dazu passendes Hirn gebe. So galt in Interessensvertretungen wie queer-feministischen Magazinen und Wissenschaft beispielsweise lange der Konsens, dass trans Menschen *in utero*, also im Mutterleib, eine Dosis zu viel vom jeweils »falschen« Hormon abbekommen hätten.[102] Diese

183

Hormondosis habe dazu geführt, dass sich ihr Gehirn gegengeschlechtlich zu den zu diesem Zeitpunkt bereits ausgebildeten physischen Geschlechtsmerkmalen entwickelt habe. Nach aktuellen Erkenntnissen der Neurowissenschaften ist das jedoch bestreitbar. Viele Neuroforschende gehen heute davon aus, dass wir mit den exakt gleichen Gehirnen auf die Welt kommen, egal, ob wir pränatal mehr Testosteron abbekommen haben, wie es bei der embryonalen Entwicklung von Jungen in der Regel ist, oder nicht. Diese gleichartigen Gehirne entwickeln sich allerdings schon nach kurzer Zeit auf der Welt zu »Jungenhirnen« und »Mädchenhirnen«. Also zu Hirnen von Wesen, die eher systemisch-abstrakt oder sozial-empathisch denken. Verantwortlich dafür sind unsere gesellschaftlich stark ausgeprägten Geschlechterrollen, die schon Babys wahrnehmen.[103] Das kommt der feministischen Denke zupass, dass unsere männlichen und weiblichen Eigenschaften weitgehend durch Erziehung geprägt sind und dass auch Mädchen Bauingenieurin, Chefin und Fußballprofi oder Männer wundervoll einfühlsame Erzieher oder Visagisten werden können, wenn sie als Kind viele verschiedene Rollenbilder wahrnehmen.

●

Die Frage, ob unsere Gehirne von Geburt an verschieden sind oder nicht, birgt Konfliktpotenzial. Trans Menschen konnten die Theorie von den unterschiedlichen Gehirnen gut brauchen, um ihre gesellschaftliche Legitimität zu untermauern und sich gegen intolerante Menschen mit naturwissenschaftlichen Fakten zu wehren. Gleichzeitig bedroht die Theorie jene Strömungen im Feminismus, die versuchen zu erklären, wie viel die Zuschreibungen »typisch männlich« und »typisch weiblich« mit traditionellen Stereotypen und überholtem wissenschaftlichem Denken zu tun haben. Allerdings ist dieser Streit noch nicht ausgefochten und die Frage noch nicht beantwortet.

Es gibt nach wie vor jene, die dem Autismusforscher Simon Baron-Cohen folgen, der meint, dass Jungen etwas öfter bei Geburt systemisch denken, Mädchen hingegen sozial. Wie belegt er das? Baron-Cohens Studie ist weltbekannt: Er hat Babys, die nur einen Tag alt waren, ein lächelndes, weibliches Gesicht und ein abstraktes Mobile gezeigt. Die Jungen schauten zu fast 52 Prozent länger auf das Mobile, die Mädchen nur zu 41 Prozent. Ta-taa! Überraschung, wir wussten es doch schon immer: Mädchen wollen viel lieber stundenlang in der Küche sitzen und tratschen, Männer Flugzeuge bauen! Wirklich – wegen elf Prozent Unterschied? Tatsächlich sind die Studienbedingungen mehrfach angezweifelt worden, andere Forschende haben die Studie wiederholt und keine Unterschiede entdeckt.[104]

Man ist sich also uneins, wie ernst Baron-Cohens Studie zu nehmen ist. Doch da seine Ergebnisse gleichzeitig bestätigen, was wir in der Regel gesellschaftlich über Männer und Frauen denken, ist Baron-Cohens Arbeit sehr beliebt. Aber selbst, wenn die Studie korrekt durchgeführt wurde: Was bedeuten die elf Prozent jetzt? Dass ein knappes Zehntel aller Jungen abstrakte Dinge fasziniert? Dass ein paar Mädchen sofort anfangen wollen, soziale Kontakte zu schließen? Die Studie sollte unter anderem Baron-Cohens These bestätigen, dass hohe Mengen des Hormons Testosteron, von dem Jungen pränatal mehr bekommen als Mädchen, an der Entstehung von Autismus beteiligt sind. Er wollte so nachweisen, dass Menschen mit mehr vorgeburtlichem Testosteron – also Jungen –, generell weniger Empathie und dafür mehr Systematisierungsfähigkeit haben. Jungen und Gefühl eben: Wissen wir ja, ist nicht so deren Ding! Ist das so?

Die Sache hakt. Autismus bedeutet nicht, dass Betroffene wenig Gefühl haben. Dieses Vorurteil muss immer wieder entkräftet werden. Autist*innen fühlen meistens viel zu viel oder haben Schwierigkeiten, ihre Gefühle zu deuten und auszudrücken. Heute werden viel mehr Mädchen mit Autismus und ADHS diagnostiziert als noch vor einigen Jahren. Wir sind sensibler dafür geworden, dass Mädchen unter starkem Druck stehen, empathisch und sozial zu wirken und so häufig ihren Autismus »maskieren«. Mädchen strengen sich also viel stärker an als Jungen, sich anzupassen, zugewandt und sozial zu wirken, auch, wenn es ihnen sehr schwerfällt.[105] Die Begründung hierfür liegt schlicht darin, dass sie lernen, dass sich das für Mädchen so gehört. Selbst, wenn wir einmal für einen Moment annähmen, dass Baron-Cohens Experiment akkurat durchgeführt wurde und hätte reproduziert werden können, es also stimmen sollte, dass Mädchen wirklich aufgrund ihrer Hirnstrukturen ein ganz kleines bisschen sozialer wären, hieße das noch lange nicht, dass Empathie ein bestimmendes Merkmal von Weiblichkeit wäre. Denn Empathie erlernt man vorrangig durch Erziehung.[106] Das belegt auch eine neuere Studie aus Cambridge, die zeigt, dass Empathie-Unterschiede in der Bevölkerung zu 90 Prozent nicht genetischer Natur sind.[107]

●

Bücher wie *Warum Männer nicht zuhören und Frauen nicht einparken können* lassen sich für manche wunderbar lesen, weil wir dabei nicht aufhören können zu nicken. Sie beruhen jedoch oft auf veralteten wissenschaftlichen Ansichten und zeigen nur den Istzustand unserer Gesellschaft auf. Neue Studien zeigen eine sehr andere Welt und viele Möglichkeiten, Geschlecht zu definieren. Die große Frage, die sich dieser hier beschriebenen Geschlechts-

Unordnung anschließt, ist: Was machen wir nun damit? Streiten, ist wohl die bisherige Antwort. Denn während manche lieber an den Studien festhalten, die über Jahrzehnte durch die Populärliteratur weitergegeben wurden, fehlen uns tatsächlich weitere neue Studien, um manch aktuelle gesellschaftliche Entwicklung zu verstehen. Was, zum Beispiel, ist trans Sein genau? Wie passt ein klares Gefühl, Mann oder Frau (oder nichts davon) zu sein, in eine neue Welt, in der wir davon ausgehen, dass dieses Gefühl gesellschaftlich konstruiert ist? Weil wir dringend aufhören sollten, uns zu streiten, möchte ich genau dieser Frage im nächsten Kapitel nachgehen und Gesprächsangebote machen.

SIEBEN

Wie schlichten wir den Streit um Transrechte?

»Was ist eine trans Frau genau?«

Seit einigen Jahren haben wir in Deutschland vermehrt die Diskussion um trans Identitäten. Erst vor Kurzem brachten Alice Schwarzer und Chantal Louis, ihre Nachfolgerin als Chefredakteurin der Zeitschrift *Emma*, ihre gemeinsame Streitschrift *Transsexualität: Was ist eine Frau? Was ist ein Mann?* auf den Markt. Die Standpunkte, die die beiden Autorinnen in ihrem Debattenbuch vertreten, waren Anlass kontroverser Diskussionen.[108] Mittlerweile fühlt es sich schon fast so an, als wären Konflikte der neue Normalzustand, sobald es um in die Frage geht, wer heute als Frau, Mann oder divers gelten darf. Deshalb verbirgt sich im äußerst provokanten Titel Schwarzers eine weitere spannende Frage: Wieso kämpfen heute so viele Menschen im Feminismus darum, wer sich selbst Frau nennen darf? Wohlbemerkt geht es in diesem andauernden Streit seltener um die Frage, ob trans Männer auch wirklich »echte Männer« sind. Was die Männer in ihrem »Club«, ihrer Interessengemeinschaft, so machen, ist Feministinnen öfter egal. Wer aber als Frau im Feminismus geschützt werden soll, ist für sie von größerem Interesse. Deshalb kommen trans Frauen besonders unter die Lupe und die Frage, was oder wer sie eigentlich sind.

Vereinfacht gesagt sind trans Personen Menschen, die sich in ihrem bei der Geburt bestimmten Geschlecht nicht zu Hause fühlen. Sie wechseln im Laufe ihres Lebens mit ihrer Selbstbezeichnung in der Geschlechterordnung »die Seite«, ins andere oder auch in ein undefiniertes Geschlecht.[109] Daher rührt auch die Bezeichnung *trans*, die dem lateinischen Wort für »jenseitig« entspringt. Das entsprechende Pendant für Menschen, die sich ihrem bei Geburt zugewiesenen Geschlecht zugehörig fühlen, ist das lateinische *cis* (oder »diesseitig«). Dass trans Menschen ihre Geschlechtszugehörigkeit wechseln, ist auf jeden Fall häufig die öffentliche Darstellung: Trans Menschen selbst fühlen dabei aber selbst gar keine »Transition«, wie der Prozess des Identitätswechsels auch genannt wird, sondern sagen nur laut, was sie schon immer wussten: dass ihr Eintrag in der Geburtsurkunde von Anfang an falsch war.

Was für trans Menschen klar ist, ist in der Praxis selten einfach. Wie sehr dieses Thema heute polarisiert, zeigt der Fall der Schriftstellerin Chimamanda Ngozi Adichie. Sie lud mit den folgenden beiden Sätzen die Wut der trans Gemeinde auf sich: »Trans Frauen sind *trans* Frauen. Es sind keine Frauen.« Adichie ist durch ihre preisgekrönten Romane und den Aufsatz *We Should All Be Feminists* bekannt geworden, der in vielen Ländern heute an Schulen gelesen wird. Sie hat für cis Frauen, insbesondere die Schwarzen unter ihnen, viel bewirkt. Dennoch wurde sie nach dieser Aussage zur *Persona non grata* im modernen Feminismus. Sie wiederholt sie mittlerweile nicht mehr. Massiver Gegenwind auf Twitter und sogar Gewaltandrohungen haben dafür gesorgt, dass sie ihr Anliegen heute anders ausdrückt. Sie fragt jetzt immer wieder provokant: »Was ist eine trans Frau?«[110] Ihren Ausgangsstandpunkt hat sie damit nicht geändert.

Diese Frage ist ebenso verletzend gegenüber trans Frauen wie der Vorwurf, keine »richtigen« Frauen zu sein, denn die Formulierung stellt ja infrage, dass sie einfach nur Frauen sind wie andere Frauen auch. Dabei kämpfen die meisten trans Frauen genau darum: als Frauen akzeptiert zu werden. In einer Welt, in der es diese breite Akzeptanz längst noch nicht gibt, braucht es jedoch mehr Erklärungen. Wir müssen uns die Frage erlauben, was es genau bedeutet, *trans* zu sein. Wir müssen aber gleichzeitig auch fragen dürfen: Was genau bedeutet *Frau* sein? Denn obwohl wir meinen, das genau zu wissen, scheinen wir auch sehr viele verschiedene Ideen davon zu haben.

Warum wir neue Erklärungen brauchen

Wenn wir davon ausgehen, dass lediglich Menschen mit Uterus Frauen sind, wovon weite Teile der Biologie ausgehen, dann sind trans Frauen keine Frauen. Zum Frausein gehört jedoch, wie wir gesehen haben, viel mehr als das. Eine ganz große Erzählung rankt sich um den Begriff selbst. Frauen gelten heute als das »mildere«, »freundlichere«, »lieblichere« oder auch (immer noch!) »schwächere« Geschlecht. Wie wir lieben, wie wir fühlen, denken, wie wir handeln: Psychologie, Neurowissenschaft, Ethnologie, Soziologie und viele andere Disziplinen möchten mitsprechen, wenn wir Frauen definieren. Und bei vielen der Kriterien, die diese Disziplinen für Frauen festlegen, können trans Frauen heute ein Häkchen machen.

Der Umstand, dass wir aktuell keine klaren medizinischen Indikatoren dafür haben, was es heißt, sich männlich, weiblich oder non-binär zu fühlen, soll zudem nicht heißen, dass wir diese Indikatoren nicht noch finden können. Auch, wenn diese medizinischen Belege trans Menschen in ihrer Akzeptanz sehr helfen könnten, weil unsere Gesellschaft eher der Medizin glaubt als »psychosozialem Hokuspokus« oder dem viel beschworenen »Genderwahnsinn«, brauchen wir keine naturwissenschaftlichen Nachweise, um trans Menschen zu achten und zu respektieren. Judith Butlers Konzept von der gesellschaftlichen Materialisierung des Körpers, von dem im vorangegangenen Kapitel die Rede war, gibt Anhaltspunkte dafür, wie man durch soziale oder psychodynamische Faktoren eine Geschlechtszugehörigkeit empfinden kann – auch eine, die der aktuellen gesellschaftlichen Zuweisung zuwiderläuft. Warum fällt es vielen trotzdem so schwer, auszuhalten, dass man um die Ecke denken muss, um trans Identität zu erklären? Warum brauchen so viele cis Frauen (und Männer) einen »Nachweis«, dass trans Frauen wirklich Frauen sein sollen, also wirklich »zu ihnen« gehören?

●

Außerhalb der jüngeren feministischen Welt gibt es in Deutschland heute wohl nur wenige Menschen, die sich mit der Aussage »trans Frauen sind Frauen« zufriedengeben: Die meisten verstehen ihn einfach nicht. Wie denn auch, wenn wir in der breiten Gesellschaft ungern die Zeit investieren, über Jahrtausende gesetzte Begriffe zu hinterfragen und deshalb meinen, klar zu wissen, was eine Frau ist, wie sie aussieht oder tickt. Wenn wir platte Populärwissenschaft in ständigen Kommentaren wiederholen und durch jedes »Typisch Junge!«, »Typisch Mädchen!« zementieren, was Männlein und Weiblein ausmacht. Wir können erleichtert immer wieder bemerken, dass doch noch alles wie gewohnt ist, »Frauen nun mal Frauen sind« und konsequent alle störenden Zwischentöne ausblenden.

Und wenn wir doch echtes Interesse daran haben oder mehr wissen wollen, wird uns leider allzu oft arrogant und altklug vorgeworfen, dass wir das alles schon längst hätten wissen müssen. Nur, woher sollen wir denn den Werkzeugkasten nehmen, um die auch heute noch relativ junge Idee von trans Identität zu verstehen? Wenn wir uns nicht im Gespräch austauschen und für alle verständliche Antworten finden, ist die Alternative für cis Menschen, nicht fragen zu dürfen und schweigen zu müssen, ohne verstanden zu haben. Das kann nicht funktionieren und, so meine Befürchtung, geht mit ewigem Streit, großen Verletzungen und Gefährdung von trans Menschen einher. Wir müssen Menschen mitnehmen, erklären, wo wir stehen – und wir müssen uns auch in unseren Standpunkten herausfordern lassen.[111] Wir wissen tatsächlich nicht eindeutig, was eine trans Frau ist, außer, dass sie eine Person ist, die sich selbst als Frau empfindet und definiert. Dass wir dafür noch keine wissenschaftliche Formel aufmalen können, bedeutet mitnichten, dass es keine trans Menschen gibt. Diese Leerstelle ist anstrengend und vielleicht frustrierend für eine ältere Generation, die an diesen Fragen nie rütteln musste. Dass die gewohnte, eher neurobiologische Erklärung von der Unterschiedlichkeit männlicher und weiblicher Gehirne schon ab Geburt aussortiert oder wenigstens hinterfragt werden muss, macht es nicht einfacher.

Bevor wir trans Frauen hinterfragen oder begreifen können, müssen wir verstehen, aus welcher Position cis Frauen sprechen. Ich möchte an meiner eigenen Entwicklung nachzeichnen, wie sich das cis Frau sein anfühlt und welche Selbstansicht es mitbringen kann.

Mein Frauwerden –
und wie sah das bei Ihnen aus?

Wie die meisten von uns heutigen Frauen wurde ich, als ich jung war, als Mädchen bezeichnet und hinterfragte diese Kategorie nicht. Leider war ich jedoch für ein Hamburger Mädchen der 1970er-Jahre viel zu laut. Wo ich auch war, ich musste immer meinen Senf dazugeben. Heute würde man dieses Verhalten vielleicht als sehr lebendig und aufgeweckt bezeichnen, damals hieß es in meinen Zeugnissen eher: »Stevie schwatzt«, »Stevie lässt sich leicht ablenken«, »Stevie stiftet an« … Im Schultheater wurde mir dementsprechend immer die männliche Hauptrolle zugewiesen, in der ich mich meist ganz wohlfühlte, da ich offiziell frech und laut sein durfte! Während es in meiner Kindheit für Mädchen noch erstrebenswert galt, zurückhaltend wie das sprichwörtliche »Veilchen im Moose« zu sein, entwickelte ich mich eher ins Gegenteil. Ich schaffte das mit dem Veilchensein einfach nicht und schien immer zu viel Raum einzunehmen. Dem damaligen Mädchen- und Frauenbild entsprach ich jedenfalls nur ungenügend.

Ähnlich war das mit meinem Namen. Auch wenn ich schon immer offiziell Stevie genannt wurde, war ursprünglich in meinem deutschen Pass die britische Langversion »Stefanie« eingetragen – ein Name, den niemand für mich benutzte. Als ich das Ausweisdokument irgendwann anpassen lassen wollte, sagte ein Passbeamter zu mir: »Wieso wollen Sie denn heißen wie ein Mann? Haben Sie ein Problem mit Ihrer Sexualität?« Diese Frage erschien mir furchtbar übergriffig und machte mich zunächst sprachlos. Ich kann mir wahrscheinlich nur im Ansatz ausmalen, was trans Personen auf Ämtern erleben müssen und warum das Selbstbestimmungsgesetz gefordert wird, aber eine kleine Kostprobe war das allemal. Ich musste tatsächlich nachweisen, dass Stevie ein gängiger englischer Mädchenname ist, und noch einen »richtigen« weiblichen Namen hinzufügen. »Nehmen Sie doch Eva«, sagte der Beamte teilnahmslos. Ich entschied mich für Meriel, den Namen meiner walisischen Großmutter, die mich bei der Geburt als Erste Stevie genannt hatte.

•

Als ich zur Uni kam, war ich »eine hübsche junge Frau« geworden, wie mir bei manch unpassender Gelegenheit von männlichen Dozenten oder meist älteren männlichen Kommilitonen bescheinigt wurde. Trotzdem begleitete mich ständig das Gefühl, nie Frau genug zu sein. Welche Frau kennt sie nicht, diese Sätze aus der eigenen Kindheit: »Das ist jetzt aber nicht besonders fein, so kriegen wir dich nicht an einen Prinzen verheiratet!«, oder: »Na, das war ja wohl nichts mit dem Kochen, pffft, wie willst du denn so mal einen Haushalt führen … dein armer Zukünftiger!« Die sehr patriarchalen Rollenvorstellungen der Zeit saßen tief, und immer, wenn ich mich damit abglich, fühlte ich mich nicht ganz richtig in meiner Haut. Als ich dann das erste Mal von trans Identitäten hörte und der Möglichkeit, sich als non-binär, also nicht der zweigeteilten Geschlechterordnung entsprechend, zu definieren, war ich begeistert. Was, ich konnte allen den Stinkefinger zeigen und das mit dem Frausein einfach lassen? Obwohl ich es nicht groß aussprach, definierte ich mich ab jetzt als Mensch, nicht länger als Frau. Hätte es damals die Möglichkeit gegeben, mein Geschlecht behördlich einfach als divers eintragen zu lassen, hätte ich das sofort getan. Dem ganzen gesellschaftlichen Druck einfach den Rücken kehren und trotzdem eine anerkannte Identität haben zu können, wäre einfach großartig gewesen!

Als trans Person wäre ich zwar höchstwahrscheinlich diskriminiert worden, aber zugleich davor geschützt gewesen, einer vorgefertigten Rolle zu entsprechen. Einer Rolle, in der ich nie gut genug gewesen wäre – eine, die in Wahrheit keine Frau perfekt ausfüllt. Nicht-binärsein ist in dieser Hinsicht das offiziell anerkannte Gegenteil von Perfektsein. Ich war jedoch gleichzeitig nicht bereit, meine Privilegien als Frau aufzugeben. Da ich äußerlich der Normvorstellung einer jungen Frau entsprach und man mir die Unordnung im Inneren nicht ansah, fühlte ich mich sicher. Und als ich noch hin- und herüberlegte, wo genau ich mich am besten aufgehoben fühlte, wurde ich schwanger. Was dann folgte, liest man heute in jeder Frauenzeitschrift, in unzähligen Blogeinträgen, in feministischen Büchern und deckt sich wahrscheinlich mit den allermeisten weiblichen Biografien heutzutage – vielleicht ja auch Ihrer.

Ich machte eine klassische Frauenlaufbahn durch. Ich bekam zwei Töchter und zankte mich, bis sie groß waren, mit dem Vater über die Aufteilung der Care-Arbeit. Ich merkte, wie viel schwerer es für mich als Frau war, meine berufliche Karriere oder den Alltag mit Beruf und Kindern überhaupt zu wuppen, ohne krank zu werden. Ich fühlte mit den nahenden Wechseljahren immer mehr Wut auf ein System, in dem alles, vom Geld bis hin zur Zeit für das Leben selbst, ungerecht verteilt ist.[112] Während mein Mann Mittags- oder Kaffeepausen machte – Wörter, die es in meiner Welt nicht gab –, jagte ich durch den Alltag, damit jemand bei der Schulaufführung der Kinder erschien oder einfach nachmittags für sie da war. Und mit dieser Erfahrung bin ich nicht allein. Laut eines Berichts des Bundesministeriums für Frauen, Senioren und Jugend leisten Frauen heute allein in Ostdeutschland im Schnitt 40 Prozent mehr Care-Arbeit als Männer – im Westen klettert dieser Wert sogar auf stolze 50 Prozent.[113] Durch hormonelle

Probleme und Stress (was bekanntlich zusammengehört), war ich zudem in einer Schmerzdauerschleife: Ab dem Eisprung plagten mich monatlich zwei Wochen prämenstruelles Gefühlschaos und Krämpfe. Immerhin ein Viertel aller Frauen in Deutschland leiden so wie ich am prämenstruellen Syndrom – und diese hormonellen Probleme sind nur eine Spielart von vielen, die uns Frauen mit Uterus zusätzlich zu den ständigen Streits um Care-Arbeit plagen.[114] Als dann die Wechseljahre kamen und die Energie wegblieb, als hätte man bei mir einen Stecker gezogen, war mir klar: Ich war so was von weiblich. Eine Frau voller Wut darauf, dass mich unser patriarchales System zur Frau gemacht hatte.

Die Wut der cis Frauen

Das war es also, was ältere Feministinnen und schon Simone de Beauvoir meinten, wenn sie davon sprachen, dass einen das Leben zur Frau macht und wir aus diesem Frausein heraus politisch antworten müssen: mit Geschlossenheit. Nur wie bloß, wenn um mich herum so viele leistungsstarke Frauen um die fünfzig schon im Burn-out waren? Weil sie härter arbeiten mussten als die Kerle, die Doppelbelastung von Haushalt und Karriere hatten und Arbeitsplätze, an denen sie sich von männlichen Chefs sexistische Kommentare bieten lassen mussten? Das kann – nein, muss geradezu wütend machen!

Um als Frau diese Wut am eigenen Leib erlebt zu haben und nachvollziehen zu können, muss man einem bestimmten »Club« von Frauen angehören. Was für ein Club ist das genau? Wenn ich dieses wütende Gefühl ausdrücke, ist interessant zu überlegen, aus welcher Perspektive ich spreche. Was passiert da, wie sieht diese »heilige Gemeinschaft« der cis Frauen aus? Und wie *mein*

Frauenbild? Passt das auch zu Ihrem? Ab welchem Punkt haben wir Frauen das Gefühl, ein Club zu sein? Oder: Wie werden wir im Laufe unseres Lebens zu einem Club, der niemand anderen mehr reinlässt, gemacht?

Diese Frage spiegelt sich auch in Alice Schwarzers und Chantal Louis' Streitschrift wider. Dort heißt es:

> *Jetzt stürmen vor allem junge Mädchen in die trans-Praxen. Ihnen suggeriert der Zeitgeist, die Flucht ins Mannsein sei die Lösung: gegen die Einengung und Zumutung des Frauseins in einer patriarchalen Welt. Sie zwängen sich damit jedoch nur von einer Schublade in die andere. Statt auszubrechen aus der Schublade!*[115]

Die beiden Autorinnen fordern, dass bisher weiblich gelesene Menschen nicht »abhauen« sollten, indem sie trans Männer werden. Sie sollten vielmehr als »Frauen« für ihre Rechte kämpfen, dass Frauen alles sein dürfen. Die Geschlechterrollen, die Männer und Frauen auferlegt würden, seien für den Transitionswunsch der Frauen verantwortlich, die damit aus einem engen weiblichen Korsett flüchten wollten. Wenn Frauen – und hier setzen die Autorinnen Menschen mit Uterus und Frauen gleich – nicht durch soziale und andere Medien so stark auf Perfektion und 50er-Jahre-Ideale festgeschrieben würden, gäbe es viel seltener die Not, das »Geschlecht zu wechseln«.[116] Dann könnte man auch männliche Stereotype in einem weiblichen Körper ausleben und fertig. Wegen dieser Argumentation wurde das Buch stark kritisiert: Die Autorinnen betonten darin wiederholt, dass man nur die Geschlechterrollen auflösen müsse, damit es keine trans Menschen mehr gebe – oder wenigstens sehr viel weniger. Vor allem zweifeln sie eine feste Zweigeschlechtlichkeit und die dazugehörigen Begriffe »Mann« und »Frau« gar nicht an: Sie sind als cis Frauen somit automatisch auf der »richtigen« Seite ihrer Weltsicht.

Die Art, wie in Schwarzers und Louis' Buch über trans Menschen gesprochen wird, ist sehr tendenziös. Sie schreiben in einem meiner Meinung nach teils unangenehm-abwertenden Ton und machen sich sogar über trans Argumente lustig, indem sie die Transition darstellen wie eine Shopping-Tour.[117] Auch wenn es mittlerweile sicher einfacher und an manchen Orten anerkannter ist als früher, machen es sich Jugendliche dennoch sicher nicht leicht, wenn sie sich als trans Person outen. Der Ton der beiden Autorinnen bringt uns also nicht weiter und kann zudem für trans Menschen hochgefährlich werden, weil sie öffentlich bloßgestellt werden. Öffentlich trans zu sein ist nach wie vor ein Schritt in die potenzielle Diskriminierung und kann Gewalterfahrungen oder sogar Totschlag zur Folge haben, wie wir im Sommer 2022 wieder im Fall von Malte C. erleben mussten.[118] Wenn trans Menschen dieses Risiko als kleineres Übel ansehen, als im »falschen« Geschlecht zu verharren, ist dies einer großen Not geschuldet.

Einige Punkte im Buch von Schwarzer und Louis unterstütze ich: Ja, trans Sein wird bekannter. Es sind nicht mehr nur einige wenige, die sich als trans outen. Dabei handelt es sich keineswegs um einen »Trend«, wie die Autorinnen sagen, sondern einen Anfang zu etwas Neuem, zu etwas, das uns stark herausfordert. Besonders unter meinen britischen Freund*innen und Verwandten werden die Berichte über trans Kinder in den Schulen zahlreicher, es sind deutlich mehr als früher. Auch in der Generation der Studierenden und Jugendlichen in Hamburg kennt heute fast jede*r eine trans Person. Ob das nun bedeutet, dass junge Menschen sich vermehrt trauen, ihre Geschlechterdysphorie öffentlich zu machen – oder ob trans sein ein möglicher Widerstand gegen den steigenden medialen Druck ist, »perfekt« in seinem Geburtsgeschlecht sein zu müssen –, können und sollten wir nicht bewerten. Das ist übergriffig und bringt niemandem etwas. Eher sollten wir uns anschauen, welche Auswirkungen die vermehrten Transitionen auf uns alle haben.

Ein neues Frauenbild oder eher neue Irritationen?

Einerseits zeigt die zunehmende Auseinandersetzung mit trans Geschlechtlichkeit, wie komplex Geschlecht heute gedacht wird. Für die Entwicklung hin zu mehr Gleichberechtigung kann das positiv sein. Andererseits finde ich es auch legitim, die Sorge zu äußern, dass es auch unter trans Personen eine Vorstellung von Geschlecht zu geben scheint, die der modernen Geschlechterforschung diametral gegenübersteht. Während wir heute genug Erkenntnisse haben, um eher von einem fluiden Geschlechtsbegriff zu sprechen, droht uns jedes Outing eines trans Menschen, der sich klar als Mann oder Frau definiert, in eine Welt mit festen Eigenschaften zurückzuführen. Das kann verwirren – und erklärt vielleicht auch einen Teil der Empörung, die in der Debatte mitschwingt.

Genau hier irritiert jedoch auch, dass gerade Schwarzer und Louis an der Binarität von Geschlechtervorstellungen festhalten: Obwohl sie kurz darauf hinweisen, dass trans Sein Geschlechterbilder unterwandert und gleichzeitig zementiert, bleiben sie bei einer Rhetorik, in der es klar zu sein scheint, was cis Frauen sind – ohne dass dies im Buch je definiert oder geklärt wird. Nach dem Motto: Frauen sind halt Frauen, ist ja klar. Dazu heißt es dort:

Dabei ist es in einer sexistischen Welt, in der Frauen nach wie vor aufgrund ihres Geschlechts diskriminiert oder gar getötet werden, absolut notwendig, Frauen als gesellschaftliche Gruppe zu betrachten und zu erfassen.[119]

Dass Frauen durch gesellschaftliche Zuschreibungen, Machtverhältnisse, Rollenbilder und Narrative überhaupt erst zu Frauen gemacht werden, müsste gerade Schwarzer als Simone de Beauvoir-Kennerin klarer benennen. Dass unzählig viele verschiedene Menschen, die lediglich ein paar Organe gemeinsam haben, zu einem Club gemacht werden, der als Einheit dasteht. Und gerade deshalb wäre es an Schwarzer, die große Frage zu stellen: Können wir denn aus unserer Perspektive als Frauen, zu denen wir erst wurden, wirklich geschlossen antworten? Und können wir das gleichzeitig, ohne damit eine Einheit zu zementieren, die immer wieder aufs Neue vereinnahmt und mit festen Eigenschaften belegt werden wird? Innerhalb derer wir immer wieder darum kämpfen werden, zu verstehen oder uns darauf zu einigen, was Frausein wirklich ist?

●

Wie viel stärker könnte der Feminismus sein, wenn wir nicht alle in einem Team spielen müssten. Wenn wir uns stattdessen in immer kleinere Gruppen unterteilen würden, die zwar alle dasselbe Ziel haben, aber sich für ihren Kampf nicht alle hinter der einen Fahne versammeln müssten. Als Menschen mit Uterus haben wir gemeinsame Themenfelder, in denen Lobbygruppen hoch sinnvoll wären, um zum Beispiel für sichere Schwangerschaftsabbrüche oder eine Wirtschaft zu kämpfen, die Menstruation, Kinderkriegen und Wechseljahre mitdenkt. Gleichzeitig gibt es Themenfelder, die wir bisher klassisch »Frauen« zuschreiben, in denen sich auch andere weiblich gelesene Menschen wie manche männliche Homosexuelle, Intersexuelle, trans Personen oder Männer finden könnten, die feminin gelesen werden.

Wenn wir dagegen angehen, dass wir am Arbeitsplatz als dümmlich und inkompetent betrachtet werden, kann dies auch einen homosexuellen Mann betreffen, dessen Gebärden, Kleidung oder Tonfall als »typisch weiblich« gelesen werden. Wenn wir zum Beispiel gegen Sexismus in den Medien kämpfen, betrifft dies auch den Menschen, egal welchen Geschlechts, der sich schminkt, hochhackige Schuhe und Kleider trägt und der deswegen ebenso als »niedliche Deko« abgewertet wird. All diese Abwertungen haben ihren Ursprung in festen herabsetzenden Zuschreibungen an Menschen mit Uterus – aber das »Frau- oder Weiblichsein« drum herum ist ein Symbol geworden, das mit dem Uterus selbst überhaupt nichts mehr zu tun hat. Deshalb sollten wir die einzelnen Menschen oder Teilgruppen, die gegen die Patrix kämpfen, sichtbar machen können, ohne die Assoziation an ein Organ zu wecken, das sie nicht haben.

Wir sollten uns endlich dafür sensibilisieren, dass »Frau« und »Uterus« Schnittmengen haben, jedoch nicht das Gleiche sind. Gerade, weil wir das Wort »Frau« nicht loslassen wollen und dieses Wort immer wieder als »die, die eine Gebärmutter hat« definiert wird, ist diese einheitliche Fahne nicht dienlich. Vielleicht sollten wir den Begriff »Frauen« einfach ganz sprengen.

Überraschung: Frauen gibt es nicht

Der berühmte Philosoph und Sprachwissenschaftler Jacques Lacan hat den Satz geprägt »la femme n'existe pas« – die Frau gibt es nicht.[120] Angelehnt ist der Satz an ein berühmtes Bild von René

Magritte, auf dem eine Pfeife zu sehen ist. Darunter steht: »Ceci n'est pas une pipe« – dies ist keine Pfeife. Sondern das *Bild* einer Pfeife – womit Magritte auf den Unterschied zwischen dem Gegenstand selbst und den Zeichen verweist, die für ihn stehen können. Das kann eine bildliche Darstellung sein, die dem Gegenstand ähnlich sein muss. Anders sieht das jedoch bei der sprachlichen Bezeichnung, dem Namen des Gegenstands aus. Warum ein Gegenstand heißt, wie er heißt, leitet sich nicht zwingend vom Gegenstand selbst ab. Das Ding aus Holz hat irgendwer Pfeife genannt, es hätte aber auch »Hund« oder »Apfelwein« heißen können, wenn diese Wörter nicht schon besetzt und an Dinge – oder besser die Vorstellung von Dingen – vergeben worden wären.

Wörter sind zufällig. Mehr noch als diese Zufälligkeit ist hier wichtig, dass Frauen erst durch ihre klare Benennung in Erscheinung treten. Der Ausspruch »Du bist eine Frau!«, macht ein Wesen zum besonderen Menschen, der anders ist als ein Mann. Dieser erscheint ab diesem Moment wiederum als Ur-Mensch, »neutral« und Basis der Menschheit. Was Lacan also mit seinem obigen Satz meint, ist nicht, dass es Frauen nicht gibt. Sie existieren jedoch nur in Abhängigkeit vom Männlichen, als »das Andere« zum Mann. Wie in der Bibel eben. Wie in der Sprache, die als generisches Maskulinum entstand. Wie in der Medizin, in der man stets vorrangig den Mann erforschte. Wie in der modernen post-industriellen Wirtschaft, in die Frauen erst reingedacht werden mussten. Frauen sind die, die anders, irgendwie »extra« sind. Wie kommen wir aus diesem Zustand wieder raus?

Der Begriff »Frau« ist – ähnlich wie rassistische Konzepte rund um Hautfarben – entstanden, um Menschen mit Uterus abwerten und reglementieren zu können. Die drohende »Unordentlichkeit« ihrer potenziellen Gebärfähigkeit musste kontrolliert und in Strukturen gepresst werden, die gut und lange halten und das gesellschaftliche Funktionieren sichern. Heute wollen wir – jene zu Frauen ernannten Wesen, die zu einer Gruppe mit bestimmten Eigenschaften gemacht wurden – aus dieser Schablone ausbrechen, gleichzeitig jedoch »Frauen« bleiben. Und all das, während andere im selben Moment ebenfalls zu wissen scheinen, wie sich »Frausein«, anfühlt. Das bedroht cis Frauen sehr. Gleichzeitig wäre es eine Chance, zu sehen, dass der Club das Problem ist, nicht die, die mitspielen wollen.

●

Warum lösen wir dann den Club nicht einfach auf und wehren uns anders, zum Beispiel in neuen Lobbygruppen? Die Idee bedroht den Feminismus, denn: Den Club gibt es immerhin jetzt schon. Das ist doch alles, was wir haben, oder nicht?[121]

Ein großer Schritt wäre, wenn diese Angst des Clubs, sich gegen Veränderungen nicht wehren zu können, mehr thematisiert werden könnte. Wenn es möglich wäre, die Angst zu äußern, ohne dass sich die trans Community so bedroht fühlen müsste, dass sie wild zurückballert. Deshalb sollten wir uns diese Angst genauer anschauen, um sie nicht als wütenden Zynismus, sondern als das zu artikulieren, was sie ist: die Angst, »übermannt« zu werden.

Manche cis Frauen finden, dass sich alle Frauen »von Natur aus« stets verschönern wollen. Dass sie »von Natur aus« viel besser Häuser einrichten oder dem Kind die Gutenachtgeschichte vorlesen können. Die finden, dass man Männer nicht so mit Haushalt überlasten und ihnen die Politik überlassen sollte. Das nervt Feministinnen ungemein. Trotzdem betrachten einige Feministinnen die Menschen mit Penissen eher als ihr feindliches Gegenüber und nicht die cis Frau, die ein traditionelles und devotes Frauenbild verteidigt. Selbst die ehemalige Beauty-Queen Verona

Pooth haben wir als eine von uns entdeckt! In einem wunderbaren Videoclip erklärt sie Markus Lanz, wie sie sich einst gegen Alice Schwarzer wehrte, die sie für ihre mediale Inszenierung als »Dummchen« kritisiert hatte. Pooth kontert in ihrer Darstellung so witzig und schlau, dass uns die Sinne schwirren: »Frau Schwarzer sieht das wirklich sehr schwarz. Aber ich bin ja wohlerzogen und freundlich, ich meine das nicht böse, aber die ist ja sicher drei Jahre älter.«[122] Diese schnell und intelligent debattierende Frau mit komödiantischem Talent ist dieselbe, die mit ihrem »Franjo« in der *Gala* auftritt und uns ihre Creme verkauft, geht das? Klar! Gleichzeitig darf in unserer Gesellschaft eine Frau, die einen Penis hat, nicht auf unserer Seite sein.

Auch trans Frauen werden als »nicht richtig Mann«, also weiblich gelesen und gehören somit zu den Abgewerteten. Ihnen werden Kompetenzen abgesprochen, sie werden als »hysterisch« abgestempelt, sie kämpfen um Teilhabe und Sichtbarkeit. Sie kämpfen viel eher als die Masse der cis Frauen in Deutschland auf der feministischen Seite, wenn es um Sexismus in den Medien und in der Werbung geht, um #MeToo oder Gewalt gegen Frauen. Man findet sie als Unterstützerinnen auf Demos gegen den Paragrafen 219a oder für Hebammenrechte. Können wir da nicht gemeinsam politisch handeln? Der Argwohn aber, die instinktiven Vorurteile gegen »Menschen mit Penissen« ist für viele, besonders ältere Feministinnen zu hoch.

Warum wir uns trotzdem immer noch streiten

Auch ich muss manchmal mit mir kämpfen, wenn ich von trans Frauen Sätze höre wie die folgenden, die eine gute Bekannte mir gegenüber einmal äußerte: »Ach, ich habe in dunklen Gassen nicht so eine cis-Frauen-Angst. Ich erinnere ja noch, wie wir uns früher auch mal geprügelt haben und könnte das sicher wieder.« Würde das eine cis Freundin, die mehr Muskeln hat als ich, sagen: Kein Problem. Sagt dies ein Mensch mit Penis so selbstsicher, komme auch ich – die es besser wissen müsste – mitunter leicht ins Stocken. Ebenso wenn trans Frauen sich erst outen, nachdem sie als männlich gelesen eine großartige Karriere als Geschäftsführer oder Chefredakteur hatten, die sie als Frau vielleicht nie gehabt hätten. Ja, sie haben die gesamte Zeit unter ihrer Fassade zutiefst gelitten und dann erst die Kraft aufgebracht – aber trotzdem Privilegien gehabt, die cis Frauen selten haben. Wie gehen wir damit um? Können wir ihnen trauen? Sind wir in einem Team?

Miteinander sprechen würde für den Anfang sehr helfen. Wenn wir unseren Unmut nicht von Mensch zu Mensch, sondern in wenigen Worten auf Twitter äußern, müssen wir uns nicht wundern, wenn die Fetzen fliegen. Wenn trans Menschen durch aus dem Kontext gerissene Anekdoten verletzt und ihre Anerkennung bedroht wird, können sie cis Frauen vorwerfen, radikal zu sein. Oder sie kontern: Die Privilegien, immer als cis Frau gelesen zu werden, hätten sie auch gerne gehabt – was die Wutspirale der cis Frauen erst recht befeuert: »Wie bitte? Als Frau privilegiert? LOL!« Manche poltern eben los, anstatt sich an einen Tisch zu setzen und Ängste sowie Argwohn auszusprechen. Das zerstört jede Verständigung.

Wie viel anders wäre es gewesen, wenn die Harry-Potter-Autorin J. K. Rowling, anstatt sich in einem Tweet über»Menschen, die menstruieren« lustig zu machen, sofort von ihren Ängsten und furchtbaren Gewalterfahrungen durch Männer geschrieben hätte, wie sie es später im Entschuldigungstext tat. Doch bis dahin war der Streit schon gründlich eskaliert. Die Twitter-Gemeinde und sogar Daniel Radcliffe, also Harry Potter höchstpersönlich, hatten

Rowling abgekanzelt und sich von ihr distanziert. Nun wurde sie gelesen als eine, die Sexualstraftäter mit trans Frauen gleichsetzt. Richtige Kommunikation war nicht möglich, die Seiten verhärteten sich. Daran ist nicht nur Rowling schuld, denn cis Frauen wird diese Form von Angst im öffentlichen Diskurs nicht zugestanden – schon gar keinen älteren Frauen, die als »mächtig« gelesen werden. In diesem Streit der Generationen gibt es wenig Verständnis oder Mediation. Die Angreiferinnen wurden als »TERF« (*trans exklusive radical feminist*, also trans Ausgrenzerinnen) bezeichnet, ohne, dass ihre Sorgen vernommen und ein Austausch darüber artikuliert werden konnten.

●

Die Schwierigkeit, Misstrauen gegen Menschen mit Penissen abzuschalten, darf einfach nicht existieren. Ich glaube, dass es gerade deshalb zu einer Wut wie bei Rowling kommt, die jeglichem Verständnis entgegenwirkt. Gerade die jugendlich-feministische Szene wettert bei solchen Ausbrüchen gerne gegen die Generation ihrer Mütter, von denen sie sich selbstredend dringend abgrenzen muss. Sie verteidigt eine diskriminierte Minderheit gegen eine, die sie als weniger diskriminiert empfindet: ihre Mütter, die endlich mal nicht mitreden sollen.

Die Jugend selbst aber ist mächtiger, als sie denkt: Die urbane Jugend hat trend-setzende Macht in Netzwerken und Medien. Sie schafft es, die prämierte Autorin Rowling zur *Persona non grata* zu machen, die nicht mal mehr dem Jubiläum der *Harry-Potter*-Filme beiwohnen durfte. Egal, wie »schuldig« sich Rowling gemacht hat (ihre Tweets waren abwertend, scharf und polarisierend und wurden zunehmend aggressiver), entsteht durch diesen Mangel an Kommunikation eine Angst-Kultur. Die Themen, die wirklich auf den Tisch sollten, kommen dort nicht hin. Wie soll auch eine in Rage geratene Jugend nachvollziehen können, welche Erfahrungen, Sorgen und feministischen Bedenken eine ältere Frau nach sexueller Gewalt und in den Wechseljahren hat? Die Forderungen der medialen Jugend bleiben scharf: cis Frauen sollen hinter ihre eigenen Vorurteile von Menschen mit Penissen schauen und nicht jeden unter einen Generalverdacht stellen.

Viele Frauen verstehen erst in den Wechseljahren, wie viel männlich-strukturelle und vielleicht auch physische Gewalt sie erfahren haben. Und diese Männer waren zu 100 Prozent Menschen mit Penis. Sie waren oft größer und hatten mehr Muskelmasse als eine selbst – physiologische Merkmale, auf die wir, besonders nach Traumatisierung, instinktiv reagieren. Je älter man wird, desto ängstlicher wird man, besonders als Mensch mit Uterus. Auch weil das Progesteron sinkt und das Cortisol ansteigt. Man reagiert schneller auf visuelle Trigger. Und ein Mensch, der einen Penis hat, steht dann schnell und erst recht sofort unter Generalverdacht.

Dass dieser Generalverdacht hoch verletzend und diskriminierend ist, kann jede*r nachvollziehen. Aber je mehr Erfahrungen man als cis Frau mit struktureller und physischer Gewalt hat, desto schwerer fällt es, »einfach mal zu machen«. Je mehr eine versteht, was das patriarchale System für Frauen in den letzten 10.000 Jahren bedeutet hat, desto mehr Wut entsteht – auf »den Menschen mit Penis an sich«, so ungerecht das auch ist. Dass das Patriarchat auch Männern schadet und Menschen mit Penis nicht von Natur aus »böse« sind, sollte klar sein. All diese analytischen Schritte helfen jedoch wenig, Vorurteile zu entkräften, die wir uns über Jahrtausende der Menschheitsgeschichte antrainiert haben, und die wir mit der Einteilung in »Mann« und »Frau« täglich verstärken.

Dass auch Menschen mit Penis, die sich als Frau Anerkennung wünschen, dieses Misstrauen erfahren, ist höchst brutal. Die Angst von cis Frauen, dass die trans Frau ihre Weiblichkeit abstreift und zum Bösewicht wird – also ihre Privilegien als männlich gelesene Person wieder aufnimmt – wird jedoch nicht besser dadurch, dass gefordert wird, diese Angst »sofort« abzulegen. Sie sitzt tief. Nun haben trans Frauen oft selbst Gewalterfahrungen erlebt und sind sich der ständigen Gefahr bewusst, in der sie leben. Von ihnen Verständnis dafür zu fordern, dass ältere cis Frauen sie als potenzielle Täter sehen, ist deshalb absolut vermessen.

Deshalb möchte ich hier ein Gedankenexperiment anregen, das uns aus dieser Sackgasse befreien könnte. Denn ich will hier mehr als nur den dringenden Wunsch äußern, dass wir im Feminismus mindestens so viel über Ängste reden als wir über Privilegien streiten. Mir geht es vor allem darum, eine Lösung zu finden, wie wir die Debatten um cis und trans im Feminismus beilegen können. Und da ergibt sich ein Dilemma. Denn diese Lösung könnte den meisten Leser*innen einen Schritt zu weit gehen: trans wie cis Menschen.

Eine mögliche Lösung: weiblich sozialisiert vs. weiblich gelesen

Es gibt, meine ich, nur zwei mögliche Wege aus dem Drama, das die so überladenen Begriffe »Mann« und »Frau« immer wieder produzieren: entweder allen Menschen mit Prostata das Frausein zu verbieten und allen Menschen mit Eierstöcken das Mannsein. Von Verboten halte ich nichts. Zudem wird es Menschen nicht aufhalten, einen Platz in unseren jeweiligen Clubs zu fordern. Und das ist auch gut so, denn sonst würden wir die Chance verpassen, die Herausforderung, die uns die trans Debatte stellt, anzunehmen und einen Schritt weiterzugehen: uns nämlich selbst an die

Nase zu fassen und zu überlegen, ob die Geschlechternormen, wie wir sie kennen, nicht ausgedient haben. Sollten wir vielleicht die Begriffe »Frau« und »Mann« langfristig auflösen, und zwar für uns alle?

Wenn die jahrtausendealte Tradition hinter den Geschlechterbildern stets die Unterdrückung mancher Menschen und die Erhöhung anderer bedeutete, sollten wir die alten Bezeichnungen loslassen. Wir alle. Auch, wenn sie uns so lieb geworden sind, zur Heimat, zum sicheren Hafen, und uns Sinn stiften. Wir werden uns, wenn wir auf diesem Entweder-oder beharren, nicht divers aufstellen können. Wie wir gesehen haben, hält der Gegensatz zwischen cis und trans ebenso wenig stand wie der von Mann und Frau. Auch wenn ich mich hier brav als cis Frau beschreibe, weil ich nicht trans bin, sehe ich mich selbst weder als das eine noch das andere. Ich »spiele« streng genommen nur eine »cis Rolle«, um im feministischen Krieg des Internets keine Haue zu bekommen. Ich schreibe brav »she/her« unter meine Signatur in den E-Mails, weil »man das jetzt so macht«, wenn man keinen Ärger bekommen möchte.

Neulich erst fragte mich eine junge queere Feministin: »Ist das nicht auch wieder Diktatur? Was, wenn ich mir noch überhaupt nicht sicher bin, ob ich mich als nicht-binär oder weiblich definieren möchte? Geht auch she/them? So ein bisschen von beidem?« Wenn wir schon an dem Punkt sind, Menschen zwingen zu müssen, sich zu definieren oder gar nicht mehr mitzuspielen, ist es absurd geworden. Außerdem ist der Gedanke, dass Menschen mit Uterus, die nicht trans sind, automatisch »cis Frauen« sein müssen, kontraproduktiv. Auch wenn mich meine Erlebniswelt und mein Lebensweg zu den Frauen zählen lässt, funktioniert dies nur in der Stärkung des Begriffes »Mann« – und was genau soll das wieder sein? Wie männlich muss man sein, um zu deren Club zu gehören?

Wie sollen wir echte Diversität dort sehen können, wo wir weiterhin zwei Fronten begreifen: Mann und Frau sowie cis und trans? Wir müssen diese Fronten unterwandern. Und das tun wir am besten, wenn wir sie aufmachen und neue Gruppen zusammensetzen, wie wir es politisch gerade brauchen. Man könnte auch sagen: Den Feind bekämpft man am besten, indem man sich weich macht anstatt hart. Wenn wir ein generisches Maskulinum nicht einfach in »geschlechtsneutral« umdeuten können, wird es auch nicht möglich sein, »Frau« als »ab heute so mächtig wie Männer« zu lesen. Auch dann nicht, wenn die Hälfte des Bundestages weiblich wäre. Denn wenn ein Kind »Arzt« hört und nicht automatisch »Ärztin« mitdenkt, wie Studien zeigen, kann es schlecht »Frauen« hören und nicht automatisch an lauter Eigenschaften denken, die sie von »Männern«, die schon immer das Sagen hatten, unterscheiden. So funktioniert unsere Sprache und unser Denken.

Wenn ich feststelle, dass ich mit manch einer trans Frau politisch mehr Gemeinsamkeiten habe als mit einer anderen cis Frau, sollten wir das besser artikulieren können als darüber, uns beide als Frauen zu definieren. Was ich und viele andere cis Frauen mit einer trans Frau teilen, mit der wir uns gegen #MeToo engagieren, ist, weiblich gelesen zu werden. Was ich mit einem trans Mann teile, wenn wir zusammen gegen den Paragrafen 218 protestieren, ist, potenziell Kinder gebären zu können, also Menschen mit Uterus zu sein. Was ich mit einer cis Frau teile, der es schwerfällt, »Nein« zu sagen, ist, weiblich sozialisiert zu sein. Wir sollten unsere politischen Interessensgruppen viel klarer definieren, als uns in die Oberkategorien »Mann« und »Frau« hineindrängen zu lassen oder hineinzwängen zu wollen.

Denn wenn wir uns aus der Unterdrückung im Patriarchat – aus der Benennung als Frau, die gegenüber dem Mann stets als mangelhaft verstanden wird – wirklich befreien wollen, hilft es nicht, das Wort »Frau« neu zu definieren. Mit einem einheitlichen Oberbegriff riskieren wir immer wieder unsere eigene Stereotypisierung. Dann wird es immer wieder heißen: »Frauen sind ...« – ja, was eigentlich? Schauen wir deshalb, wie es anders gehen könnte.

●

Gerade, weil der Begriff cis Frau so komplex ist und so viel Uneinigkeit darüber herrscht, was das eigentlich sein soll, ist es doch viel schlauer, stattdessen von einer weiblichen Sozialisierung zu sprechen. Ich sehe mich nicht als cis Frau, aber ich werde als weiblich gelesen und bin typisch weiblich sozialisiert. Dieser letzte Punkt eint mich mit vielen Menschen. Wir sollten lieb, brav, zurückhaltend sein und möglichst nicht so viele schlaue Fragen stellen. Wir sollten Pink und hochhackige Schuhe lieben und warten, bis ein Mann uns die Tür aufhält, damit unsere Ärmchen zart bleiben. Wir haben »Frauenkarrieren« durchlaufen, uns gegenseitig argwöhnisch abgecheckt, ob eine schöner ist und deshalb mehr Möglichkeiten hat, weil für uns generell nicht so viele vorgesehen waren. Unsere Kompetenz wurde angezweifelt und Männer erklärten uns die Welt, ob wir danach gefragt hatten, oder auch nicht.

»Sozialisierung« ist hier korrekter als der verständlichere Begriff »Erziehung«, weil man Erziehung meistens nur den Eltern zuschreibt. Während es jedoch auch in den 1970er-Jahren schon vereinzelt Eltern gab, die ihre Töchter ermutigten, laut und raumgreifend zu sein, war und ist die Gesellschaft (auf lateinisch *societas*) noch immer nicht so weit. Egal, wie gendergerecht wir versuchen, ein Kind zu erziehen: Wenn im Kindergarten die Mädchen in die Puppen- und die Jungen in die Bauecke gesetzt werden, wenn Medien und Werbung stets Genderklischees zeigen und die Lehrerin findet, dass die Tochter »richtig gut in Mathe ist – für ein Mädchen«, hat das genauso großen Einfluss aufs Kind wie die Meinung der Eltern. Gesellschaft prägt, denn wir wollen »richtig« sein und dazugehören.

Weiblich gelesen zu werden, eint mich auch mit vielen Menschen. Homosexuelle Männer, zarte Männer oder viele trans Frauen werden gerade deshalb abgewertet und diskriminiert – oder schlimmer, erfahren Gewalt –, weil sie »keine richtigen Männer« seien, sondern irgendwie »wie Mädchen«. Derselbe Grund, der Homofeindlichkeit schürt, bringt Menschen dazu, trans Menschen zu verabscheuen: Sie gehören nicht dazu. Sie bringen durcheinander. Sie gefährden die Identität derjenigen, die sich das »richtige« Mannsein hart erkämpft haben und dazugehören wollen. Wenn es Menschen mit Penissen gibt, die da nicht mitmachen, wenn es die Option gibt, dem Zwang zur Männlichkeit zu entsagen oder aus der Kategorie »harter cis Mann« herauszufallen, was bedeutet das für einen selbst? Könnte man auch herausfallen? Trans gefährdet die vermeintlich natürliche zweigeschlechtliche Ordnung, die viele Menschen so ersehnen. Die Angst und dann die Wut, die das schürt, ist hochgefährlich. Für trans Frauen ebenso wie für trans Männer oder trans Menschen. Ebenso gefährlich wie jeder Gang von cis Frauen durch dunkle Tunnel, nächtliche Straßen, unbeleuchtete Parks.

Wenn wir unsere Diskriminierung eher damit benennen, dass wir »weiblich gelesen« oder »weiblich sozialisiert« sind, oder beides, umgehen wir das zu sehr generalisierende Frausein. Ich bin weiblich sozialisiert und weiblich gelesen. Eine Freundin, die trans ist, ist nicht immer weiblich sozialisiert, aber ebenso weiblich gelesen. So können wir unsere gemeinsamen Räume finden und besprechen.

Wie könnte sich das auf unsere Sprache auswirken?

Wir weiblich gelesenen Personen können uns also weiter als »das Andere« zur Norm aufstellen und politisch ausdrücken. Wir können gleichzeitig innerhalb dieses Anderen unterscheiden, für wen wir sprechen, ohne eine Kategorie aufmachen zu müssen, die uns alle in einen Topf schmeißt. Die Einteilungen in »Frauen sind so und so, Männer hingegen sind so und so« führt immer wieder zur Nennung von angeblich männlichen oder weiblichen Eigenschaften, die toxisch für Männer und Frauen gleichermaßen sind. Dieses gegenseitige Hochschaukeln beenden wir nur, indem wir Geschlechtergrenzen auflösen oder zumindest unterwandern.

Gleichzeitig eröffnet sich dadurch die Chance, auch weiterhin gemeinsame politische Räume nutzen und geteilte Anliegen zum Ausdruck zu bringen. In der Frage um die Nachfolge des »Transsexuellengesetzes« und den Eintrag ins Personenstandsregister wäre es also auch eine Möglichkeit (gewesen), gar keine Benennung von Geschlecht in den Pass einzutragen, sondern höchstens bei Krankenkassen für Studienzwecke und Vorsorge-Benachrichtigungen in Menschen »mit Prostata« oder »mit Uterus« zu unterteilen. »Menschen mit Uterus« kann somit auch eine Bezeichnung sein, die wir politisch nutzen können, um für sichere und legale Schwangerschaftsabbrüche zu kämpfen oder für die gleichberechtigte Teilhabe und Chancen in Beruf und Karriere für menstruierende, gebärende oder menopausale Menschen.

Sinnvoll wäre, die für die Gleichstellung benötigten vorübergehenden Quoten in Wirtschaft und Politik nicht für Frauen, sondern für Menschen mit Uterus und weiblich gelesene Menschen auszusprechen. Bei dieser klaren Benennung könnte dann auch eine Beatrix von Storch, die sich 2022 lautstark über den Frauen-quotenplatz von Tessa Ganserer im Bundestag echauffierte, nicht mehr Kritik anbringen.

●

Und unsere Sprache? Wenn unsere Wörter der Unterwanderung von Geschlecht Rechnung tragen sollten, bräuchten wir auch ein neues neutrales Pronomen. »Es« ist nun mal eindeutig sachlich, nicht menschlich, und »er« ist historisch zu sehr mit dem männlichen Geschlecht besetzt. Das *Missy Magazine* aus Berlin hat hierfür schon heute eine Lösung parat. Sie nutzen »dey« als einen gut aussprechbaren Vorschlag (mit »deren« für sein*ihr). Ansonsten können wir die schon gelernte Endung *in (Einzahl) oder *innen (Mehrzahl) beibehalten – nur, dass wir sie für alle Geschlechter benutzen. Und fertig ist der Lack. Das wäre einfach, klar und modern. Ja, aber! Höre ich den einen oder anderen Leser rufen. Ist das nicht alles etwas kompliziert und übertrieben? Gibt es nicht wichtigere Dinge, über die wir nachdenken können? Jetzt wird es ja langsam so absurd komplex, dass man sich fragt, ob Menschen, die sich mit solchen Gehirn-Verdrehern beschäftigen, nichts Besseres zu tun haben?

Geschlecht ist das Kriterium, mit dem wir uns als Allererstes beschreiben. Trotzdem hinterfragen die meisten es nie – so, wie Menschen über Jahrtausende davon ausgingen, dass die Erde eine Scheibe ist. Die Freiheit aber, diese gesetzten Wahrheiten auseinanderzunehmen, besteht. Sie ist eine Einladung, ein Angebot. Diese Freiheit ist der Glitzer hinter dem Regenbogen, den uns die Streitereien um trans Rechte, der ganze Genderwahnsinn und die neue Generation, die unermüdlich nach neuen Erklärungen für ihr Selbst- und Körpergefühl strebt, offenbart: Wir dürfen! Uns fragen, ob wir wirklich noch von Frauen und Männern sprechen wollen oder wie wir diese definieren. Ob wir uns zufriedengeben mit einer Sprache, die mit der Bibel entstanden ist und die wir brav Jahrhundert für Jahrhundert mitschleppen. Vielleicht brechen wir einfach aus und gestalten etwas neu? Denn das Neue, das muss uns klar sein, ist auch nicht »die feste Wahrheit«. Sprache ist immer menschengemacht, sie ist immer eine Ideologie, egal ob generisches Maskulinum, Gendersprachversionen oder die Erhaltung oder Abschaffung der Begriffe »Mann« und »Frau«. Vielleicht ist das am schwersten zu akzeptieren: Unser Gehirn gestaltet die Wahrheit, in der wir leben wollen, in dem es Sprache kreiert, die einteilt und benennt.

Eine solche Sprachform ist noch Lichtjahre entfernt und deshalb nur ein Gedankenexperiment, eine Option, über die wir reden könnten. Menschen werden die Kategorien Mann und Frau nicht so schnell loslassen. Das macht viel zu viel Angst – gerade, wenn wir älter werden. Und wenn wir besonders die älteren Menschen nicht eine Weile noch so ansprechen, hören sie uns bald nicht mehr zu – was furchtbar wäre. Wenn »Frau« für uns alle jedoch so etwas Eigenes ist (denn mein Verständnis davon ist sicher ein anderes als das einer Chimamanda Ngozi Adichie, einer Alice Schwarzer oder auch einer Birgit Kelle), sollten wir es schrittweise und vorsichtig aufweiten, um es irgendwann loszulassen.

Wir brauchen vermehrt Bestrebungen, uns als Teilgruppen zu artikulieren. Dies würde der zwischenmenschlichen Kommunikation allgemein zugutekommen und unterkomplexe und verkürzte Darstellungen, Twitter-Bubbles, Populismus oder auch eine *Bild* entmachten. Wir brauchen für all diese Schritte viel Verständnis, müssen uns aussprechen lassen und unsere gegenseitigen Ängste sehen, bevor sie zu Wut werden. Wir sollten einander gut, geduldig und sehr viel aufmerksamer zuhören, anstatt immer alles auf einmal fordern zu wollen oder zu meinen, wir könnten es in einem knackigen Tweet zusammenfassen. Das wird die Jugend nicht immer gutheißen können oder wollen – damit müssen wir leben. Aber mit dem Wissen im Kopf, dass auch wir einmal so waren, kann es etwas leichter gehen. Viel schwerer ist es für die Jüngeren, die unseren »Altersstarrsinn«, unsere Ängste und Sorgen, nicht begreifen können, denn sie spüren den physischen Zerfall nicht am eigenen Leib und verfügen vor allem meist nicht über unsere einschneidenden Lebenserfahrungen. Vor allem wollen sie eines nicht wissen, was jedoch ziemlich sicher passieren wird: dass auch sie eines Tages so sein werden wie wir Alten.

Schluss

Altern heißt, ständige Veränderung auszuhalten

Vor vielen Jahren stand ich mit meinem Vater in einem Laden an der Kasse an. Eine Person in der Schlange weiter vor uns beobachtend, fragte mein Vater leise: »Ist das jetzt ein Mann oder eine Frau?« und ergänzte dann stolz, wohl weil ihm ein Wort einfiel, das er für politisch korrekt hielt: »Ah, wahrscheinlich ein Transvestit!« Ich seufzte, rollte die Augen und belehrte ebenso leise, aber besserwissend: »Mensch Papa, das sagt man heute nicht mehr!«

Gerade in schnelllebigen Zeiten wie den unseren kommt es immer wieder dazu, dass auch Wohlmeinende nicht auf dem Laufenden sind, wie man bestimmte Menschen, soziale Gruppen oder Phänomene adäquat bezeichnen könnte. Das kann Verwandte betreffen, die in der Diskussion beim Familienessen sichtlich verunsichert mit dem richtigen Begriff für Schwarze Menschen ringen, oder den eigenen Vater, der einen heute abwertenden Begriff nutzt, weil er ihn für passend hält.

Dem Begriff »Transvestitismus« zum Beispiel hatte immer der Hauch von Verruchtheit angehangen. In den 1990er-Jahren wurde er durch das amerikanisch-modern klingende »Cross-Dressing«

ausgetauscht, das mehr Lässigkeit und Pragmatismus verströmte. Auch dieses Wort ist inzwischen wieder aus der Mode gekommen. Wir leben in einer Zeit, in der junge Männer selbstbewusst Nagellack tragen, sich neuerdings (wieder) die Augen schminken und in der man Geschlechterrollen grundsätzlich hinterfragt. Wenn wir uns schon daran gewöhnen konnten, Frauen, die kurze Haare und Hosen tragen wollen, nicht mehr als »Mannsweib« zu bezeichnen, müsste es machbar sein, weitere Begriffe von Zeit zu Zeit einer kritischen Prüfung zu unterziehen. Diese diskursiven Prozesse halten uns Menschen im Gespräch miteinander, lassen uns Subjekte genauer betrachten und bringen uns als Gesellschaft voran. Zugegeben, es ist nicht einfach, immer hinterher zu kommen – aber auch nicht vollkommen unmöglich. Dennoch ist es hilfreich, im Hinterkopf zu behalten, dass Menschen es nicht immer böse meinen, wenn sie Verhältnisse (nach heutigen Maßstäben) verkehrt benennen.

Trotzdem wird diesen Menschen von einer jungen, mitunter auch linksgerichteteren Generation gerne vorgeworfen, uninformiert zu sein. Mehr noch: dass sie als privilegierte, weil nicht-diskriminierte Menschen in der Verantwortung sind, sich ständig über die richtige Benennung zu informieren. Denn wer sich nicht informiert, gilt schnell als »Täter«, als übergriffig, ignorant und verletzend.

Gleichzeitig standen die Nachkriegsgenerationen, die mit der Kritik oft gemeint sind, den Erfahrungen ihrer eigenen Eltern, die tatsächlich »Täter« oder wenigstens »Mitläufer« waren, oft sprachlos und ohnmächtig gegenüber. Sie konnten das Erbe ihrer Biografien in vielen Fällen nie wirklich verarbeiten. Das schreiben nicht nur Historiker*innen – auch ich habe das zu Hause erlebt: Als mein Vater erfuhr, dass ich mich mit der Geschichte unserer Familie während des »Dritten Reichs« beschäftigte, war er an Gesprächen dazu nicht interessiert. Er winkte müde ab und wollte nichts weiter dazu wissen. Es schien ihm einfach zu viel zu sein. Vielen Vertretern unserer Elterngeneration geht es so, wie Sabine Bode in *Die vergessene Generation* schlüssig schreibt.[123] Gerade diese mit unserer Geschichte überforderte, tiefgeschockte Generation kann der Vorwurf, selbst Täter zu sein, immens schmerzen. Der Versuch, eine Auseinandersetzung zu erzwingen, bewirkt da nicht selten eher Stille, Einschüchterung oder ein verhuschtes »Dann sagen wir lieber gar nichts mehr«.

Sicher bedürfen gesellschaftlich benachteiligte und diskriminierte Menschen mehr Schutz als traumatisierte oder verunsicherte Erwachsene. Sicher kann man von Letzteren fordern, sich der eigenen Geschichte zu stellen und sie aufzuarbeiten. Aber geht das so einfach? Wo ist das Verständnis für die Tiefen ihrer Traumata? Wenn die Jüngeren – wie auch wir, wenn wir die Auseinandersetzung mit unseren Eltern suchten – finden, dass alle, auch die Alten, über Sexismus, Ableismus und Rassismus gelesen und gelernt haben sollten, wo ist dann die Forderung an die Jungen, über die Kriegsgeneration zu lesen und zu lernen?

Wo ist die Triggerwarnung vor einer jungen Generation, die voller Wut und Abgrenzungswillen und einem Auftreten ist, als hätte sie sämtliche Weisheit der Welt für sich gepachtet? Vor einer Generation, die – befeuert durch die sozialen Medien – vielleicht lauter denn jemals zuvor in der Menschheitsgeschichte von den Älteren fordert, alles zu schlucken, was sie ihnen vorsetzt? »Macht es wie wir oder ihr seid raus!«, hören die Adressat*innen und empfinden dies als »Diktatur«, als »Cancel Culture«. Wie schon gesagt: Die Kinder fühlen sich bedroht und setzen daher auf radikale Forderungen – und die Großen fühlen sich am Ende ganz genauso. Die Kompromisslosigkeit, mit der wir alle heute unsere Meinungen vertreten, baut schlussendlich mehr Mauern als Brücken.

Dabei liegt die Lösung gerade nicht in der Einseitigkeit unserer heutigen Debattenkultur. Nur mit dem Verständnis, wie eine Botschaft bei wem ankommt, kann Veränderung wirklich in Gang gesetzt werden, davon bin ich überzeugt.

In meiner Arbeit ist es mir nicht nur aus einem christlichen Verständnis der Nächstenliebe heraus immer wichtig gewesen, Menschen freundlich nahezubringen, wie sich die Welt gewandelt hat oder gerade noch wandelt. Auch ich schrecke auf, wenn ich merke, dass ich jemanden verletzt habe und dafür scharf angeraunzt werde. Es lässt mich zittern und macht mich unsicher. Auch bei mir bringt diese Verunsicherung eher den Wunsch nach Abstand, wobei wir doch dringend das Gegenteil brauchen: aufeinander einlassen, miteinander reden und gemeinsam Lösungen finden.

Fangen wir an, auf unsere Gefühle zu achten

Mein Vater fühlte sich damals im Laden sicher sehr modern, als er das Wort »Transvestit« aus dem Hut zauberte und eben *nicht* einen der in seiner Generation noch gebräuchlichen, viel abwertenderen Begriff nutzte. Für eine Person, die er geschlechtlich nicht einordnen konnte, schien ihm ein so wissenschaftlich angehaucht klingendes Wort absolut passend, respektvoll und richtig. Das sagte er mir, als wir später darüber sprachen. Ich hätte ihn mit diesem, meinem Verständnis auch dort im Laden abholen können, aber das tat ich nicht. Anstelle eines zugewandten »Weißt du was, über den Begriff muss ich dir später draußen etwas Interessantes erzählen«, zischte ich ihn zurechtweisend an. Jede raue Ansprache trifft auf eine Erinnerung. Im Zweifelsfall triggert sie unangenehme Assoziationen und Gefühle in uns – vielleicht ja sogar tief vergrabene Ängste. Ich glaube, dieses kindlich-vulnerable Empfinden, das Gefühl der Bedrohung, das daraus resultiert, gescholten zu werden, verlässt uns nie.

Als Kind bedeutete eine Schelte vielleicht, ohne Abendessen ins Bett zu müssen, keinen Gutenachtkuss zu bekommen oder den Unmut des wütenden Elternteils aushalten zu müssen. Es musste nicht immer eine Ohrfeige sein, die ein entsetzliches Gefühl der Verlassenheit und Einsamkeit auslöste. Schon der Liebesentzug, den ein verärgertes Gesicht androht, kann Kinder verängstigen.

Solange man wirklich etwas ausgefressen hat, ist eine verständlich vermittelte Strafe oder Rüge vielleicht auch noch zu verkraften. Bei Astrid Lindgren macht es sich der kleine Michel von Lönneberga in seinem Bestrafungsschuppen stets einigermaßen gemütlich und begibt sich manchmal schon freiwillig dort hinein. Er schnitzt eine kreative Holzfigur nach der nächsten und fühlt sich eigentlich ganz wohl. Ganz schlimm ist es aber für Kinder, wenn man sich keiner Schuld bewusst ist oder Strafmaß und Lautstärke der Rüge nicht verständlich sind. Dann kann die gefühlte Einsamkeit, die die Bestrafung auslöst, geradezu unerträglich sein.[124]

●

Wir erwachsenen Menschen sind vielleicht in vielen Punkten unseres Handelns gut gereift, bleiben zu einem kleinen oder größeren Teil aber letztendlich große Kinder, was unsere Gefühlswelt betrifft. Das gilt besonders dann, wenn es zu Krach mit den Menschen kommt, die uns nahestehen. Auch, wenn wir uns rational erklären können, dass wir etwas nicht persönlich nehmen sollten: Es klappt nicht immer. Und ebenso, wie ich hier die Alten auffordere, die Jungen zu verstehen und ihren Ton nicht persönlich zu nehmen, könnte man die Jungen auffordern, weniger aggressiv zu kritisieren oder anzumahnen. Vielleicht nicht mit zarten 16 Jahren. Vielleicht auch noch nicht mal mit Anfang zwanzig. Mit dreißig Jahren oder mehr sollte dieser Sprung über den eigenen Schatten jedoch möglich sein. Sich in andere hineinzuversetzen, kostet manchmal Überwindung, ist jedoch nicht unzumutbar.

Im Integrationskindergarten meiner Kinder gab es einmal einen Elternabend, der mich nachhaltig beeindruckt hat. Es ging um ein Experiment, damit sich Eltern der »Regelkinder« in die Welt der behinderten Kinder einfühlen konnten, um ihren eigenen Kleinen besser vermitteln zu können, wie manche der Kids mit Behinderung die Welt sehen. Wir wurden in dicke Schneeanzüge mit viel zu großen wattierten Handschuhen gepackt. Uns wurden Brillen mit viel mehr Dioptrien als nötig gereicht, Baustellen-Ohrschützer aufgesetzt und Hindernisse in den Weg gelegt. So sollten wir uns bewegen und alltägliche Handgriffe bewältigen. Der krasse Perspektivwechsel des Experiments hat bei mir einen bleibenden Eindruck hinterlassen und für einen gehörigen Anstieg der Sympathie gegenüber anderen Erlebnishorizonten gesorgt. Natürlich wird dieser Elternabend nur im Bruchteil erlebbar gemacht haben, wie es wirklich ist, mit einer Behinderung durch die Welt zu gehen. Auch die Unterschiede zwischen Alt und Jung lassen sich nicht in Gänze so darstellen. Dennoch: Jetzt, wo ich älter werde, wünschte ich mir manchmal, jüngere Feminist*innen müssten sich ab und zu in die Lage von alternden Menschen versetzen.

Ich wünschte, für wenige Stunden nur, würde ihre Reaktionszeit verlangsamt, ihr Gehör und Augenlicht verschlechtert, ihr Blutdruck und Cortisolspiegel erhöht, ihr Nervenkostüm ausgedünnt, ihr Alltag vereinsamt und ihnen das Bewusstsein gegeben, dass sie nicht mehr so energiegeladen durch die Gegend springen können wie die Lütten, von denen sie gerade laut angeraunzt werden.

Vielleicht könnte das eine gemeinsame Basis für mehr Verständnis schaffen, dafür, wie sich die alten – ja, auch die alten weißen Menschen – fühlen, wenn sie ständig für Dinge verantwortlich gemacht werden, die sie vielleicht auch selbst gerne verbessern würden, könnten sie sie mit den gleichen Augen sehen.

Bei aller berechtigter Wut, die die Jungen heute in sich haben: Wut und Forderungen allein machen noch keine gute Politik. Nicht nur das. Sie erhöhen auch die Gefahr, die blinden Flecke und die vulnerable Seite des Altseins zu übersehen. Wenn am Ende beide Seiten immer wieder neue Anlässe finden, sich in ihren Schuppen in Lönneberga zu verkriechen – wie sollen wir da überhaupt miteinander ins Gespräch kommen? Empathie für die Gegenseite könnte ein Lösungsansatz sein. Wie erlernen oder trainieren wir die?

Im Alter denkt man einfach anders

Vielleicht würden wir uns alle weniger streiten auf dieser Welt, wenn wir schon in der Schule einen Projekttag hätten, an dem wir lernen, wie andere Menschen empfinden, zum Beispiel verschieden alte und junge Personen. Oder auch nur Grundlagen-Workshops, die erklären, warum verschiedene Menschen verschieden angesprochen werden möchten.

Gerade, weil verschiedene Zielgruppen andere Informationen brauchen, habe ich immer dafür plädiert, dass wir konservative Menschen im Feminismus anders ansprechen. Anstatt mit ideologisch debattierbaren Themen wie Gerechtigkeit zu kommen, sollten wir ihnen stattdessen eher vorrechnen, wie sie vom gefürchteten »Genderwahnsinn« profitieren – zum Beispiel, wie viel Steuern wir sparen, wenn toxische Männlichkeitsvorstellungen abgeschafft würden und deshalb weniger Männer in Gefängnissen und Psychiatrien landen.[125] Ähnlich unterschiedlich verhält es sich mit Alt und Jung und den Informationen, die für eine Motivation zum Wandel von beiden benötigt werden. Während junge Menschen meist voller Energie und Tatendrang sind und sich fragen, warum die Welt zu retten nicht genau jetzt möglich sein soll, wollen alte Menschen wissen, was genau welche Veränderung für ihr Leben bedeuten würde.

Während die Jungen dafür plädieren, Wohnraum zu teilen, mit weniger materiellen Gütern und dafür nachhaltiger zu leben und Carsharing, Radwege und Fleischverzicht fürs Klima großartig finden, ist ihre Elterngeneration heute einfach müde. Zwei Drittel der Frauen in Deutschland machen die Wechseljahre zu schaffen, einem Drittel von ihnen besonders schwer. Wenn die ersten Jahre Progesteron-Abfall mit morgendlicher Übelkeit, Gereiztheit und dünnen Nerven überstanden ist, fängt das Östrogen an, weniger zu werden. Es schwindet nicht gleichmäßig, sondern in Wellen, und ein plötzliches Absinken kann Energielöcher produzieren, als würde einer der Boden unter den Füßen weggezogen. Die einen haben Hitze-, die anderen Kältewellen, und wenn man dabei noch alle zwei statt alle vier Wochen menstruiert, fühlt man sich so, wie es klingt: blutleer.

Ich hatte immer Respekt vor den Wechseljahren, war aber überzeugt, dass gesunde Ernährung und Sport schon reichen würden, um da locker durchzukommen. Was mit meinem Körper in nur drei Jahren passiert ist, fasziniert mich. Nicht nur physisch. Man bekommt durch diese Achterbahnfahrt ein leichtes »Oh, fuck off!«-Gefühl gegenüber Themen, die einem einmal die Welt bedeutet haben. Meine Güte, dann trenne ich den Müll heute halt nicht – ich habe es eilig! Gut, dann ist halt Klimawandel – ich will aber schnell mit dem Auto von A nach B kommen. Mir ist gerade echt wichtiger, ob ich heute einigermaßen den Tag überstehe!

Mich verwundert heute überhaupt nicht mehr, dass es oft Frauen in den Wechseljahren waren, die mich als junge Aktivistin gereizt anschauten und sagten: »Tja, ehrlich, es gibt wichtigere Dinge im Leben als die Frage, wie viele Geschlechter es gibt.« Vielleicht hatten sie in just dieser Nacht dreimal das verschwitzte Nachthemd wechseln müssen. Vielleicht ist das große Drama der Politik, ja vielleicht sogar der ganzen Menschheit, dass wir stets vergessen, dass wir alle grundlegend verschiedene Interessen und Aufmerksamkeitsspannen für Themen haben und einfach individuell mitgenommen werden müssen.

●

Während das Gemüt eigentlich ruhiger werden soll, wenn der Wechsel hinter einer liegt, kommen andere Probleme hinzu: von Knochenschwund über Müdigkeit durch Melatoninmangel bis hin zu Daueranspannung durch das Fehlen ausgleichender Hormone. Das ist übrigens auch bei den Männern so. Mein Mann kratzt an der Sechzig und sagt mittlerweile, auch er werde immer schreckhafter. Als ich ihn vor über zwanzig Jahren kennenlernte, konnte ihn nichts aus der Ruhe bringen. Er lebte auf St. Pauli in der ehemaligen Hausbesetzer-Szene und hatte ein bärenstarkes Nervengerüst. Wir gingen damals spät ins Bett, um uns herum donnerte beim Einschlafen die Musik der Clubs, und wir wurden früh wieder von den peruanischen Pan-Flöten der Musiker auf dem Fischmarkt oder vom krähenden Hahn der alternativen WG nebenan geweckt, die ihre eigenen Bio-Eier frühstücken wollte. Damals alles kein Problem. Heute überlegen wir bei manch einer Einladung, wie wir es hinbekommen, da möglichst früh wieder rauszukommen, weil wir inzwischen ungern spät essen, noch weniger gerne lange aufbleiben und noch viel weniger allzu lang Small Talk halten möchten. Sonst schwirrt uns abends der Kopf und wir können schlecht einschlafen.

»Ihr mit euren schwachen Nerven!«, schimpfen unsere jugendlichen Kinder heute, wenn wir sie mal wieder bitten, die Musik leiser zu drehen. Aber was sollen wir machen? Von unserer ganzen Generation hören mein Mann und ich mittlerweile Ähnliches: Sie wollen früher ins Bett, denken weniger an Sex und wollen mehr in die Natur – aber im Zelt übernachten, na ja, das muss nicht mehr unbedingt sein. Der Rücken schmerzt jetzt öfter und viele müssen nachts mehrmals raus, weil die Blase drückt. Wie ein Freund neulich zu uns sagte: Im Hotel mit eigenem Bad ist es nachts gemütlicher als barfuß im nassen Gras! Leistung und Flexibilität fallen einfach nicht mehr so leicht wie früher und man ist schnell überfordert.

Es gibt keine wirkliche Anleitung, die man mit sechzig von der Krankenkasse geschickt bekommt und auf der steht, wie viele Stunden man nun noch Sportklettern oder zumindest am Bildschirm arbeiten kann und wie viel Zeit man danach zum Auftanken braucht. Wie schon sein Vater vor ihm schläft mein Mann heute sogar öfter zwischendurch ein. Und wenn die Kinder wieder in einer Affengeschwindigkeit miteinander am Abendbrottisch diskutieren, schalten wir auch schon mal zwischendurch ab. Das Schnellschnell von einst geht heute weniger oft, erst recht nicht das Aufstehen aus einem tiefen Sessel abends nach einem langen Tag auf den Beinen. Mal eben die Welt ändern? Vergiss es! Wir Oldies über fünfzig machen überhaupt nichts mehr schnell. Höchstens abends das Licht aus.

Kein Platz mehr für Rituale und Traditionen?

Gerade ich bin eine, die Familienbräuche nicht nur zelebriert, sondern, wie meine Kinder sagen würden, gerne komplett übertreibt. Ich bestehe zu jedem Geburtstag auf demselben Schokoladenkuchen, den ich schon als Kind bekam. Ich liebe den Advent, und meine Arbeitskolleginnen bei Pinkstinks mussten unter meiner Führung mit meinem strengen Blick leben, wenn sie es wagten, schon im September Lebkuchen mit ins Büro zu bringen. Zu Ostern geschmückt wird bei uns nie in der Karwoche und ich hätte Frühlingslieder nie mit meinen Kindern im Winter gesungen. Ordnung muss sein.

Doch je älter Menschen werden, desto unordentlicher wird das Leben. Ständig zu vergessen, warum man noch mal gerade in die Küche gegangen ist oder wo der verdammte Schlüssel jetzt wieder ist, ermüdet. Sich für alles Listen machen zu müssen, weil man ganze Songtexte von 80er-Jahre-Hits besser erinnern kann, als für welche Termine man welche Vorträge zugesagt hat, stresst.

Besagtes schwindendes Nervenkostüm gibt einem das Bedürfnis, sich mental ab und zu auf eine Parkbank zu setzen und durchzuschnaufen. Ich glaube, Traditionen, die schon immer da waren und die immer wiederkehren, sind auf ihre Art auch solche Parkbänke. Man kann sich auf ihnen ausruhen, bevor man weiterspaziert. Man kennt die Abläufe, sie sind bequem und vermitteln Sicherheit. Das funktioniert natürlich nur dann, wenn nichts Neues hinzukommt, wenn die wohltuenden Klänge, Lieder, Gedichte und Psalmen ohne nachzudenken mitgesprochen werden können. Im Studium teilte ich eine Zeit lang eine Wohnung mit einer Freundin, die Muslima ist. Ihre Gebetsroutine wirkte auf mich manchmal wie eine Mischung aus Yoga und kleinen Meditationsauszeiten, die sie auch inmitten des größten Trubels ganz entspannt wieder erdeten. Ich wollte zwar selbst immer regelmäßig zum Yoga, bekam das aber nie auf die Kette. Sie hingegen hatte fünfmal am Tag wirklich Pause und konnte zur Ruhe kommen – mir fehlte dazu das passende Ritual.

●

»Kannst du in deinem Buch bitte schreiben, wie wichtig uns die Dinge im Alter werden, die immer da waren?«, fragte mich eine liebe, ältere Freundin, die dieses Jahr 78 Jahre alt wurde. Während wir Jüngeren uns mit To-dos und medialen Eindrücken in einem überfüllten Alltag zuballern, in den immer mehr hineinpassen soll, und wir deshalb alles immer schneller machen müssen, verkünden uns Magazine wie *Happinez* oder *slow*, wie wir entschleunigen können, wie Achtsamkeit geht, wieso uns was stresst. Die Alten schauen kopfschüttelnd auf diese Entwicklung und bieten eine einfache Lösung: Tradition. Gemeinsam Feste feiern, Reden halten und viel singen und lachen dabei. Nicht so schnell und nicht so viel die Welt verändern wollen. Stabilität finden in dem, was immer da war. Könnte es nicht so einfach sein? Leider nicht ganz, denn die Jugend muss, wie gesagt, auch etwas Neues bauen, etwas Eigenes. Aber sie nehmen den Älteren nicht alles an nervenberuhigenden Achtsamkeitsritualen weg, sie verhandeln auch.

»10 kleine Fledermäuse« bietet Frederik Vahle als Alternative zu einem rassistischen Lied an, das heute wirklich kein Mensch mehr hören will. Es lässt sich genauso wunderbar mit Enkelkindern singen wie die aussortierte Version und hat dieselbe Melodie und dieselben Zählreime. Auch wenn die Medien stark polarisieren und den Kulturkampf der »Cancel Culture« aufblähen, gibt es vieles, das bleibt. Und ab und zu etwas klitzekleines Neues hinzunehmen, einen bisher unbekannten Text lernen oder in der Kirche auch mal statt nur »Vater unser« »Vater Mutter im Himmel« zu sprechen – nur manchmal, nicht immer –, hält das Gehirn so fit, als würde man Sudokus lösen. Es hat sicher einen Grund, warum wir im Leben immer wieder herausgefordert werden.

Können wir Alt und Neu verbinden?

Kann es beides geben? Veranstaltungen wie beispielsweise »Trachtenfeste«, auf denen junge Burschen und Mädels stolz die jahrhundertealten Trachten ihrer Regionen präsentieren, ebenso wie eine »Pride«-Demo in Berlin-Marzahn, auf der Hunderte neue Geschlechterrollen fordern? Können wir das Mädchen im Dirndl auf dem Land neben einem Jungen im Kleid in Berlin akzeptieren? Ja, wir können. Aber locker. Sogar im gleichen Monat Juni im gleichen Jahr 2022. Angefeindet und angespuckt wurden übrigens eher die Feiernden in Berlin.[126] Auch im Jahr 2022 ist eher die Frage, ob die Vielfalt leben darf, nicht die Tradition.

Weil es in diesem Buch darum ging, die Angst vor dem so radikal wirkenden Genderwahn zu reduzieren, möchte ich aufzeigen, was heute noch alles möglich ist. Da ist zum Beispiel das Pfingstbaumpflanzen in der Lüneburger Heide. Junge Männer fahren mit einer Kutsche durch die Dörfer und pflanzen Birkenstecklinge vor allen Häusern, in denen »unverheiratete Mädchen ab fünfzehn Jahren« wohnen, so erklärte mir einer der jungen, sehr netten Herren. Der Baum soll hohe Fruchtbarkeit wünschen und die Männer, so war es Tradition, können sich schon mal vertraut machen mit den Damen, die bald auf den Heiratsmarkt kommen. Als mein Mann und ich uns das freundlich interessiert, aber innerlich mit aufgeklappter Kinnlade auf einem Radausflug anhörten, merkten wir einmal wieder, in was für einer Blase wir in Hamburg-Eimsbüttel lebten. Ein junges Mädchen in unserem Stadtteil würde den jungen Herren den Stinkefinger zeigen: Ob sie Kinder bekommen wolle, ginge die überhaupt nichts an, ob sie auf Kerle oder eher auf Frauen stehe, auch nichts, und überhaupt, was war das denn für eine patriarchale, überholte Idee, ungefragt zu klingeln und die Ladies auszuchecken?

Ich schrieb den Ortsvorsteher der Gemeinde an und fragte, ob es Kritik an dem Brauch gebe. Außer dass man in manchen Dörfern – je enger die Bebauung werde – nicht glücklich über die Löcher sei, die fürs Pflanzen gebuddelt wurden, erhalte der Brauch noch viel Sympathie. Allerdings hätten die Alkoholexzesse abgenommen, die für die jungen Leute früher zum Brauch dazugehörten, und das wurde stark goutiert. Saufende und laut grölende Männer, die ihr Recht zelebrierten, Mädels rauszuklingeln, gehörten also schon mal der Vergangenheit an. Tatsächlich waren die jungen Männer auch uns gegenüber sehr freundlich gewesen. Und trotzdem nagte ein Unbehagen an mir. Wahrscheinlich, weil ich so oft Zuschriften von Mädchen aus Dörfern erhalten hatte, die ähnliche Bräuche in ihrer Heimat kritisierten, in ihrem Dorf aber kein Gehör fanden.

Das gesellige und analoge Anbahnen zwischen den Geschlechtern über diese Bräuche, das heute eher digital über Instagram oder Parship läuft, finden manche noch wunderbar, vor allem, weil es immer so war. Andere hassen solche Traditionen und verlassen gerade deshalb das Dorf für die Großstadt.[127] Landflucht, wissen wir, ist vor allem weiblich, und das nicht ohne Grund. Es scheint, besonders erfolgreich lassen sich Bräuche und Traditionen erhalten, wenn man sie öffnet, leicht verändert, manchen etwas gibt, bevor man anderen etwas nimmt. Ein gutes Beispiel dafür waren die Proteste rund um den Memminger Fischertag im Jahr 2020, und die Debatte, ob dieser zum Weltkulturerbe zählen könne. Traditionell durften hier nur Männer den Memminger Stadtbach ausfischen und dabei männliche Exklusivität zelebrieren. Als sich daraufhin Kritik junger Frauen regte, beschloss jedoch das Amtsgericht Memmingen, dass fortan auch sie mitfischen dürfen.

Sicherlich gab es die Veränderung in Memmingen nicht ganz ohne Grund: Die UNESCO erklärt nur jene Bräuche zum immateriellen Weltkulturerbe (was unter anderem auch finanzielle Unterstützung bedeutet), wenn alle Geschlechter an ihnen teilhaben können.[128]

Und dennoch: Die Tradition bleibt erhalten, nur die Festschreibung von Geschlechterrollen – der eine darf das, die andere darf jenes –, wird durcheinandergeworfen. Ist das so schlimm? Reaktionen auf die Vorgabe zeigen, nein: Gerade Jüngere scheinen das gut zu finden. Das ist der Garant, dass der haltgebende Brauch fortgeführt wird. Da sind wir wieder, bei den radikalen Einschnitten, die Neues möglich machen. Radikale Anfänge, die zaubern können. Denn wie sonst können wir die Anbindung von heute an früher, von Neu und Alt gewährleisten, wenn wir nicht ständig erneuern, restaurieren, auffrischen, und dabei auch manchmal leicht die Farbe verändern müssen, weil der alte Anstrich einfach ein wenig aus der Zeit gefallen wirkt?

Ausblick auf eine zauberhafte Zukunft

In meiner Arbeit ging es mir immer darum, der deutschen Mehrheitsgesellschaft die Angst vor dem Neuen zu nehmen. Auch wenn ich selbst ab und an die Augen rolle oder schlucken muss, glaube ich, dass der »Genderwahn« gut ausgeht. Auch, wenn heute nicht mehr auf den ersten Blick klar erkennbar ist, wie ein Mensch angesprochen oder in welches Geschlecht er eingeordnet werden kann, auch, wenn die eine Person gendert und die andere nicht, auch, wenn das alles sehr wild und neu aussieht: So neu ist diese Verwirrung, diese Angst um ein Leben, das einem sicher vorkam, gar nicht. Man muss sich nur die Serie *Downtown Abbey* oder die erste Staffel *The Crown* anschauen, die beide die Umbrüche im britischen Klassensystem aufzeigen, das über Jahrhunderte als normal und richtig angesehen wurde. Als der Adel 1918 auch in Deutschland seine Privilegien verlor, die Arbeiter*innen für ihre Rechte stritten und man auf einmal nicht mehr klar wusste, wem man jetzt die Hand geben und vor wem man sich verbeugen soll, gab es eine ähnliche Verwirrung wie heute in der »Ordnung« zwischen Mann und Frau. Waren die Veränderungen der gesellschaftlichen Machtverhältnisse im 20. Jahrhundert so katastrophal? Heute dürfen wir alle die schönen Schlösser besichtigen, und stehen tun die auch noch. Dazu haben wir eine große Portion mehr Gerechtigkeit auf der Welt.

Der »Genderwahnsinn«, der uns heute beunruhigt, kommt zunächst mit ebenso viel Unordnung daher. Wie werden wir uns in der Gendersprache entscheiden, wie in der Debatte um trans Rechte? Geben wir die Geschlechter ganz auf? Dass wir das alles noch nicht wissen, erregt selbstverständlich unsere Gemüter. Aber wie es war, konnte es nicht bleiben, weil eine Jugend daran rüttelt, die etwas Eigenes schaffen will und berechtigte Kritik an einem System anbringt, das renoviert werden sollte, an dem die Farbe abplatzt. Renoviert von einer Jugend, die mehr braucht als das, was wir hinterlassen haben, und die sich selbst noch nicht sicher ist und noch viel streiten wird, wie der neue Farbanstrich aussehen wird. Trotzdem wird vieles bleiben: Wir werden uns zum Beispiel insbesondere nach den jungen Entwicklungen in den USA sowie dem wachsenden Rechtsruck in Europa für die Rechte von Menschen mit Uterus weiter einsetzen müssen, so wie wir es schon seit Jahrzehnten tun, egal ob die sich Frauen nennen, Non-Binäre oder trans Männer. Der Kampf um reproduktive Rechte bleibt und wird weitergeführt, auch, wenn der Club der Frauen sich verändert oder aufgelöst wird. Vielleicht hilft uns der »Genderwahn« sogar dabei, klarer zu benennen, was jetzt dringend ansteht, selbst, wenn manches in Aufruhr ist und noch nicht geklärt werden kann. Vielleicht finden wir in dem großen Sturm die Ruhe, das zu tun, was für uns am dringlichsten ist, ohne uns von den Bestrebungen anderer legitimer Lobbygruppen aus der Bahn schmeißen zu lassen. Vielleicht lassen wir die anderen einfach machen, schauen mit Neugier hin, wenn wir Kraft und Zeit haben, aber konzentrieren uns auf das, was für uns ansteht. Wenn wir diese radikal neue Lässigkeit aufbringen können, ist so viel gewonnen.

Im Fazit heißt das, dass die Wirrungen unserer Zeit uns erhalten, nicht zerstören, wenn wir sie zulassen und nichts abbrechen lassen, weder Kommunikation, Verständigung noch Geschichte, sondern das alles weiterführen in eine neue Zeit. Eine, in der hoffentlich manches besser wird. Denn wie schon Hermann Hesse sagte: »Nur wer bereit zu Aufbruch ist und Reise, mag lähmender Gewöhnung sich entraffen.« Hesse schrieb sein Gedicht *Stufen*, an den der Titel dieses Buches angelehnt ist, nicht ohne Grund mit

63 Jahren. Es war das Jahr 1941 und auch für ihn eine hoffnungslose Zeit. Und obwohl er, wie viele damals, große Angst gehabt haben muss vor dem, was kommt, war er nicht ohne Zuversicht. Das wünsche ich uns allen, Jung und Alt und links und konservativ: dass wir die Hoffnung nicht aufgeben, vor allem nicht die Hoffnung auf Verständigung. Die Zeiten gendern sich zwar, aber das Leben geht, wenn wir nicht stillstehen, zauberhaft weiter. Ganz bestimmt. Bitte setzen Sie sich dabei ab und zu auf eine Parkbank und gönnen sich eine Verschnaufpause. Denn »Selbstfürsorge ist eine zutiefst feministische Pflicht«.[129]

Dank

Dieses Buch kribbelte förmlich einige Jahre in meinen Fingern, bis ich mich entschied, dass es jetzt dringend auf Papier muss. Dass dies geschehen konnte, liegt an folgenden Personen:

Dem gesamten Team des Kösel-Verlags und insbesondere meinen Lektor*innen, ohne deren Mithilfe dieses Buch zu sehr wie meine Gedankengänge geworden wäre: viel zu ausschweifend! Ich danke allen herzlich für ihr Vertrauen, die Geduld, die sehr klugen Gedanken und Korrekturen, die meine Themen zu einem Sachbuch schliffen. Danke!

Blanca Fernández, Theaterpädagogin und meine liebe Freundin, mit der ich vor zehn Jahren Pinkstinks gründete. Als zweite Vorsitzende war sie über Jahre meine engste Beraterin. Ohne ihre Wärme und Schläue wären die Erfahrungen nicht entstanden, die in diesem Buch landeten. Ihre Schultheaterstücke waren für mich stets das Beste unserer Arbeit, unsere erste ministerielle Förderung bekamen wir für ihre Theatertouren. Danke für eine riesengroße, einzige Party!

Meiner Familie, die mich täglich mit dem Stress, den ich gerne produziere, aushält und unterstützt. Meine englische und deutsche, die mir Halt gibt und zwei Zuhause. Danke für eure Beratung, Kritik und Gespräche, fürs Zuhören beim Probelesen und jedes auf Zehenspitzenlaufen. Ihr seid das absolut Größte.

Dem Team von Pinkstinks, das ich im September 2022 nach zehn Jahren verließ, um dieses Buch schreiben zu können. Danke, dass ihr das Baby übernommen habt und es auf eure Art weiter großzieht! Ich wünsche euch dafür das erdenklich Beste.

Quellen und Anmerkungen

Alle Onlinequellen zuletzt aufgerufen am 12.01.2023

1   Vgl. Welt Online (2022): Ärzte warnen wegen psychischer Folgen vor Schulschlie-
    ßungen. Online unter: https://www.welt.de/wissenschaft/article239425449/
    Corona-Aerzte-warnen-wegen-psychischer-Folgen-vor-Schulschliessungen.
    html Siehe auch: Witte gen. Vedder, Julia (2018): Die Schattenseite von Eims-
    büttels Kindersegen. Online unter: https://www.welt.de/regionales/hamburg/
    article174843690/Hamburg-Durch-die-vielen-Kinder-wird-es-in-Eimsbuettels-
    Schulen-eng.html

2   Heute sind in Bezug auf nicht-weiße Menschen die Begriffe »PoC«, bzw. »BIPoC«
    als Abkürzungen für »Black, Indigenous and People of Colour« geläufig. Der Be-
    griff stammt aus den Sozialwissenschaften und postkolonialen Diskurszusam-
    menhängen und ist eine Selbstbezeichnung Schwarzer und Indigener Menschen,
    die von diversen Formen von Rassismen betroffen sind.

3   Verschiedene Zeitungen berichteten im Juli 2022 von der Absage eines Vortrags
    an der Humboldt-Universität zu Berlin. Die Biologin Marie-Luise Vollbrecht wollte
    über die biologische Idee von Geschlecht sprechen und dabei eine klassische Zwei-
    geschlechtlichkeit vertreten. Diese wird allerdings auch innerhalb der Biologie
    kontrovers diskutiert. Vgl. z. B. Berliner Kurier (2022): Neuer Eklat bei umstritte-
    nem »Geschlechter«-Vortrag in Berlin: Umstrittene Biologin schwänzt Diskussion
    und zeigt sich mit Freunden auf YouTube. Online unter: www.berliner-kurier.de/
    berlin/eklat-bei-umstrittenem-geschlechter-vortrag-in-berlin-umstrittene-biologin-
    vollbrecht-schwaenzt-diskussion-und-zeigt-sich-mit-freunden-auf-
    youtube-li.246814

4   Kritische Psychoanalytikerinnen und Philosophinnen haben Freud schon früh
    Kontra gegeben: Karen Horney war mit ihren *New Ways in Psychoanalysis* 1938 die
    Erste, die zeigte, dass es beim sogenannten Penisneid nicht um das Geschlechts-
    organ selbst, sondern um die soziale Mitbestimmung geht, die Frauen fehlt. Ihr
    folgten später Kate Millet, Juliet Mitchell, Luce Irigaray, Judith Butler und viele

andere. Vgl. Horney, Karen (2007): Neue Wege in der Psychoanalyse. Dietmar Klotz, Frankfurt.

5 Malisa Stiftung (2022): Frauen auf der Leinwand jung, schlank und Partnerin. Online unter: https://malisastiftung.org/frauen-auf-der-leinwand-jung-schlank-partnerin/

6 2016 veröffentlichte das Internationale Zentralinstitut für Jugend- und Bildungsfernsehen unter der Leitung von Dr. Maya Götz zusammen mit dem Versorgungszentrum Essstörungen ANAD e. V. München eine Studie, die besagte, dass sich über die Hälfte der Mädchen in Deutschland zu dick fühlten, obwohl die meisten normalgewichtig sind.

7 Vgl. Oldenburger Onlinezeitung (2022): Umfrage: Reform der Selbstbestimmung hoch umstritten. Online unter: https://www.oldenburger-onlinezeitung.de/nachrichten/umfrage-reform-der-selbstbestimmung-hoch-umstritten-89064.html

8 Deutscher Bundestag (2020): Drucksache 19/19755: Entwurf eines Gesetzes zur Aufhebung des Transsexuellengesetzes und Einführung des Selbstbestimmungsgesetzes. Online unter: https://dserver.bundestag.de/btd/19/197/1919755.pdf

9 Vgl. Schwulissimo (2022): Amelung zu Lehmann und Paus: »Sie ducken sich einfach weg!«. Online unter https://www.schwulissimo.de/neuigkeiten/selbstbestimmungsgesetz-scharfe-kritik-trans-autor-amelung-blickt-skeptisch-auf-die

10 Hagl, Sonja (2020): So viel kostet dich deine Periode im Laufe deines Lebens. Online unter: https://www.femeda.de/leben/so-viel-kostet-deine-periode/

11 Das Wort »Menstruationsurlaub« wird zu Recht kritisiert: Es ist kein Urlaub, sondern eine berechtigte Auszeit, um in der Menstruationszeit keine Leistung erbringen zu müssen, da viele Frauen zu diesem Zeitpunkt im Zyklus unter starken Krämpfen leiden. Vgl. z. B. Erbeerwoche (2022): Menstrual Leave – die wichtigsten Infos zum Menstruationsurlaub. Online unter: https://erdbeerwoche.com/meine-umwelt/menstrual-leave-die-wichtigsten-infos-zum-menstruationsurlaub/

12 Das Portal gesundheit.de gibt an, dass 80 Prozent der Frauen in den Wechseljahren unter Erschöpfung leiden, 90 Prozent unter Nervosität und Reizbarkeit. Vgl. Blanck, Nathalie; Hamann, Silke (2021): Wechseljahre: Beschwerden, Dauer und Behandlung. Online unter: https://www.gesundheit.de/familie/frauengesundheit/wechseljahre/wechseljahre-beschwerden-und-ursachen

13 Vgl. Ionos (2020): Second Screen: Die Multi-Screen-Nutzung. Online unter: https://www.ionos.de/digitalguide/online-marketing/verkaufen-im-internet/second-screen-im-onlinemarketing/

14 Vgl. Anpalagan, Stephan (2021): Die Polizei hat ein Problem. Online unter: https://www.amnesty.de/informieren/amnesty-journal/deutschland-rassismus-polizeiarbeit

15 Vgl. Dake, Björn (2021): Wer schaut auf Rassismus bei der Polizei? Online unter: https://www.tagesschau.de/inland/rassismusstudie-polizei-101.html

16 Vgl. Kaiser, Susanne (2020): Rechtsextremist und Sexist. Online unter: https://www.zeit.de/politik/deutschland/2020-02/hass-frauen-rechtsterrorismus-motive-taeter-hanau-feminismus

17 Mit 1.786 anderen deutschen und europäischen Feministinnen und Politiker*innen (darunter Heiko Maas, Katharina Barley und viele andere) stand ich auf der »Judas Watch List«, einer Hass-Seite, die erst nach Jahren im Netz verboten wurde. Erst nach den Attentaten von Halle und Hanau wurde diese Bedrohung ernst genommen und der Verfasser inhaftiert. Vgl. dazu auch Mackinger, Christoph (2022): Juden am virtuellen Pranger. Online unter: https://www.zeit.de/gesellschaft/zeitgeschehen/2022-04/antisemitismus-rechtsextremismus-judas-watch-websitenbetreiber-haftstrafe

18 So ist z. B. die gerne zitierte Studie *Helping or Harming? The Effects of Trigger Warnings on Individuals with Trauma Histories* (2020) von drei männlichen Harvard-Psychologen erstellt und veröffentlicht worden. Sie haben 451 Probanden online befragt. Ob die Probanden Trauma-Erfahrung haben, wurde über die Dienstleistungsplattform Amazon Mechanical Turk nur online abgefragt und nicht psychologisch bestätigt. Ob es sich um männliche oder weibliche Probanden handelt, ist nicht erfasst (es ist davon auszugehen, dass Frauen von Triggerwarnungen eher profitieren, da viele typisch weibliche Traumata durch sexuelle Belästigung oder sexualisierte Gewalt bisher wenig beachtet wurden und eher Frauen treffen). Selbiges gilt für Schwarze Menschen und BIPoCs, die mehr Diskriminierungen erfahren als weiße Menschen, auch ihr Anteil wurde nicht eruiert. Den Probanden wurden als maximal triggernder Inhalt Mordszenen aus Dostojewskis Romanen zum Lesen gegeben, kein Bildmaterial, keine Fotos oder Videos, die allgemein als besonders triggernd, weil visuell, bewertet werden. Auch wenn die Studie in ihren Ergebnissen eindeutig ist, ist sie aufgrund ihres Aufbaus und ihres Settings nicht eindeutig als relevante, abschließende Bewertung der Ausgangsfrage zu bezeichnen.

19 Schlosser, Simone (2021): Triggerwarnungen: Nicht inflationär einsetzen. Online unter: https://www.deutschlandfunknova.de/beitrag/triggerwarnungen-in-medien-sollten-nicht-inflation%C3%A4r-eingesetzt-werden

20 Becker, Peter von (2016): Rassismus in der Sprache. Schwarz ist nicht nur ein Wort. Online unter: https://www.tagesspiegel.de/kultur/schwarz-ist-nicht-nur-ein-wort-3691783.html

Für eine Einführung in das breite Spektrum rassismuskritischer Perspektiven, siehe: Alice Hasters (2019): Was weiße Menschen nicht über Rassismus hören wollen, aber wissen sollten. Hanserblau, Berlin.

21 Vgl. Klocke, Ulrich; Salden, Ska u. a. (2015): Lsbti* Jugendliche in Berlin. On-

line unter: https://www.sfu-berlin.de/wp-content/uploads/Klocke_Salden_Watzlawik_2020_Lsbti_Jugendliche_in_Berlin.pdf, S. 39.

22 Kant, Immanuel (1977): Was heißt: sich am Denken orientieren? Online unter: https://www.projekt-gutenberg.org/kant/denken/chap001.html

23 Vgl. Bundesministerium für Familie, Senioren, Frauen und Jugend (2022): Sexismus im Alltag. Wahrnehmungen und Haltungen der deutschen Bevölkerung – Pilotstudie. Online unter: https://www.bmfsfj.de/bmfsfj/service/publikationen/sexismus-im-alltag-141250. Für mehr Informationen zu ökonomischer Ungleichbehandlung zwischen den Geschlechtern, siehe auch: equal pay day: Studien und Fakten. Online unter: https://www.equalpayday.de/informieren/studien-und-fakten/. Sowie zum Thema Altersarmut: zwd Politikmagazin (2022): Studie »Hohes Alter in Deutschland«. Altersarmut ist weiblich. Online unter: https://www.zwd.info/altersarmut-ist-weiblich-1.html

24 Yun, Vina (2010): an.sage: In Sluts We Trust? Online unter: https://anschlaege.at/an-sage-in-sluts-we-trust/

25 Lantzsch, Nadine (2012): Slutwalk Feminismus mit kurzer Laufzeit. Online unter: https://maedchenmannschaft.net/slutwalk-feminismus-mit-kurzer-laufzeit/

26 Vgl. Schmiedel, Stevie (2017): Wo wir Feminist*innen Chancen verpassen. Online unter: https://pinkstinks.de/wo-wir-feministinnen-ausgrenzen-und-chancen-verpassen/

27 Vgl. Kelle, Birgit (2022): »Abtreibung ist unethisch«. Online unter: https://www.bild.de/bild-plus/video/clip/video/birgit-kelle-abtreibung-ist-unethisch-80543862,view=conversionToLogin.bild.html. Vgl. auch dies. (2017): Hört auf, uns Mütter »befreien« zu wollen! Online unter: https://www.welt.de/debatte/kommentare/article166632672/Hoert-auf-uns-Muetter-befreien-zu-wollen.html

28 Vgl. Kelle, Birgit (2020): Was heute zählt, ist die Zugehörigkeit zur richtigen Opfergruppe. Online unter: https://www.welt.de/debatte/kommentare/plus215628350/Birgit-Kelle-Was-heute-zaehlt-ist-die-Zugehoerigkeit-zur-richtigen-Opfergruppe.html

29 Müller, Ella; Roberts, Carl (2022): Recht auf Abtreibung in den USA: Das Ende von Roe v. Wade. Online unter: https://www.boell.de/de/2022/05/05/recht-auf-abtreibungen-den-usa-das-ende-von-roe-v-wade

30 Friese, Julia (2022): Sophie Passmann: Ich kann Bücher schreiben und gleichzeitig ein süßes Foto posten. Online unter: https://www.annabelle.ch/leben/sophie-passmann-ich-kann-buecher-schreiben-und-gleichzeitig-ein-suesses-foto-posten/

31 Vgl. Shehadeh, Nadia (2014): Warum Pink mir stinkt. Eine Polemik. Online unter: https://shehadistan.com/tag/pinkstinks/

32 Vgl. Yaghoobifarah, Hengameh (2014): Pink stinkt nicht, ihr Lauchs! Online unter: https://maedchenmannschaft.net/pink-stinkt-nicht-ihr-lauchs/

33 Stokowski, Margarete (2018): Die Krux mit der Diskriminierung. Weiße und Männer können alles haben, aber das nicht. Online unter: https://www.spiegel.de/kultur/gesellschaft/warum-es-keinen-sexismus-gegen-maenner-oder-rassismus-gegen-weisse-gibt-a-1236954.html

34 Vgl. Abdelmoneim, Javid (2017): BBC2: No More Boys And Girls: Can Our Kids Go Gender Free? Online unter: https://learnwithfearn.wordpress.com/tag/dr-javid-abdelmoneim/

35 Michel, Kai; von Schaik, Carel (2020): Die Wahrheit über Eva. Rowohlt, Frankfurt.

36 https://pinkstinks.de/big-mama-thornton-eine-gefaehrliche-frau/

37 DJ Robin und Schürze: »Layla«, Musikvideo, online unter: https://www.youtube.com/watch?v=vQIIpesCiew

38 Vgl. Hercka, Julia (2022): »Layla«: Dürfen sexistische Songtexte auf Volksfesten gespielt werden? Online unter: https://www.ndr.de/kultur/musik/pop/Layla-Wie-eine-Bitte-zur-Unterlassung-eine-nationale-Debatte-ausloeste,layla102.html

39 Thor, Ingo (2022). »Layla-Erfinder« arbeiten an kindergerechter Song-Version. Online unter: https://www.mallorcamagazin.com/nachrichten/gesellschaft/2022/07/25/104073/party-auf-mallorca-layla-erfinder-arbeiten-kindgerechter-song-version.html

40 Vgl.: Giuseppe Gracia (2021): Birgit Kelle will keinen schwulen Superman und ist trotzdem Feministin durch und durch. Online unter: https://www.focus.de/panorama/portrait-zu-birgit-kelle-birgit-kelle-will-keinen-schwulen-superman-und-ist-trotzdem-feministin-durch-und-durch_id_24384486.html

41 Im feministischen Schweizer Magazin *annabelle* schreibt auch Helene Aecherli darüber, dass viele Frauen meinen, sexuell attraktiv und weiblich und gleichzeitig Feministin zu sein, schließe sich gegenseitig aus: Dabei kann man auch beides haben! Vgl. Aecherli, Helene (2021): Meinung: Warum bezeichnen sich so wenige Frauen als Feministin? Online unter: https://www.annabelle.ch/leben/meinung-warum-bezeichnen-sich-so-wenige-frauen-als-feministin/

42 Die *Welt* attestierte 2011 Frauen noch hohe Intelligenz, wenn sie ihre »erotische Macht« nutzten, vor allem im Beruf, und nennt Studien, die dieses Vorgehen als typisch weiblich, weil hormongesteuert, auslegt: Mischke, Roland (2011): in Die Welt, »Die Macht der Frau«. Online unter: https://www.welt.de/print/wams/lifestyle/article13675958/Die-Macht-der-Frau.html

43 Interessant bei dieser Frage ist, dass – entgegen den gern bemühten Berichten rund um »Ehrenmorde« und Ähnliches – von den Straftätern im Schnitt 82,6 % deutsche Staatsbürger sind. BKA (2020): Partnerschaftsgewalt – Krimi-

nalstatistische Auswertung Berichtsjahr 2020. Online unter: https://www.bka.de/SharedDocs/Downloads/DE/Publikationen/JahresberichteUndLagebilder/Partnerschaftsgewalt/Partnerschaftsgewalt_2020.pdf

44 Kruber, Anja; Voss, Heinz-Juergen u. a. (2020): PARTNER 5 – Erwachsene 2020 Primärbericht: Sexuelle Grenzverletzungen und sexualisierte Gewalt. Online unter: https://de.statista.com/statistik/daten/studie/1254543/umfrage/erlebteformen-sexueller-belaestigung-nach-geschlecht/

45 Malisa Stiftung (2017): Geschlechterdarstellungen in Film und Fernsehen. »Audiovisuelle Diversität?«. Online unter: https://malisastiftung.org/studieaudiovisuelle-diversitaet/

46 ProQuote (2021): Männerdomäne Regionalzeitungen: ProQuote Medien stellt neue Studie vor. Online unter: https://www.pro-quote.de/maennerdomaeneregionalzeitungen-proquote-medien-stellt-neue-studie-vor/

47 Die KfW-Bank gab im März 2022 an, dass in kleinen und mittelständischen Unternehmen in Deutschland nur 16 % Frauen in der Führung seien. KfW, März 2022, »Frauen in Führungspositionen«. Online unter: https://www.kfw.de/%C3%9Cber-die-KfW/KfW-Research/Frauen.html. In Familienunternehmen sind es laut der Malisa Stiftung nur 7 %.

48 Die Redaktion »Zapp – Das Medienmagazin« unter der Leitung von Annette Leiterer hatte Volontäre der NDR-Redaktionen interviewt, ob sie Sexismus am Arbeitsplatz wahrnehmen würden. Online unter: https://www.youtube.com/watch?v=fSz-GZ6qDsw, 1.11.2017. Zum Film hatte der NDR-Intendant zu einer Podiums- und Informationsveranstaltung für alle ARD-Anstalten eingeladen, zu der ich als Expertin geladen war. NDR.de, »Chauvinismus: Erfahrungsberichte aus Redaktionen« am 1.11.2017. Online unter: https://www.ndr.de/fernsehen/sendungen/zapp/Chauvinismus-Erfahrungen-aus-Redaktionen,sexismus172.html

49 Schumann, Karina; Ross, Michael (2010): Why women apologize more than men: gender differences in thresholds for perceiving offensive behavior. Online unter: https://pubmed.ncbi.nlm.nih.gov/20855900/. Siehe auch: Castrillon, Caroline (2014): How Women Can Stop Aplogizing And Take Their Powrt Back. Online unter: https://www.forbes.com/sites/carolinecastrillon/2019/07/14/how-women-can-stop-apologizing-and-take-their-power-back/

50 Dolgner, Celina (2021): Bayreuth: »Was ich anhatte.« – Wanderausstellung zeigt Kleidung von Vergewaltigungsopfern. Online unter: https://www.infranken.de/lk/bayreuth/bayreuth-was-ich-anhatte-wanderausstellung-zeigt-kleidung-von-vergewaltigungsopfern-art-5233943

51 Auch wenn Johnny Depp finanziell weit mehr belastet aus der Gerichtsverhandlung ging (beiden wurde Schuld zugesprochen, Depp musste aber eine sehr viel höhere Strafe zahlen), zeigten privat erstellte TikTok und Instagram-Reels durchweg negative Bilder von Amber Heard, über die sich global lustig gemacht und

die als schuldig dargestellt wurde, während Depp als cool, witzig und unschuldig gefeiert wurde. Über dieses Phänomen schreibt das US-Magazin *The Atlantic* am 22.05.2022: »Why the Internet hates Amber Heard« von Kaitlynn Tiffany, online unter: https://www.theatlantic.com/technology/archive/2022/05/modern-celebrity-fandom-johnny-depp-amber-heard-trial/629887/

52 https://www.ndr.de/der_ndr/unternehmen/gleichstellungsbericht112.pdf

53 Vgl.NDR (2021): Zerrwelt der Frauenhasser. Wie die »Incel«-Szene an Bedeutung gewinnt und wie gefährlich sie ist. Online unter: https://story.ndr.de/incels/index.html

54 Wie die Arbeit von Maskulisten eine objektive und ausgeglichene Redaktion von Wikipedia erschwert, zeigt dieser Beitrag der Organisation netzpolitik.org: https://netzpolitik.org/2018/its-a-mans-world-wie-weibliche-editorinnen-von-der-wikipedia-verdraengt-werden/

55 Auf der Webseite der Hamburger Kunsthalle wird dargestellt, mit welchen Informationen man den Museumsgänger dort ausstatten möchte, damit er sich selbst seine Meinung zu Markarts Werk bilden kann. Vgl. Online unter: https://www.hamburger-kunsthalle.de/makartnow

56 https://www.baden-wuerttemberg.de/de/service/presse/pressemitteilung/pid/fotografieren-unter-den-rock-und-gafferfotos-werden-strafbar/

57 https://www.spiegel.de/wirtschaft/unternehmen/ferda-ataman-fordert-schaerfere-gesetze-gegen-belaestigung-im-job-a-bda7d0e1-38b6-467a-b3f8-3e2e43fd9b4a

58 Gürgen, Malene (2016): Kommentar CDU und Sexismus. »Selbst schuld, Schlampe«. Online unter: https://taz.de/Kommentar-CDU-und-Sexismus/!5339362/

59 Berg, Gesa (2022): Männer, macht Platz! Musikerinnen kämpfen für Gleichberechtigung. Online unter: https://www.ndr.de/kultur/musik/Maenner-macht-Platz-Musikerinnen-kaempfen-fuer-Gleichberechtigung,frauen404.html

60 Bundesministerium für Familie, Senioren, Frauen und Jugend (2020): Gleichstellung und Teilhabe. Maßnahmen gegen Sexismus. Online unter: https://www.bmfsfj.de/bmfsfj/themen/gleichstellung/gleichstellung-und-teilhabe/massnahmen-gegen-sexismus/massnahmen-gegen-sexismus-154354

61 Loß, Lennardt (2022): Axe-Werbung und Sexismus. Der Axe-Effekt. Online unter: https://www.zeit.de/entdecken/2022-09/axe-werbung-sexismus-maenner-pubertaet

62 Vgl. Axe (2022): The New Axe Effect | AXE. Online unter: https://www.youtube.com/watch?v=dr4TGR0pWIc&t=45s

63 Meedia (2016): »Maaslos daneben«: Kritik an Heiko Maas nach Vorstoß gegen sexistische Werbung. Online unter: https://meedia.de/2016/04/11/maaslos-daneben-kritik-an-heiko-maas-nach-vorstoss-gegen-sexistische-werbung/

64 Christian Lindner hatte moniert: »Die Verhüllung von Frauen zur Bändigung von

Männern zu fordern, das kannte man von radikalen islamischen Religionsführern, aber nicht vom deutschen Justizminister.« Dabei hatte niemand gefordert, Frauen zu verhüllen, schon gar nicht, um Männer zu bändigen. Eine Frau, die halb nackt Unterwäsche präsentiert, macht Sinn. Eine Frau, die halb nackt Autoreifen bewirbt, eher nicht: Sie wirkt als deplatzierte Dekoration, als Blickfang für die Autoreifen, eher als Objekt denn als Subjekt. Ein Objekt, das gleich mitkonsumiert werden kann. Es geht hier nicht um eine Bändigung von Sexualität. Zeit online (2016): »Lindner wirft Maas Spießigkeit vor«. Online unter: https://www. zeit.de/politik/deutschland/2016-04/sexismus-werbung-heiko-maas-christian-lindner

65 Süddeutsche Zeitung (2015): »Schröders Sprüche: Familie und das ganze Gedöns«. Online unter: https://www.sueddeutsche.de/politik/schroeders-sprueche-familie-und-das-ganze-gedoens-1.2658859

66 Schmerl, Christiane (1980): Frauenfeindliche Werbung. Sexismus als heimlicher Lehrplan. Elefanten Press, Berlin, S. 175.

67 Schmerl, Cover.

68 Schmerl, S. 49.

69 Die Gesetzesnorm 7a UWG von Dr.in Berit Völzmann: §7a UWG Diskriminierende Werbung

(1) Eine geschäftliche Handlung, durch die Marktteilnehmende in diskriminierender Weise angesprochen werden, ist unzulässig, wenn nicht verfassungsrechtlich geschützte Interessen ausnahmsweise überwiegen. Die Diskriminierung kann sich aus der Aussage einer Werbung, ihrem Gesamteindruck oder Gesamtheit der einzelnen Teile einer Werbekampagne ergeben.

(2) Werbung ist geschlechtsdiskriminierend, wenn sie Geschlechtsrollenstereotype in Form von Bildern oder Texten wiedergibt oder sich in sonstiger Weise ein geschlechtsbezogenes Über-/Unterordnungsverhältnis zwischen den Personen in der Werbung oder im Verhältnis zu den von der Werbung adressierten Personen ergibt. Werbung ist insbesondere geschlechtsdiskriminierend, wenn sie

1.) Menschen aufgrund ihres Geschlechts Eigenschaften, Fähigkeiten und soziale Rollen in Familie und Beruf zuordnet oder

2.) Sexuelle Anziehung als ausschließlichen Wert von Frauen darstellt oder

3.) Frauen auf einen Gegenstand zum sexuellen Gebrauch reduziert, insbesondere, indem weibliche Körper oder Körperteile ohne Produktbezug als Blickfang eingesetzt werden oder der Eindruck hervorgerufen wird, die abgebildete Frau sei wie das Produkt käuflich.

Aus: Völzmann, Berit (2014): Geschlechtsdiskriminierende Wirtschaftswerbung: Zur Rechtmäßigkeit eines Verbots geschlechtsdiskriminierender Werbung im UWG. Baden-Baden, Nomos.

70 Für mehr Informationen und Hintergründe zur Arbeit der App *Werbemelder.in*, wie zum Beispiel den Kriterien rund um sexistische Werbung, siehe: Werbemelder.in (2020): Kriterien & Beispiele. Online unter: https://werbemelder.in/pages/kriterien-und-beispiele

71 Pinkstinks (2021): Ist Plus-Size-Werbung feministisch? Online unter: https://pinkstinks.de/ist-plus-size-werbung-feministisch/

72 2021 entwickelte ich in Zusammenarbeit mit Kreativdirektor Markus Abele Arbeitsmaterialen gegen Sexismus für die 7. bis 9. Klasse, ein Arbeitsheft mit Posterset. Vier deutsche Städte haben diese Hefte und Poster all ihren Schulen zur Verfügung gestellt, bundesweit waren wir schnell in der dritten Auflage des Produkts. Die von der Theaterpädagogin Blanca Fernández entwickelten Theaterstücke »David und sein rosa Pony« sowie das Präventionsstück gegen Essstörungen, »Vielfalt ist Schönheit«, touren seit 2014 durch Deutschlands Schulen.

73 Dagmar Stahlberg und Sabine Szesny stellten 2001 verschiedene Studien vor, die zeigten, dass Personen eher an Männer und Frauen denken, wenn auch die weibliche Berufsform oder weibliche Endung in einem Substantiv genannt wird. Stahlberg, Dagmar; Szesny, Sabine (2001): Effekte des generischen Maskulinums und alternativer Sprachformen auf den gedanklichen Einbezug von Frauen, in: Psychologische Rundschau 52/3, S. 131–140. Online unter: https://www.fh-muenster.de/gleichstellung/downloads/Generisches_Maskulinum_Stahlberg.pdf

Bettina Hannover und Dries Vervecken führten 2013 eine Studie an 591 Grundschulkindern durch, die zeigte, dass sich Mädchen eher traditionell männliche Berufe für sich vorstellen können, wenn sie in der weiblichen Form genannt werden. Vervecken, Dries; Hannover, Bettina (2015): Yes I can! Effects of gender fair job descriptions on children's perceptions of job status, job difficulty, and vocational self-efficacy, in: Social Psychology 46, S. 76–92. Online unter: https://idw-online.de/de/news632492

Der erste OECD-Bildungsbericht zu Geschlechterunterschieden zeigte, dass sich Mädchen bei gleicher mathematischer Begabung wie Jungen, weniger oft mathematische Leistung zutrauen. Geschlechtsstereotypen der Eltern, bezogen auf MINT-Fächer, würden sich auf die Kinder übertragen. OECD (2015): The ABC of Gender Equality in Education: Aptitude, Behaviour, Confidence, PISA, OECD Publishing.

74 Es gibt zwar keine Studien dazu, aber in pädagogischen Fachzeitschriften wird berichtet, dass Männer den Erzieherberuf oft erst spät entdecken: Gleich nach der Schule wären sie nie auf die Idee gekommen, Erzieher zu werden, obwohl sie als Fußballtrainer oder anders mit Kindern zu tun hatten. Nur eben in einer gesellschaftlich anerkannteren Form. https://www.element-i.de/magazin/

entwicklungsspielraeume-vergroessern-geschlechtersensible-paedagogik-in-
der-kita/

75 Eine wunderbare Zusammenfassung, wie sehr die Wissenschaft, insbesondere
die Medizin, uns Frauen vergessen hat, finden Sie hier: Criado-Perez, Caroline
(2019): Invisible Women: Exposing Data Bias in a World Designed for Men.
Chatto & Windus, London.

76 Der Verein Pro Quote Medizin gründete sich 2013 mit einem offenen Brief an
Ministerien und Verantwortliche im Gesundheitswesen: Hierin erwähnen sie,
dass es aktuell 60 % Frauen unter den Medizinstudierenden gebe, aber unter
10 % Frauen in den Führungsetagen der Medizin. Pro Quote (2013): Was wir wollen. Offener Brief »Pro Quote in der Medizin«. Online unter: https://pro-quote-
medizin.de/was-wir-wollen/

Weibliche Studierende im MINT-Bereich haben in den letzten Jahren zwar deutlich zugenommen, liegen aber gerade in der Informatik mit 22,9 % noch weit
unter den Männern. Unter allen MINT-Professuren findet man weiterhin nur
20 % Frauen und in MINT-Ausbildungsberufen gibt es nur 13,8 % Frauen. Quelle:
https://mint-vernetzt.de/news/maedchen-und-frauen-in-mint-wie-geht-es-von-
hier-aus-weiter

77 2015 zeigte eine niederländische Studie, dass das Gendern von Berufsbezeichnungen Kindern dabei hilft, klassisch männliche Berufe auch von Frauen ausgeführt
wahrzunehmen. Vervecken, Dries; Hannover, Bettina (2015): Yes I can! Effects of
gender fair job descriptions on children's perceptions of job status, job difficulty,
and vocational self-efficacy, in: Social Psychology 46, S. 76–92. Online unter:
https://idw-online.de/de/news632492. Ebenso beschrieben im Informations-
dienst Wissenschaft (2015): Geschlechtergerechte Sprache beeinflusst kindliche
Wahrnehmung von Berufen. Online unter: https://idw-online.de/de/news632492

Menschen nennen, nach ihren Lieblingsmusikern oder -sportlern gefragt, eher
männliche Stars. Das ist anders, wenn sie nach Musikerinnen und Musikern,
Sportlerinnen und Sportlern gefragt werden: Stahlberg, Dagmar; Sczesny,
Sabine; Braun, Friederike (2001): *Name Your Favorite Musician: Effects of Masculine
Generics and of their Alternatives in German*, in: Journal of Language and Social Psy-
chology 20,4, S. 464–469.

78 Vgl. Nordkurier (2021): Hebammen sollen nicht mehr »Muttermilch« sagen.
Online unter: https://www.nordkurier.de/aus-aller-welt/hebammen-sollen-
nicht-mehr-muttermilch-sagen-1542450602.html, vgl. auch: Arndt, Susanne
(2021): ›Muttermilch‹ soll nicht länger ›Muttermilch‹ heißen. Online unter:
https://www.brigitte.de/familie/schlau-werden/-muttermilch--soll-nicht-
laenger--muttermilch--heissen-12393886.html

79 Poschardt, Ulf (2022): Putin hat keine Furcht vor dem Westen − weil wir
so schwach geworden sind. Online unter: https://www.welt.de/debatte/

kommentare/plus237115145/Ukraine-Putin-hat-keine-Furcht-vor-dem-Westen-weil-wir-so-schwach-geworden-sind.html

80 ebd.

81 ebd.

82 Vgl. Handelsblatt (2021): Wehrpflicht kostet Wirtschaftswachstum. Online unter: https://www.handelsblatt.com/politik/international/diskussion-um-wehrpflicht-wehrpflicht-kostet-wirtschaftswachstum-seite-2/3002046-2.html

83 https://frieden-sichern.dgvn.de/meldung/die-geschlechterdimension-von-krieg-und-frieden

84 Vgl. Vitzthum, Thomas (2022): Jetzt zeigt Baerbock ihre große Stärke. Online unter: https://www.welt.de/politik/deutschland/plus237259585/Baerbock-Jetzt-zeigt-die-Aussenministerin-ihre-grosse-Staerke.html?icid=search.product.onsitesearch

85 Vgl. Keel, Othmar; Uehlinger, Christoph(2001): Göttinnen, Götter, Gottessymbole. Neue Erkenntnisse zur Religionsgeschichte Kanaans und Israels aufgrund bislang unerschlossener ikonographischer Quellen. QD 134. Freiburg, S. 74–76.

86 Vgl. Karle, Isolde (2006): Da ist nicht mehr Mann noch Frau ... Theologie jenseits der Geschlechterdifferenz. Gütersloh, Gütersloher Verlagshaus, S. 201–236.

87 Hamburger Morgenpost (2021): Macht Gendersprache Frauen stärker? Online unter: https://www.mopo.de/hamburg/streitgespraech-macht-gender-sprache-frauen-staerker/

88 Alabay, Başar (2001): Genus in der türkischen Sprache. Notizen zur sprachlichen Geschlechtsmarkierung. Online unter: https://www.sandkornundrabe.de/genus-in-der-tuerkischen-sprache/

89 Ein Bild im rosa Kleid gibt es online nur von Ludwigs Urenkel, Ludwig XV.: https://www.kinderzeitmaschine.de/neuzeit/absolutismus/ereignisse/frankreich/ludwig-xv/. Ein Bild von Ludwig XIV. mit einem aprikotfarbenen Kleid zeigt aber, dass zarte Töne, die heute für weibliche Babys vorgesehen sind, im späten 17. und frühen 18. Jahrhundert von Jungen getragen wurden: https://de.wikipedia.org/wiki/Ludwig_XIV.#/media/Datei:LouisXIV-child.jpg

90 Fine, Cordelia (2012): Die Geschlechterlüge. S. 212.

91 Merkel, Angela (2018): Redebeitrag beim Festakt zum 100-jährigen Jubiläum des Frauenwahlrechts am 12.11.2018 im Bundesministerium für Familie, Senioren, Frauen und Jugend in Berlin (ab Minute 41:26). Online unter: https://www.youtube.com/watch?v=pot6WYfP5Vk

92 Bangeter, Anita (2019): Gegen das Klischee der Steinzeit: Jagen war nicht nur Männersache. Interview mit der Archäologin Brigitte Röder. Online unter:

https://www.tagblatt.ch/leben/gegen-das-klischee-der-steinzeit-jagen-war-nicht-nur-maennersache-ld.1105389

93 Schaik, Carel von; Michel, Kai (2020): Die Wahrheit über Eva. Rowohlt, Hamburg, S. 94.

94 Rehadat Statistik, »Blindheit und Sehbehinderung«. Online unter: https://www.rehadat-statistik.de/statistiken/behinderung/behinderungsarten/blindheit-und-sehbehinderung/

95 Die Biologin Anne Fausto-Sterling plädiert seit den 1980er-Jahren dafür, von fünf Geschlechtern zu sprechen (männlich, weiblich, hermaphroditisch, weiblich pseudo hermaphroditisch und männlich pseudo hermaphroditisch), während andere Geschlechterforscher die Variabilität von Intergeschlechtlichkeit (Anteile und relative Verhältnisse von Hormonen, Keimdrüsen, äußerliche und innerliche Geschlechtsmerkmale) als so groß beschreiben, dass eine Mengenangabe nicht möglich ist. Der Biologe und Genetiker Richard Goldsmiths z. B. sagte schon in den 1920er-Jahren, dass X- und Y-Chromosomen nur als ein mögliches Teil eines komplexen Systems das Geschlecht bestimmen. Die Zwischenstufen zwischen Mann und Frau seien wie ein lückenloses Band zwischen den Geschlechtern. Vgl.: Fausto-Sterling, Anne (1992): Myths of Gender: Biological Theories About Women and Men, 2. Auflage. Basic Books, New York; Goldschmidt, Richard (1927): Die zygotischen sexuellen Zwischenstufen und die Theorie der Geschlechtsbestimmung (nicht mehr im Handel). Online unter: https://link.springer.com/chapter/10.1007/978-3-642-49712-4_9

96 Gorvett, Zaria (2016): Could just two people repopulate earth?. Online unter https://www.bbc.com/future/article/20160113-could-just-two-people-repopulate-earth

97 Während in der Biologie die Bedeutung unserer Chromosomen für die Bestimmung des Geschlechts zurückgegangen ist, sind wir Laien häufig noch nicht so weit. Voß, Heinz-Jürgen (2016): Gender in der Biologie. Es gibt mehr als zwei Geschlechter. Online unter: https://www.tagesspiegel.de/wissen/gender-in-der-biologie-es-gibt-mehr-als-zwei-geschlechter/13386730.html; siehe auch ders. (2011): Geschlecht. Schmetterling Verlag, Stuttgart.

98 Varnado, Victor (2018): Mein Leben als schwarzer [sic!] Mann mit Albinismus. Online unter: https://www.vice.com/de/article/pamkan/mein-leben-als-schwarzer-mann-mit-albinismus

99 Joel, Daphna (2021): Das Gehirn hat kein Geschlecht. dtv, München, S. 161.

100 Butler, Judith (1991): Das Unbehagen der Geschlechter. Suhrkamp, Berlin, S. 190–208.

101 Foucault beschreibt, wie Machtstrukturen unseren Körper formen, derart, dass sie unsere Gefühle bestimmen. Wir können nur benennen, was als real akzeptiert wird, und dies unterliegt besagten Machtstrukturen. Diese »gestalten« so-

mit unsere Körper. Foucault, Michel (1978): The History of Sexuality. Penguin, London, insbesondere S. 155.

102 Die Zeitschrift »queer.de« beschrieb noch 2018, dass trans Identitäten an Gehirnstrukturen nachweisbar seien. Vgl. Queer.de, 23.05.2018, Transidentität kann im Gehirn gemessen werden«, online unter: https://www.queer.de/detail. php?article_id=31225

103 Fine, Cordelina (2012): Die Geschlechterlüge. Klett-Cotta, Stuttgart, S. 273–283. Siehe auch: Joel, Daphna (2021): Das Gehirn hat kein Geschlecht. dtv, München.

104 Dzugan, Franziska (2018): Geschlechterforschung: Sind Männer und Frauen wirklich so verschieden? Online unter: https://www.profil.at/wissenschaft/geschlechterforschung-maenner-frauen-unterschiede-10222266

105 Rudnik, Hendrikje (2020): Bei Mädchen wird Autismus seltener erkannt – eine Autistin erzählt von ihrem Leidensdruck. Online unter: https://www.businessinsider.de/wissenschaft/gesundheit/autismus-bei-maedchen-wird-seltener-erkannt-autistin-erzahlt-von-ihrem-leidensdruck-1/

106 Unsere Empathie muss durch Erziehung entwickelt werden, nur wenig davon ist angeboren, siehe »Tipps von der Expertin: So lernt euer Kind Empathie« im Magazin Familie.de, Online unter: https://www.familie.de/kleinkind/entwicklung-erziehung/tipps-von-der-expertin-so-lernt-euer-kind-empathie/

107 90 % der Empathie-Unterschiede in der Bevölkerung sind nicht-genetischen Ursprungs. Studie: University of Cambridge, Institut Pasteur. Originalveröffentlichung: Translational Psychiatry, doi: 10.1038/s41398-017-0082-6, besprochen in Wissenschaft.de: »Empathie: Welche Rolle die Gene spielen«. Online unter: https://www.wissenschaft.de/gesellschaft-psychologie/empathie-welche-rolle-die-gene-spielen/

108 Bereits der Titel der Streitschrift enthält einen wichtigen Hinweis auf die Denkrichtung, die Schwarzer und Louis verfolgen: Der früher gebräuchliche Begriff der »Transsexualität« basiert auf der Fehlannahme, dass trans Identität etwas mit Sexualität bzw. sexueller Orientierung zu tun habe. Der Begriff mitsamt der Annahme gilt heute eher als überholt, da er unter anderem vernachlässigt, dass auch trans Menschen jegliche sexuelle Orientierung, wie Hetero- oder Homosexualität, abdecken können. Vgl. Schwarzer, Alice; Louis, Chantal (2022): Transsexualität. Was ist eine Frau? Was ist ein Mann? Eine Streitschrift. Kiepenheuer & Witsch, Köln.

109 Es wird aktuell viel darüber gestritten, ob nicht-binär zu sein unter die Kategorie trans fällt, oder nicht. Da es nicht in unsere binäre Ordnung »Mann« »Frau« passt, ist diese Identität jenseits unserer »Welt« zu finden, Lateinisch also »trans«. Deshalb nennen sich viele nicht-binäre Menschen selbst trans, was ich hier übernehme. Vgl. auch das LSBTIQ-Lexikon der Bundeszentrale für poli-

tische Bildung. Online unter: https://www.bpb.de/themen/gender-diversitaet/
geschlechtliche-vielfalt-trans/500940/nicht-binaer/

110 Cranach, Xaver v. (2022): Wie Afrikas populärste Schriftstellerin der Welt den
Feminismus erklärt. Online unter: https://www.spiegel.de/kultur/literatur/
chimamanda-ngozi-adichie-wie-afrikas-populaerste-schriftstellerin-der-welt-
den-feminismus-erklaert-a-6d9ca26d-a904-4470-a474-61c3b14edcb9

111 Bei aller Offenheit, Dinge auch durchdiskutieren zu müssen, ist manches selbstverständlich auch ausdiskutiert: Holocaustleugnende beispielsweise dürfen keinen Raum einnehmen. Es gibt genug Beweise und (sogar niedrigschwellige) Ge-
schichtsbücher zum Thema. Die Diskussion erübrigt sich also. Es ist auch okay,
irgendwann, wenn man Sachverhalte tausendmal erklärt hat, nicht mehr diskutieren zu wollen.

Gleichzeitig ist die Debatte um trans Rechte noch neu und kaum ein Mensch in
Deutschland versteht bisher Sätze wie: »Welches Geschlecht man hat, bestimmt
eine*r selbst«, womit beispielsweise der Entwurf für das neue Selbstbestimmungsgesetz verteidigt wird. Das gilt zudem auch innerhalb der feministischen
und queeren Szene selbst. Als die Queer SPD Köln im April 2022 beschloss, die
Diskussion um das neue Selbstbestimmungsgesetz für Kritiker*innen zu öffnen,
gab es scharfen Gegenwind von der Queer SPD Berlin, die die Diskussion als verletzend und transfeindlich kritisierte. Die Queer SPD Köln aber beschloss, ihrer
demokratischen Grundordnung treu zu bleiben. Es musste diskutiert werden,
um Verständnis und Konsens erringen zu können. Vgl. https://mobile.twitter.
com/SPDqueer/status/1512830913037709321

112 Die Journalistin Teresa Bücker hat dem Thema der ungerechten Verteilung von
Zeit zwischen den Geschlechtern sogar ein ganzes und sehr empfehlenswertes
Buch gewidmet. Bücker, Teresa (2022): Alle_Zeit: Eine Frage nach Macht und
Freiheit. Ullstein, Hamburg.

113 BMFSFJ (2020): Was der Gender Care Gap über Geld, Gerechtigkeit und die Gesellschaft aussagt. Online unter: https://www.bmfsfj.de/resource/blob/154696/
bb7b75a0b9090bb4d194c2faf63eb6aa/gender-care-gap-forschungsbericht-
data.pdf

114 Der Berufsverband der Frauenärzte e. V. geht davon aus, dass 25 % der Frauen
unter dem prämenstruellen Syndrom leidet (7.6.2018): »Prämenstruelles Syndrom (PMS) & Prämenstruelle dysphorische Störung (PMDS)«. Online unter:
https://www.frauenaerzte-im-netz.de/erkrankungen/praemenstruelles-
syndrom-pms/

115 Schwarzer, Alice; Louis, Chantal (2022): Transsexualität. Was ist eine Frau? Was
ist ein Mann? Eine Streitschrift. Kiepenheuer & Witsch, Köln, S. 14.

116 Vgl. ebd.

117 Vgl. ebd., S. 16–18.

118 RP Online (2022): »Abschied von Malte C. Polizei solidarisiert sich«. Online unter: https://rp-online.de/nrw/panorama/nach-toedlicher-attacke-beim-csd-muenster-abschied-von-malte-c-polizei-solidarisiert-sich_aid-77792379

119 Schwarzer, Alice; Louis, Chantal (2022): Transsexualität. Was ist eine Frau? Was ist ein Mann? Eine Streitschrift. Kiepenheuer & Witsch, Köln, S. 51–52.

120 In meiner Doktorarbeit habe ich dargestellt, dass Judith Butler einem Entweder-oder, einem Schwarz oder Weiß, Männlich oder Weiblich (also Gegensätze, die wir »binär« nennen, von bi = zwei) leider nicht entkommt. Das liegt daran, dass ihre gesamte Logik auf dem Philosophen Georg Friedrich Hegel fußt. Das war der Begründer einer Philosophie, die mit »These« und »Gegenthese« arbeitete, also einem Entweder-oder. Ein weiterer alter weißer Mann (ihm lagen im Paris der 1960er-Jahre die Student*innen zu Füßen), der psychoanalytische Sprachforscher Jacques Lacan, wandelt in den Fußstapfen Hegels und ist eine Hauptquelle für Butlers Theorien. Würde sie diese beiden »Väter« loslassen, kämen wir weiter und könnten jenseits von cis und trans denken. Gerade an Deutschlands Universitäten sind beide Theoretiker weiterhin hoch im Kurs und ist Butlers binäres Denken selten kritisiert worden. Sie gilt weiterhin als »Star« der Genderstudies und wird von ihren Fans vehement verteidigt gegen eine Öffentlichkeit, in der sie für ihr »Gendergaga« kritisiert wird. Wie wir hier sehen, kann man sie allerdings eher dafür kritisieren, dass sie zu konservativ denkt. Vgl. Schmiedel, Stevie Meriel (2003): Contesting the Oedipal Legacy: Deleuzean vs. Psychoanalytic Feminist Critical Theory. Lit Verlag, Münster.

121 Fragen um »das Subjekt im Feminismus« stellten sich Frauen seit Anbeginn der Frauenbewegung. Zusammenfassungen findet man zum Beispiel bei Grant, Judith (2022): Fundamental Feminism: Radical Feminist History for the Future. Routledge, London.

122 Verona Pooth bei Markus Lanz am 27.02.2019: »Verona Pooth über Dieter Bohlen und Alice Schwarzer«. Online unter https://www.youtube.com/watch?v=3R83WUISdoQ, insb. 4:55 bis 8:28.

123 Bode, Sabine (2015): Die vergessene Generation. Die Kriegskinder brechen ihr Schweigen. Klett-Cotta, Stuttgart.

124 Vgl. Stahl, Stefanie (2015): Das Kind in dir muss Heimat finden. Der Schlüssel zur Lösung (fast) aller Probleme. Kailash, München.

125 Heesen, Boris von: Was Männer kosten. Heyne, München 2022.

126 Berliner Abendblatt (2022): Marzahn Pride: Queere Demo für Toleranz und gegen Krieg. Online unter: https://berliner-abendblatt.de/2022/06/19/marzahn-pride-queere-demo-fuer-toleranz-und-gegen-krieg/

127 Pinkstinks (2017): Krasse Bräuche. Online unter: https://www.youtube.com/watch?v=UQspwI_crNU

128 UNESCO (2020): Geschlechtergerechtigkeit ist Bestandteil von Kulturerbe. Online unter: https://www.unesco.de/kultur-und-natur/immaterielles-kulturerbe/geschlechtergerechtigkeit

129 Diesen Satz schrieb mir einmal die Autorin Julia Karnick, als ich in einem Pinkstinks-Newsletter von meiner Überlastung gesprochen hatte. Ich nutzte ihn, um einige Jahre später meinen Abschied aus dem Pinkstinks-Vorstand zu begründen: Schmiedel, Stevie (2020): Stevie verabschiedet sich. Online unter https://stevieschmiedel.de/stevie-verabschiedet-sich/

Über die Autorin

Dr. Stevie Meriel Schmiedel, geboren 1971, ist Deutsch-Britin und promovierte Kulturwissenschaftlerin mit Schwerpunkt Genderforschung. Als Dozentin für Genderstudies lehrte sie an Hamburger Hochschulen, bevor sie 2012 *Pinkstinks* gründete – die heute reichweitenstärkste Bildungsorganisation gegen Sexismus in Deutschland. Neben Beratung und Vorträgen zu Sexismusprävention ist sie regelmäßig als Expertin in den Medien gefragt, so u. a. in *Spiegel*, *SZ*, *DlF*, *FAZ* und diversen *ARD* und *ZDF* Dokumentationen.

Über die Autorin

Dr. Stevie Meriel Schmiedel, geboren 1971, ist Deutsch-Britin und promovierte Kulturwissenschaftlerin mit Schwerpunkt Genderforschung. Als Dozentin für Genderstudies lehrte sie an Hamburger Hochschulen, bevor sie 2012 *Pinkstinks* gründete – die heute reichweitenstärkste Bildungsorganisation gegen Sexismus in Deutschland. Neben Beratung und Vorträgen zu Sexismusprävention ist sie regelmäßig als Expertin in den Medien gefragt, so u. a. in *Spiegel*, SZ, DlF, FAZ und diversen ARD und ZDF Dokumentationen.

© Miguel Ferraz